质检机构科技成果转化研究与实践

Zhijian Jigou Keji Chengguo Zhuanhua Yanjiu Yu Shijian

主编 尹克强

河北科学技术出版社
·石家庄·

主　　编　尹克强
副 主 编　杨英伟　韩贞年　李欣鸿　陈　宸
上篇编委　杨英伟　韩贞年　郑孜峣　毛延锋
　　　　　李克宏　苏惠欣
下篇编委　李欣鸿　陈　宸　王　政　耿晓红
　　　　　王　纲　朱　晨　谢世峰

图书在版编目（CIP）数据

质检机构科技成果转化研究与实践 / 尹克强主编；杨英伟等副主编． -- 石家庄：河北科学技术出版社，2023.1（2023.3重印）
　ISBN 978-7-5717-1368-3

Ⅰ．①质… Ⅱ．①尹… ②杨… Ⅲ．①质量检验机构－科技成果－成果转化－研究 Ⅳ．①F273.2

中国国家版本馆CIP数据核字(2023)第009711号

质检机构科技成果转化研究与实践
Zhijian Jigou Keji Chengguo Zhuanhua Yanjiu Yu Shijian

主编	尹克强
出版	河北科学技术出版社
地址	石家庄市友谊北大街330号（邮编：050061）
印刷	河北万卷印刷有限公司
开本	787×980毫米　1/16
印张	13.5
字数	400千字
版次	2023年1月第1版
印次	2023年3月第2次印刷
定价	79.00元

前 言

科技兴国，创新强国。党的十八大提出实施创新驱动发展战略，十八届五中全会提出"创新、协调、绿色、开放、共享"的发展理念，把发展的基点放在创新上，使之成为引领发展的第一动力。习近平总书记在党的十九大报告中指出，创新是引领发展的第一动力，是建设现代化经济体系的战略支撑。科技成果转化工作是科技创新活动全过程的"最后一公里"，科技成果能否顺利转化在很大程度上决定了科技创新活动的成败。目前，我国科技研发投入总量居世界前列，但是科技成果转化率总体偏低。这在一定程度上制约了科技创新对经济和社会发展的支撑作用。着眼建设世界科技强国的目标，加快推动创新驱动战略的实施，各行各业迫切需要加速科技成果转化，推动科技供给侧改革。

党的二十大进一步明确了建设质量强国的目标，明确了推进产业基础高级化、产业链现代化的有关部署。质量基础设施有机融合计量、标准、认证认可、检验检测、质量管理等要素，是推动高质量发展、构建现代化经济体系的重要支撑。这个目标的明确，对检验检测等技术机构服务产业链高质量发展，尤其是作为政府技术机构应发挥的作用，提出了更高的要求。技术机构服务产业发展，技术能力需要与产业前沿同频共振，才能保持衔接的有效性。技术机构能够服务经济发展所蕴藏的内涵和后劲，需要科研技术工作乃至成果转化工作的推动。

质量检验检测工作作为我国质量基础工作的重要组成部分，是经济发展的重要支撑力量。作为检验检测的主体质检机构，加强科技成果转化具有重要的现实和历史意义。通过科技成果转化的促进，能够使质检机构在取得良好经济效益和社会效益的过程中，实现创新发展；能够在我国众多的质检机构优胜劣汰的竞争中，在市场化经济的选择下，夯实发展的根基；能够不断满足经济发展对质检工作的需求，在服务中实现质检机构自身的高质量发展；能够更加有效地促进质量基础工作建设，为我国经济发展提供有力的服务和支撑。

质检机构推进成果转化有独特的优势。质检机构以设备为载体从事某些行业内的技术活动，能够广泛接触市场的产品，能够积累大量的数据，以标准为依据，以技术为手段，以实验室为依托，进行大量的检验测试，上接政策标准，下接产品生产情况，在研究成果转化过程中，有广泛的检测技术基础和数据支撑，对行业内不同产品有较好的把握和认知。尤其技术实力雄厚的技术机构，在成果研究和转化中具有较强的优势。探索技术机构科技成果转化的有效途径，对于国内科研成果的转化，具有积极的带动和借鉴作用。

本书分上下两篇。上篇共九章，包括科技成果转化概述、质检机构科技成果来源、质检科技成果转化评估、质检科技成果转化类型与流程、质检科技成果转化关键环节、质检科技成果转化收益分配、质检科技成果转化财务管理、质检科技成果转化人才培养、质检机构科技成果转化促进措施探讨。下篇共两章，包括科技成果政策法规体系和8个分析探讨案例。案例包括煤炭高效节能剂节能效率检测技术研究、用干粉喷射质量曲线代替灭火试验检验手提贮压式干粉灭火器灭火性能的研究、手提式灭火器干粉喷射时间和距离综合检测试验装置的研究、熔融

前言

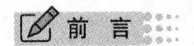

盐热物性可视化检测装置研究、电力电缆导体与金具连接智能安全测试系统、滑雪板固定器脱离力矩检测方法的研究及应用、网球拍冲击试验仪项目、采暖炉热性能综合测量仪。

本书撰写工作由多位同志共同完成。其中，尹克强负责总体策划、框架设计、各部分撰写内容的终稿审定工作；上篇编委有杨英伟、韩贞年、郑孜峣、毛延锋、李克宏、苏惠欣等；下篇编委有李欣鸿、陈宸、王政、耿晓红、王纲、朱晨、谢世峰等。此外，河北省科技创新服务中心袁达、河北科技大学纪运广等为本书出版提供了帮助和支持。

本书出版得到了河北省市场监管局科技财务处、河北省产品质量监督检验研究院的大力支持，谨向各位领导的关怀表示感谢！

文中对有关机构、部门、单位等内容进行了匿名、省略或符号代替处理；原文引用的文件、法规、标准使用楷体，以示区别。鉴于作者水平有限，书中难免存在一些缺陷和不足之处，恳请读者提出宝贵意见和建议。

编 者

目 录

上篇 质检机构科技成果转化理论与应用

第一章 科技成果转化概述 ... 2
第一节 科技成果转化定义和意义 ... 2
第二节 国际科技成果转化状况 ... 4
第三节 我国科技成果转化的步伐 ... 7
第四节 质检机构科技成果转化的特点和优势 ... 9
第五节 科技成果转化存在的问题 ... 13

第二章 质检机构科技成果来源 ... 16
第一节 自行研究质检成果 ... 16
第二节 外来质检成果 ... 19
第三节 质检类科技成果登记 ... 20
第四节 拓宽成果来源途径 ... 22

第三章 质检科技成果转化评估 ... 23
第一节 质检成果转化评估依据 ... 23
第二节 质检成果转化评估材料 ... 24
第三节 质检成果转化评估申请 ... 25
第四节 质检成果转化评估流程 ... 26

第四章 质检科技成果转化形式与流程 ... 27
第一节 质检科技成果转化形式与类型 ... 27
第二节 质检"产品类"成果转化流程 ... 30
第三节 质检"工艺类"成果转化流程 ... 32
第四节 设备类科技成果转化实例 ... 34
第五节 技术方法类科技成果转化实例 ... 38
第六节 管理类科技成果转化实例 ... 38

第五章 质检科技成果转化关键环节 ... 41
第一节 专利实施许可与合同备案 ... 41
第二节 技术合同认定登记 ... 44
第三节 质检类样机研制 ... 49
第四节 质检类成果产品化 ... 52
第五节 质检类成果推广 ... 55

第六章 质检科技成果转化收益分配 ······ 60
- 第一节 收益分配政策、法规依据 ······ 60
- 第二节 收益分配制度的制定 ······ 64
- 第三节 收益分配流程 ······ 67
- 第四节 收益分配制度运行保障机制 ······ 69

第七章 质检科技成果转化财务管理 ······ 71
- 第一节 转化过程的成本核算 ······ 71
- 第二节 转化过程的账目管理 ······ 74
- 第三节 成果转化的财务风险与控制 ······ 77

第八章 质检科技成果转化人才培养 ······ 81
- 第一节 质检科技成果转化人才概述 ······ 81
- 第二节 质检科技成果转化人才培养 ······ 90
- 第三节 质检科技成果转化团队建设 ······ 95

第九章 质检机构科技成果转化促进措施探讨 ······ 98
- 第一节 完善成果转化服务链条 ······ 98
- 第二节 完善科技成果转化机制 ······ 100
- 第三节 科技成果转化案例借鉴 ······ 102
- 第四节 高校院所先进经验借鉴 ······ 108

下篇 科技成果政策法规及质检领域科技成果转化探究

第十章 科技成果政策法规体系 ······ 116
- 第一节 国家层面 ······ 116
- 第二节 河北省层面 ······ 130
- 第三节 市场监管层面 ······ 133
- 第四节 各省市层面法规 ······ 135

第十一章 质检领域科研项目技术分析与成果转化案例 ······ 143
- 案例 1 煤炭高效节能剂节能效率检测技术研究 ······ 143
- 案例 2 用干粉喷射质量曲线代替灭火试验检验手提贮压式干粉灭火器灭火性能的研究 ······ 161
- 案例 3 手提式灭火器干粉喷射时间和距离综合检测试验装置的研究 ······ 169
- 案例 4 熔融盐热物性可视化检测装置研究 ······ 182
- 案例 5 电力电缆导体与金具连接智能安全测试系统 ······ 194
- 案例 6 滑雪板固定器脱离力矩检测方法的研究及应用 ······ 202
- 案例 7 网球拍冲击试验仪项目 ······ 204
- 案例 8 采暖炉热性能综合测量仪 ······ 207

上篇 SHANG PIAN

质检机构科技成果转化理论与应用

第一章 科技成果转化概述

科技成果转化是国家创新体系的重要构成内容，是经济发展和核心竞争力形成的重要保障。科技成果转化是科技与经济相结合的关键环节，是最直接、最有效的促进经济增长的形式。科技成果转化的目的，就是要促进科技成果转化为现实生产力，规范科技成果转化活动，加速科学技术进步，推动经济建设和社会发展。国家长期以来高度重视科技成果的转化工作，把科技成果转化工作放在党和国家中心工作的大局中统筹考虑，把深化体制机制改革、加快实施创新驱动发展战略放在国家战略的层面上加以审视。近年来，中央先后出台了一系列重要文件，为深化科技体制改革和加快科技成果转化工作指明了方向，并提出了具体的改革目标和要求。

第一节 科技成果转化定义和意义

一、科技成果转化相关定义

（一）科技成果

根据《中华人民共和国促进科技成果转化法》，科技成果是指通过科学研究及技术开发所产生的具有实用价值的成果。

科技成果一般具有以下四个基本特征：一是新颖性与先进性，没有新的创见、新的技术特点或与已有的同类科技成果相比较为先进之处，不能作为新科技成果。二是实用性与重复性，实用性包括符合科学规律、具有实施条件、满足社会需要。重复性是可以被他人重复使用或进行验证。三是应具有独立、完整的内容和存在形式，如新产品、新工艺、新材料以及科技报告等。四是应通过一定形式予以确认，通过专利审查、专家鉴定、检测、评估或者市场以及其他形式的社会确认。

（二）科技成果转化

《中华人民共和国促进科技成果转化法》第二条规定："本法所称科技成果转化，是指为提高生产力水平而对科技成果所进行的后续试验、开发、应用、推广直至形成新技术、新工艺、新材料、新产品，发展新产业等活动。"

科技成果转化的概念可分为广义和狭义两种。广义的科技成果转化应当包括各类成果的应用、劳动者素质的提高、技能的加强、效率的增加等等。因为科学技术是第一生产力，而生产力包括人、生产工具和劳动对象。因此科学技术这种潜在的生产力要转化为直接的生产力，最终是通过提高人的素质、改善生产工具和劳动对象来实现的。从这种意义上讲，广义的科技成果转化是指将科技成果从创造地转移到使用地，让使用地劳动者的素质、技能或知识得到增加，劳动工具得到改善，劳动效率得到提高，经济得到发展。狭义的科技成果转化实际上仅指技术成果的转化，即将具有创新性的技术成果从科研单位转移到生产部门，使新产品增加，工艺改进，效益提高，最终经济得到进步。我们通常所说的科技成果转化大多指这种类型的转化，所讲的科技成果转化率就是指技术成果的应用数与技术成果总数的比。

科技成果转化是在我国科技体制改革环境下形成并发展起来的科技经济结合范畴中的概念，在国际上又往往被称为技术转移、技术转让。科技成果转化最初是以创新的"线性范式"为理论基础，即认为科技成果是沿着"研究—开发—中试—产业化"这样的链条形成、熟化并导入到经济系统中的。促进科技成果转化对我国具有深远的战略意义和重要的现实作用。

二、科技成果转化的相关概念含义

成果转化服务。为科技成果转化提供所需的人员、设备、场地等资源，组织成果评估、成果转化实施、产业化等活动，实现转化效益的过程。

成果评估。遵循一定的程序和标准，对科技成果进行评判，给出是否进行成果转化实施结论的活动。

成果转化实施。将科技成果进行后续试验、开发、应用，最终形成新产品或新服务的过程。

转化收益评估。科技成果持有者和为科技成果持有者提供转化服务的企业或组织，共同协商对科技成果进行转化，确定双方投入、产出、收益分配的过程。

转化收益分配。科技成果持有者和为科技成果持有者提供转化服务的企业或组织之间的收益分配，以及科技成果持有者的内部收益分配。

产业化。以行业需求为导向，以实现效益为目标，依靠专业服务和质量管理，形成的系列化和品牌化的经营方式和组织形式。

科技成果产品推广。科技成果产品形成以后，将产品经过营销方案推向市场，产生社会效益和经济效益的过程。

"产品类"科技成果。对科研产出的实物，进行再加工、包装，使其成为可以在市场上销售的产品（包括仪器、产品、材料等）。

"工艺类"科技成果。通过科研发现的新方法、新技术、新工艺、新标准、新服务。

技术合同认定登记。技术合同登记机构对技术合同当事人申请认定登记的合同文本，从形式上、技术上进行核查，确认其是否符合技术合同要求的专项管理要求。对申请认定登记的合同，技术合同登记机构应当做出是否属于技术合同、属于何种技术合同的结论，并核定其技术交易额（技术性收入）。

技术转让。技术转让是指科技成果所有人将科技成果的知识产权通过科技中介市场，以部分、全部或特许权等形式，将科技成果一次性地转让给科技成果转化人，最终在企业内实现转化。

科技成果鉴定。对科研成果的工作质量、学术水平、实际应用和成熟程度等，予以客观的、具体的、恰当的评价。

专利实施许可合同备案。国家知识产权局为了切实保护专利权，规范交易行为，促进专利实施而对专利实施许可进行管理的一种行政手段。

标准。根据 GB/T 20000.1—2014《标准化工作指南 第1部分：标准化和相关活动的通用术语》定义5.3及其注1：标准是指"通过标准化活动，按照规定的程序经协商一致制定，为各种活动及其结果提供规则、指南或特性，供共同和重复使用的文件"，"标准宜以科学、技术和经验的综合成果为基础"。

标准化。为了在既定范围内获得最佳秩序，促进共同效益，对现实问题或潜在问题确立共同使用和重复使用的条款以及编制、发布和应用文件的活动。标准化活动确立的条款，可形成标准化文件，包括标准和其他标准化文件。

产品标准。根据 GB/T 20001.10—2014《标准编写规则 第10部分：产品标准》的定义，"产品标准是规定产品需要满足的要求以保证其适用性的标准"。

试验标准。根据GB/T 1.1—2020《标准工作导则 第1部分：标准化文件的结构和起草规则》中4.2b列项的第四项：试验标准又称试验方法标准，是指"在适合制定目的的精密度范围内和给定环境下，全面描述试验活动以及得出结论的方式的标准"，其功能为"描述"试验方法。

三、科技成果转化的意义

科技成果的转化能够把握住新科技革命与产业变革的重大机遇，以率先形成未来产业的战略愿景为牵引，把突破性原创成果转化与科技创新策源能力增强相协同。科技成果转化还可以有效促进科技创新创业加速新旧动能转换；科技创业是成果转化的重要渠道和载体，从而实现新旧产业、新旧就业、新旧动能的转换。科技成果转化是迈向现代化经济体系的重要渠道，有利于加快科技创新治理体系和能力的现代化。

科技成果的转化不仅能够促进科技高质量的发展，创造出新产品、新产业和新岗位；还能促进国家达成高强度战略，面向国力竞争和国家战略直接实现科技成果应用和转化。催生高水平科研，通过科技成果转化为大学和科研机构的发展提出更高要求。

科技成果转化是科技经济结合的核心内容，是创新驱动发展的重要环节，是提升国家创新体系效能的关键，加快形成世界级的科技成果转化规制和体系，能够有效集聚和培育科技创新人才，创造出引领一个时代的原创成果和未来产业。

第二节　国际科技成果转化状况

科技是经济增长的发动机，是提高综合国力的主要驱动力。促进科技成果转化、加速科技成果产业化，已经成为世界各国科技政策的新趋势。科技成果转化的途径，主要有直接和间接两种转化方式，并且这两种方式也并非泾渭分明，经常是相互包含的。

一、国际科技成果转化的三个时期

各国促进科技成果转化大体经历了三个时期。一是20世纪30年代经济危机之后，着眼于提供大中小企业公平竞争的法治环境，培育和促进创业及推动中小企业发展，以美国为代表的西方发达国家纷纷采取鼓励科技成果转化。二是20世纪60至80年代，以美国冷战时期国防科技计划对朝阳工业企业兴起直接推动为代表，各国纷纷仿效制定国家科技创新引导计划，辐射和带动了一批科技企业的发展。三是20世纪80年代至今，经历第二次石油危机后，高新技术企业迅速崛起，知识成为最重要的生产要素，英特尔、微软、戴尔、思科、IBM等一大批从小到大、迅速成长起来的新兴企业，彻底改变了社会对中小企业与发展的传统认识。美国《联邦技术转移法》《国家技术转让与促进法》等一批促进科技成果转化的立法出台实施。东亚金融风暴和2008年金融危机更使发达国家深刻反省，把支持企业创新上升到国家竞争力，保障国家安全的高度。发展中国家将促进科技成果转化，推动科技企业成长作为实施超越战略的重要手段，科技创新已经成为促进经济社会快速发展的原动力。

二、国际科技成果转化现状

从国际视角看，美国科技成果转化水平世界领先。一方面美国拥有完善的法律法规环境，美国制定了一系列促进科技成果转化的法案，构建了比较完善的法律体系，如1980年颁布的《拜杜法案》《史蒂文森法案》《不德勒技术创新法案》，1982年颁布的《小企业创新开发法案》，1986年颁布的《联邦技术转让法案》，1988年颁布的《贸易与竞争法案》；1989年颁布的《国家竞争性技术转移法》，1996年颁布的《国家技术转移与升级法》；2000年颁布的《技术转移商业法案》，2013年颁布的《创新法案》等等，另一方面经过长时间的演变，美国已形成相对成熟的成果转化商业模式。以美国为首的国际科技成果转化现状主要体现在三大方面。

（一）构建良好的成果转化政策法律环境

一是政府起主导作用。美、德两国在科技成果转化过程中无一例外得到了政府的大力支持。政府充分发挥了其特有的保护、促进和监督职能：通过颁布一系列的科技法规及政策发挥其对利益各方的保护职能；通过建立技术转移中介和风险投资等机构发挥其促进职能；通过技术评估体系的建立发挥其监督职能。二是构建完善的法律法规体系。美、德两国科技成果转化成功的根本原因是有着完善的国家法律法规及政策保障体系。美国《拜杜法案》明确了知识产权的归属，允许大学和非营利组织将其拥有的专利向企业转让或发放许可，从而推进了联邦政府有关部门和其下属的联邦实验室的技术转移，对美国后期的经济发展产生了积极影响。三是形成完善的资助体系。构建基于从实验室到市场的全企业生命周期视角下"公共—私人"联合创新资助体系。充分发挥政府会计资助引导作用，作为支持产学研重大成果转化、关键共性技术中间试验、工程化验证等引导性投入；创新融资方式，通过推行知识产权质押、期权机理、股权分享等方式吸引企业资金、风险投资和民间资本投入知识创造环节；大力发展风险投资，逐步实现高校科技资助单一依赖政府或自筹融资向依赖风险资本转变。

（二）形成成熟的成果转化与技术转移商业模式

一是形成成熟的转移转化模式。美、德两国的高校大部分设有专门的机构负责成果转化工作，同时还建立了严格的管理制度。如美国多数高校规定，只要是利用高校资源或是其研究范围内的创造发明，其专利权均归学校享有，发明人或转化人不能享有该专利的所有权。创造该成果的教职员工随着科技成果转化进程，可以长期为企业提供顾问价值性的服务，或者担任独立董事提供价值性的服务，该服务一般不超过5年。但是创造该科技成果的人员不得到企业里兼任董事长、首席执行官、首席财务官、首席技术官等职位，否则学校将劝其退出教师的岗位。二是建立完善的利益分配机制。为了促进高校的技术转移和成果转化，美国高校会从社会上招聘具有专业知识和丰富经验的专家来从事相关工作，并给予编制和丰厚报酬。夏威夷大学规定：对于任何利用学校经费、设备、基础设施及人员所取得的创造发明，其所有权由学校享有，但专利利益三分之二给发明人，若不使用大学的资源，又不属于本身研究范围之内的创造发明由发明人自己拥有；斯坦福大学规定，技术转移收益，学校除收取专利申请和维护费用之外，不再提取任何收益，采取"放水养鱼"政策。麻省理工学院规定，技术转让收入的15%用于技术发展，其余由专利发明人、所在系和学校各拿1/3。三是多层次多维度提升成果转移转化机构工作能力。设置专门办公室，加强懂科技、法律、经济和管理的复合人才队伍建设，提升专利营销与保护能力、技术市场分析与开拓能力，以知识产权营销带动知识产权保护。科学设置组织机构、运作机制，加快科研成果产业化，转化为现实生产力。形成众多有形、无形资产，汇聚一流的科技人才资源，创造高水平的科研成果，形成转移转化良性循环。

（三）构建成果转移转化的核心优势

以广泛的客户群为平台核心资源，如http://yet2.com在全球拥有庞大注册会员，扩大平台的品牌影响力，通过业务拓展吸引客户。以先进的制度和创新服务为核心资源，如 InnoCentive 通过运用先进网络技术和云计算服务，采用招标机制和先进的内部管理制度有效对接技术供需双方，提供可靠、高效、低成本对接平台。打造平台专业技术团队，如 BTG 依托强大的专业技术团队，擅长从技术成果中捕捉商业机会，实现成果转化商业化、价值最大化。

三、各国政府在科技转化中的作用和启示

（一）从部分国家看政府的作用

美国认为政府应尽可能地减少国家干预，但表现在科学技术领域则是干预范围的逐渐扩展。特别是对于一些基础技术和共性技术，从不直接支持到直接支持的干预范围不断扩大。成立于1901年的美国标准与技术研究院（NIST）是美国商务部技术管理局下属的公立研究机构，专门组织专业性实验室，开展产业基础、共性和前瞻性技术研发。政府对私立的科研机构、大学提供研究经费，帮助他们进行基础性研究。美国标准和技术研究院还负责组织和协调美国商务部和地方政府合作设立的国家级先进制造技术应用计划。另外，美国政府还通过立法等手段，积极鼓励产学研合作，企业和科研机构联合起来，将不同学科的基础研究、应用研究和技术开发集成起来，加强了科技的合作。

德国政府对中小企业进行长期扶持，对中小企业的扶持措施专业化程度高、针对性强，同时坚决贯彻了"自主先于国家促进"的原则，收到了较好的效果。在组织方法上，德国政府注意同经济界紧密合作，通过公立机构、行业联合会及政策银行等构建中小企业社会化服务体系。

日本政府于2001年4月将原日本工业技术院和日本计量培训研究所合并，组成新的日本先进工业技术研究院。这一公立研究机构将自身定位于产业界和大学学术团体之间，充分发挥自身优势，联合产业界、大学和区域的财团，通过技术转移，促进新技术的推广和新产业的诞生。日本政府还极力加强技术的联合开发，1995年日本政府成立官产学合作促进办公室，1998年通产省又补贴22亿日元支持合作研发。

法国政府对企业增加科研经费采用税收折扣的办法。规定：凡是研究与发展投资比上一年增加的企业，审核批准后，可以免交相当于研究与发展投资增加额25%的企业所得税。法国政府每年还通过国家创新署（ANVAR）向中小企业提供技术创新无息贷款，以提高企业采用新工艺和新技术生产新产品的积极性。

（二）对我国科技成果转化的启示

从20世纪80年代以来，中国政府一直重视科技成果的转化问题，制定了不少关于科技成果转化的法律、法规，建立了以专利法、商标法、著作权法和反不正当竞争法为核心的知识产权法律保护和激励体系，创办了大学科技园、创业中心、生产力促进中心等。但总的来说，中国科技创新主体在科技开发与成果转化的合作方面，与经济发达国家比较仍存在较大差距。原因之一是中国关于科技合作的立法和制度不够健全。尽管《中华人民共和国促进科技成果转化法》第十二条关于"国家鼓励研究开发机构、高等院校等事业单位与生产企业相结合，联合实施科技成果转化"的规定，为产、学、研合作提供了法律依据。但是，该规定属于倡导性的原则性规定，迄今还没有相关的实施细则对产、学、研合作进行具体规范。法律是对一定经济关系要求的反映。中国应当借鉴国外加强科技合作方面的具体做法，特别是要制定《产、学、研合作法》。该法应对产、学、研合作的法律地位、各方的权利义务、合作成果归属、政府扶持等做出明确规定，即用法律制度把科技创新主体的各种资源整合在一起。

四、世界科技成果转化模式比较分析

（一）国外科技成果转化模式

美国在科技成果转化方面的模式以基础研究任务和应用研究市场为导向。基础研究主体主要是高校和各类研究机构，经费以政府出资为主；而对于应用研究，企业是科研主体，从事产品的改进研究，经费由企业和贷款解决。应用研究的管理方式是企业化管理，决策程序明确，并用良好的激励机制来提高各类人员科研积极性。政府在科技成果转化方面主要作用是制定和实施法规，引导企业与产业部门合作，并帮助建立各类有利于科技成果转化的中介机构。

德国科研坚持市场导向。前沿基础研究由科研院所承担，应用研究由企业承担，经费来源主要是企业，大型项目政府和公益性组织也提供相应的经费支持。德国科技管理采用市场管理，科研项目选择根据企业竞争的需要，科研成果的价值也由市场机制评估。德国政府的主要作用是制定法规建立公平的竞争环境和制定相关标准提高科技含量，并提供相应的监督和服务职能，同时政府还通过大型项目的支柱引导科研方向。

英国的科技主要是计划导向。企业和政府是投资主体，科研主体由企业和科研机构合作完成。英国政府的主要作用是制定科研计划和奖励政策，并通过职能部门归口管理相关科研项目。

日本模式是市场导向。科研项目主要由企业资助，采用"官产学研"相结合的方式。日本的科研管理采用企业化的方式，各主体分工明确、责权利明确，共同完成相应科研项目。政府的主要职责是制定相关的优惠政策，构建产业部门和科研机构的合作平台。

（二）对我国科技成果转化的启示

观察具有代表性的美、德、英、日四国的科技成果转化模式，我们发现其有很多共性：科研导向市场化；科研经费来源主要是企业，其次才是政府；科研主体要么是企业，要么是企业和科研部门合作；科研管理也多表现为市场化或企业管理；政府的作用更多地体现在制定公平、公正法律规则保护科研成果，引导科研部门与企业合作共同完成科技成果的转化。目前，我国的科技成果转化主要是计划导向，科技成果距离市场需求较大，科技成果的成熟度也较差。企业缺乏技术创新的动力，科技人员转化科技成果的积极性不高。要促进科技成果转化，从科技成果的产生来说，需要政府主导和市场配置相结合；从科技成果的转化角度，需要政府加大科技投入，培育完善的科技成果转化服务体系，加强"官产学研"之间的合作。

第三节 我国科技成果转化的步伐

20世纪80年代以来，我国先后采取了改革拨款制度、开拓技术市场、鼓励科研机构和科技人员以多种方式进入市场，推动应用型科研机构和设计单位向企业转化制等一系列重大改革措施，全面推进科技体制改革，促进科技成果转化。近年来，我国先后开展了一系列相关改革任务部署，科技成果转化推动工作取得明显成效。

一、十八大以来的科技成果转化情况

党的十八大以来，以习近平同志为核心的党中央把科技创新摆在国家发展全局的核心位置，围绕实施创新驱动发展战略、加快推进以科技创新为核心的全面创新，提出一系列新思想、新论断、新要求，为新时期科技事业发展提供了基本遵循和行动指南，提出了建设世界科技强国的重大战略部署。2016年中共中央、国务院颁布的《国家创新驱动发展战略纲要》明确提出："我国科技事业发展的目标是，到2020年时使我国进入创新型国家行列，到2030年时使我国进入创新型国家前列，到新中国成立100年时使我国成为世界科技强国。"李克强总理多次召开会议，确定支持科技成果转移转化的政策措施，促进科技与经济深度融合，并多次强调"让科技人员合理合法富起来"，给科研人员"松绑"。李克强在2018年两院院士大会上做经济社会发展形势报告时表示，要为科学家开辟绿色通道，加快解决束缚科研人员手脚的课题申报、经费管理、人才评价、成果收益分配等问题。我国科技成果技术转移转化体系建设正在全面提速。2017年，国务院印发《国家技术转移体系建设方案》，着力构建和完善符合科技创新规律、技术转移规律和产业发展规律的国家技术转移体系。与此同时，国家层面围绕进一步扩大科研人员自主权出台了系列措施，更大地释放了创新活力。在地方层面，各省围绕加速推进科技成果转移转化相继出台政策，着力打通科技成果转化"最后一公里"。

加快科技成果转化，促进科技与经济融合，始终是科技发展的主攻方向。根据中国科技评估与成果管理研究会、国家科技评估中心和中国科学技术信息研究所共同编写的《中国科技成果转化2021年度报告（高等院校与科研院所篇）》（以下简称《报告》），2020年，我国3554家高校、科研院所的科技成果转化合同项数超过46万项，比上年增长6.5%，合同金额达1256.1亿元，比上一年增长12.6%。总体来看，随着我国促进科技成果转化系列政策法规的逐步落实，各高校院所的科技成果转化已进入平稳发展阶段，科技成果转化活动持续活跃，多种方式转化的科技成果均呈上升趋势。

2020年，我国以转让、许可、作价投资和技术开发、咨询、服务方式转化科技成果超过1亿元的高校和科研院所数量再创新高，达261家。多种方式转化的科技成果也呈上升趋势，统计显示，高校和科研院所以转让、许可、作价投资方式转化科技成果的合同项数、合同金额显著增长：合同项数为20977项，比上一年增长39.9%；合同总金额达202.6亿元，比上一年增长32.3%。

二、我国科技成果转化的特点

从成果转化的分布来看，科技成果流向聚集明显，超四成转化至制造业领域，超六成转化至中小微企业。各省市在科技成果产出与承接能力上特点显著。山东省和广东省对其他地方产出的科技成果吸引能力强，承接金额最高。江苏省和浙江省科技成果转化平衡有序发展，科技成果产出能力强，承接和输出能力较为匹配。北京市和上海市高校院所多、科研能力强，输出成果到其他地方的合同金额远大于承接其他地方成果转化的合同金额，对其他地方的辐射能力强。

成果转化道路上，人是关键的创新要素。在2020年高校和科研院所的成果转化合同中，奖励个人金额占现金和股权收入总额的比重超过50%，奖励研发与转化主要贡献人员金额占奖励个人金额的比重超过90%。其中，个人获得的现金和股权奖励金额为55.9亿元，比上年增长4.8%；研发与转化主要贡献人员所获现金和股权奖励达52.6亿元，比上年增长8.9%，显示出近年来国家相关促进科技成果转化政策对创新人才的激励作用。此外，在政策激励下，高校和科研院所创设和参股新公司的数量显著增长，达2808家，增幅高达28.9%。

高校科研院所促转化创新做法不断涌现。越来越多的高校、科研院所专门成立了适应自身特点的技术转移机构，科技成果转移转化不断向专业化、市场化和社会化发展。同时，高校院所与企业共建的研发机构、转移机构和服务平台的数量快速增加，不断吸纳聚合各方资源助力科技成果转移转化。统计显示，2020年，802家高校、科研院所自建技术转移机构，比上一年增长16.4%，1106家与企业共建研发机构、转移机构、转化服务平台，比上一年增长5.5%。

在国家相关政策的引导和支持下，各具特色的创新做法在高校和科研院所中不断涌现：南京大学向在校外建设新型研发机构的科研团队赋予职务科技成果的长期使用权，降低向新型研发机构许可知识产权的门槛，采取"较低入门费（5万元，可分期）+提成"的方式收取费用；湖南大学建立了"周演"制度，邀请发明人面向项目领域产业专家和投资机构演示研究成果，通过向市场准确传递科技成果信息，让市场自主筛选出有需求的技术。

复合型转移转化人才短缺问题凸显。我国高校和科研院所仍然存在政策有待进一步协同落实、转移转化专业人才缺乏、金融资本支持力度不足的问题。技术转移转化工作需要具备知识产权、法律、管理、行业等复合型背景的专业人才。高校、科研院所受制于自身体制机制，很少能吸引到此类专业人才，因此缺少专业的转移转化队伍，不能适应过程复杂、风险较高、周期较长的技术转移工作。同时，高校和科研院所负责转移转化管理的人员较少且多为兼职，高校院所及相关管理部门也普遍缺少对成果转化技术经理人的激励机制，薪酬、工资评定、职位晋升等制度不明确，有关政策体系和分配机制亟待健全。

金融资本支持力度也应进一步加强。科技成果转化具有轻资产、高成长、高风险特征，种子期、初创期科技转化项目存在融资难的突出问题。知识产权自身的不确定性也较高，知识产权质押融资出现风险之后，质押标的难以处置，导致质押融资工作推进困难。

三、科技成果转化工作任重道远

科技成果转化是一项系统工程。尽管近年来我国科技成果转化工作取得了初步成效，有效调动了各类创新主体的积极性，但是我国关键核心技术受制于人的局面没有得到根本性改变，科技成果转化总体能力不强。科技成果转化仍然存在转化不畅的问题，转移转化链条未能有效衔接，体系不健全，资金不到位，存在科技成果转化信息共享不足、专业化服务机构与人才队伍不强、企业主导成果转化应用不活跃、区域成果转化有待强化等问题。面对经济发展新形势，建设世界科技强国，迫切需要加强基础研究和应用基础研究，推进创新链和产业链精准对接，加快科研成果向现实生产力的转化，拆除阻碍产业化的"篱笆墙"，打通成果转化"最后一公里"，真正将科技成果应用到现代化经济发展中去。

第四节 质检机构科技成果转化的特点和优势

检验检测作为国家质量技术基础的重要组成部分，在推进供给侧结构性改革，服务企业提升产品和服务质量，促进经济转型发展等方面具有重要的基础引领作用。检验检测服务业被定义为八大高技术服务业之一后，面临许多重大的发展机遇和挑战。

一、质检机构实施的科技成果转化的特点

质检机构推进成果转化有独特的优势。技术机构科研成果转化是我国科技成果转化的重要组成部分。相对比高校和单纯的科研院所而言主，技术机构以设备为载体，从事技术领域某些行业内的技术活动，能够广泛接触市场的产品，能够积累大量的数据，以标准为依据，以技术为手段，以实验室为依托，进行广泛的检验测试，上接政策标准，下接产品生产情况，在研究成果转化流程过程中，有广泛的检测技术基础和数据支撑，有对行业内不同产品有较好的把握和认知。尤其技术实力雄厚的技术机构，在成果研究和转化中具有较强的优势。因此研究探索技术机构转化科技成果的有效途径，对于国内科研成果的转化具有积极的带动和借鉴作用。

技术机构加强成果转化需要有底蕴的沉淀。不是所有的技术机构都可以开展科技成果转化。近

年来随着国家政策对技术机构设立的放开，一些民营技术机构雨后春笋般地增长起来，在促进市场壮大、拉动就业等方面发挥了重要的作用。但不可否认的是，一些民营机构以分割检测市场和纯粹赢利为导向，对以科技为引领的发展壮大并没有清醒认识。推进成果对外转化，需要有服务国内产业发展壮大的公心和理念。因此，适合成果转化的技术机构主要是国有省级以上机构、部分市级机构以及大型的民营机构和高科技中型以上民营机构。外资机构需要另作分析。

质检机构对成果转化力度需要不断加强。2013年9月，国家质检总局为推动质检科技成果转化，设立了国家质检科技成果转化基地，一些先进的技术机构对促进成果转化进行了有益探索，截至"十三五"末，全国质检科技成果转化基地有15家，这个数量在全国40000余家质检机构中的比例是极小的。从目前各地实际运行情况来看，质检系统内科技成果转化工作推进多数处于初级摸索阶段。从多个省级质检院来看，目前现存已完成科研成果不少，但实现科研成果对外转化的却非常少，甚至科技成果转化的观念和意识都没有树立起来。从推进成果转化的基本条件上说，要有科研工作成果的深厚积累，这是转化的根基；要有单位重视和转化运行的机制，这是转化运行的条件；要有专项的机构和持续地推进，这是转化的保障。

二、质检机构科技成果的内涵

质检机构科技成果，指适用于检验检测行业、在检验检测领域进行应用的科技成果。例如，新检测方法和技术、工艺，检验检测仪器设备、装置。

根据科技成果的价值属性，可将科技成果分为物质成果、精神成果和管理成果。物质成果是指能够带来经济社会效益、增加社会经济财富的成果；精神成果是指能促进教育、科学、文化发展的成果；管理成果指能够促进组织运转、提高资源配置效率的成果。当然，科技成果的分类还有其他的方式，根据属性的分类能够清楚区别质检机构科技成果的内容。

质检机构科技成果的输出形式。质检机构物质成果主要包括形成检测、试验设备输出的成果，一般表现为"仪器、产品、材料"；精神成果包括方法、技术、工艺、规范、标准类输出的成果；管理成果包括搭建抽样、检测、流转等运行平台，提高工作效率、简化流程、节省人力物力类型的成果，这类成果一般在同类机构中实施运用。三个层面的内容对产业和企业发展都有推动和助力的作用，抓住以上三个层面的内容，基本上涵盖了技术机构科研成果输出的基本内容。三个层面的内容也体现了技术机构以技术创新为抓手，提升检验检测技术、综合管理运营水平、硬件和软件实力水平的综合能力。

科学技术部关于印发《技术合同认定规则》的通知（国科发政字〔2001〕253号）中，将需要登记的技术合同做了如下分类：①技术开发合同，分为委托开发技术合同和合作开发技术合同；②技术转让合同，分为专利权转让合同、专利申请权转让合同、专利实施许可合同和技术秘密转让合同；③技术咨询合同；④技术服务合同，分为技术服务合同、技术培训合同和技术中介合同。

"产品类"科技成果转化主要合同类型包括："技术转让"，表现形式为产权转让、专利实施权许可。对于"产品类"科技成果转化（专利转让、专利许可），应按照知识产权局的格式签订转让、许可合同，并在合同签订后，在知识产权局备案。"工艺类"科技成果转化主要合同类型包括："技术开发、技术服务、技术咨询"。对于"工艺类"科技成果转化（技术开发、技术服务、技术咨询），应按照科学技术部的格式签订技术合同，并在合同签订后，在省科技厅网站进行登记，在市科技局备案。

三、质检机构成果转化的意义

（一）响应国家实施创新驱动发展

随着国家创新驱动战略的深入实施和供给侧结构性改革的不断深化，科技成果的转化，作为提高科技创新能力、促进生产发展的有效方式，越来越受到各界的关注。近年来，国务院、国家市场监督管理总局都相继发布了相关政策措施，鼓励高校、科研机构和企业转移转化科技成果。

2015年3月，中共中央、国务院发布的《关于深化体制机制改革加快实施创新驱动发展战略的若干意见》指出，加快实施创新驱动发展战略，就是要使市场在资源配置中起决定性作用和更好发挥政府作用，破除一切制约创新的思想障碍和制度藩篱，激发全社会创新活力和创造潜能，提升劳动、信息、知识、技术、管理、资本的效率和效益，强化科技同经济对接、创新成果同产业对接、创新项目同现实生产力对接、研发人员创新劳动同其利益收入对接，增强科技进步对经济发展的贡献度，营造大众创业、万众创新的政策环境和制度环境。提出了营造激励创新的公平竞争环境、建立技术创新市场导向机制、强化金融创新的功能、完善成果转化激励政策、构建更加高效的科研体系、创新培养用好和吸引人才机制、推动形成深度融合的开放创新局面、加强创新政策统筹协调等一系列目标和举措，为包括特种设备在内的科技创新提供了又一项政策支持和保障。借力国家深化体制机制改革，破除科技创新的藩篱和障碍，加快实施创新驱动发展战略之机，特种设备科技创新将奋力前行，大有可为。

国家质检总局在总结多年质检科技成果的基础上，于2017年出台了《质检总局关于促进科技成果转化的指导意见》，从10个方面对原质检系统科技成果转化工作做出了规定。各技术机构按照指导意见的要求，结合实际情况，积极开展科技成果转化工作，取得了一定的成效。

2020年6月，国家市场监督管理总局发布了《国家市场监督管理总局科技成果转化基地认定办法》，决定在市场监管部门建设和认定一批科技成果转化基地，形成一批可复制、可推广的经验做法，充分发挥示范和引领作用，调动了技术机构和科研人员开展科技成果转化的积极性，更好地促进了市场监管科技成果转化应用。该办法所称的科技成果转化基地，是指依托市场监管部门技术机构建设，以服务市场监管事业和国家经济社会发展需求为导向的科技成果转移转化公共平台。

（二）顺应世界科技发展新浪潮

世界科技发展日新月异，以下一代通信网络、物联网、云计算等为代表的信息新技术，以新型功能材料、高性能结构材料、纳米材料等为代表的材料，以大数据采集、管理、挖掘、应用为核心的大数据技术等，正在深入影响和推动世界新一轮的科技革命和产业变革。在世界科技新浪潮的推动下，也为质检技术创新和发展带来了新的机遇和挑战。

新一代信息技术在制造业中的应用和深度融合，将不断改造传统机电产品的生产方式、产业形态和管理模式。集信息技术、控制技术、通信技术传感技术、识别技术、软件系统和人工智能为一体的智能制造和智慧化工厂正在孕育和发展。大数据、云计算、物联网、移动互联信息技术的蓬勃发展，为装备、设施的智能检验检测和维护管理提供了技术基础，为构建"互联网+"检验检测技术服务、"互联网+"维护管理等带来契机；业态提供高强轻型合金材料、高性能钢铁材料、新型动力电池材料复合材料等新型材料的突破和应用，将引发航空、航天、汽车碳纤维化工、石油、电力、能源、建筑、休闲等领域的技术革命，也必将成为上述行业和设施向更高参数和更强性能指标发展的关键。总之，质检行业变革与智能制造装备业的技术创新，要紧随世界科技发展的新形势，并成为质检行业发展的强力引擎。

(三) 科技创新推动质检行业技术进步

质检科技是增强我国经济质量优势的重要支撑。党的十九大报告指出，深化供给侧结构性改革，建设现代化经济体系，必须把提高供给体系质量作为主攻方向，显著增强我国经济质量优势。要获取质量优势，很大程度上取决于国家质量基础设施的能力和水平，而科技创新是提升国家质量基础设施水平的主要途径。必须深入实施创新驱动战略，加快质检科技创新，汇聚力量协同推进国家质量基础的共性技术研究与应用，充分释放国家质量基础设施效能，提高全要素生产率水平，为实现经济发展由高速增长转向高质量发展提供质检科技支撑。要清醒地看到，面对新形势与新需求，质检科技还有很多挑战需要应对：国家质量基础设施科技水平与国外先进国家相比，还有不小的差距，比如面临国际单位制基本单位变革的挑战，量值传递扁平化技术研究刚刚起步；新业态、新技术、新产业的NQI技术和服务供给不足、存在不少空白，NQI各专业领域间的创新协同不够，缺乏整体技术解决方案；科技成果转化激励机制需要进一步加强；技术机构布局需要进一步完善等等。必须以习近平总书记科技创新思想为指引，从国内纵向发展的轨迹和国际横向对比两个维度，定准质检科技在建设科技强国和质量强国中的历史方位，发挥好质检科技的支撑引领作用。

(四) 提升产品质量的整体水平

从整体上来说，我国已形成门类齐全的工业产品体系，其中220多种工业品产量居世界第一。但是，结构性供需失衡的现象随处可见，以钢铁为例：一方面国内普通钢材产能严重过剩，仅能卖出"白菜价"；另一方面高端特种钢严重不足，我国每年要花大价钱进口数千万吨。世界旅游组织称，2016年中国游客境外旅游消费达2610亿美元，同比增长12%，比位列第二的美国1220亿美元多出一倍以上。这相当于人民币1.7万亿元的境外消费，从一个侧面反映了我国国内中高端产品和服务有效供给不足的尴尬局面。

显然，提升产品和服务的质量迫在眉睫。解决低端供给过剩和中高端供给不足并存的结构性矛盾，关键是加大科技创新力度，不断提高产品的技术含量，促进产业、行业结构优化和转型升级，将发展方式从规模速度型转向质量效益型。

现在的高质量产品通常表现为技术含量高、安全性能好、智能化和自动化程度高。科技是第一生产力，科技也是质量提升的根本保障。高质量的产品总是和核心技术联系在一起。质量提升是生产工艺和技术水平进步的结果，一项新设计往往意味着产品质量的提升。通过科技创新，不仅可以提升传统产业产品的品质，化解过剩产能，而且可以创造新技术、新材料、新产品、新市场，形成新供给，释放新需求，满足消费升级新要求，建立以创新为主要支撑的发展模式。

自主创新是产品质量提升的必然选择。我国进入产业结构转型升级阶段，对技术的需求层次越来越高，如果不能自主创新，我们将难以承受大规模引进技术的巨额成本，加之真正的尖端技术也买不来，就难以突破知识产权和国际贸易中的技术性壁垒这两大关口。要把科技创新作为提高发展质量和效益的根本途径，真正实现由"生产大国"迈向"创新大国"。

四、质检科技创新的新机遇

新时代质检科技创新发展的政策环境、基础条件、问题挑战等有关因素都发生了新的变化，质检机构科技成果转化迎来了新的机遇。

党中央、国务院高度重视质量基础科技创新。党的十九大报告特别强调要加强应用基础研究，国家质量基础科技创新作为典型的应用基础研究，也始终得到了党中央、国务院的关心和支持。《国家创新驱动发展战略纲要》提出要实施质量、标准、品牌战略。《中共中央 国务院关于开展质量提升行动的指导意见》明确提出了国家科技计划要持续支持国家质量基础的共性技术研究与应用，原质检总局成为国家科技体制改革和创新体系建设领导小组成员，"国家质量基础的共性技术研究与应用"国家重点研发计划重点专项成为优先启动的专项之一，为我们进一步做好质量基础科技创新提供了难得的机遇，奠定了坚实的基础。

科技质检建设取得长足发展。截至"十三五"末，全国市场监管系统拥有科技人员近14万人，技术机构数量超过3800个，实验室面积近1100万 m^2，科研、检测仪器设备100多万台/套、原值超过670亿元。拥有国家科技资源共享服务平台2个、国家创新人才培养示范基地3个、国家国际科技合作基地3个，建成国家质检中心489个、国家市场监管重点实验室10个、国家市场监管技术创新中心4个、总局科普基地22个、总局科技成果转化基地15个，建设国家技术标准创新基地47个、国家产业计量测试中心35个、国家药监局监管科学研究基地（研究院）12个、国家药监局重点实验室117个、其他省部级科技创新基地及平台99个。我国专家先后担任国际标准化组织（ISO）主席、国际电工委员会（IEC）主席，实现国际咨询委员会（CC）下设工作组重要职务"零的突破"，在亚太计量规划组织（APMP）下设12个技术委员会中担任主席和候任主席数量居各成员之首。与100多个国家、地区、国际组织建立了科技合作关系，签订科技战略协议55项。"十三五"期间，全国市场监管系统共承担国家科技计划项目（课题）近500项。国家重点研发计划首次设立"国家质量基础的共性技术研究和应用"重点专项，国拨经费17.83亿元，聚焦产业转型升级、保障民生、培育国际竞争优势等方面，系统开展基础性、公益性和产业共性的国家质量基础设施（NQI）技术攻关，确立了NQI在国家科技发展中的战略地位。重大创新成果竞相涌现，获得国家科技奖励16项，"温度单位重大变革关键技术研究"和"新一代国家时间频率基准的关键技术与应用"2个项目获得国家科技进步一等奖。科技成果国际影响力不断增强，标准化对外开放水平持续提升，为国际标准化工作积极贡献中国智慧，获得国际互认的校准和测量能力（CMC）数量达到1678项、国际排名跃居第三，玻尔兹曼常数精确测定为国际单位制温度单位的重新定义做出关键性贡献。

"十三五"期间，随着市场监管体制改革的持续深化，质检机构各类创新资源加速整合，科技创新活力不断增强、创新能力不断提高、成果水平不断提升，质检科技成为市场监管科技创新体系的重要组成部分，在服务国家战略实施和市场监管事业发展中的作用更加凸显。

第五节 科技成果转化存在的问题

在取得成绩的同时，我们更要清醒地看到，面对新形势与新需求，我国科技成果转化还有很多挑战需要应对，主要存在以下五个方面的问题：科技成果与社会需求脱节、科技成果转化机制不通、政策保障与法律法规体系不完善、科技成果转化投入结构失衡、企业转化科技成果能力不足、科技服务企业整合能力不强。

一、科技成果与社会需求脱节

科技成果转化的前提是科技成果存在转化的价值。质检机构的创新与企业实际生产中的创新，在出发点、驱动力、组织方式、评价标准等方面存在很大差异。质检机构主要承担纵向课题，出发点是理论上的创新突破，以期达到一定的学术成就，因此往往在研发中强调课题先进性及独创性而忽视了市场需求，不具有转化价值。

一项技术从研究开发到技术转让、产品上市，一般需要经历两个阶段：第一阶段是研发，包括基础研究、应用研究、技术开发；第二阶段是转化，包括设计、生产、销售、售后服务等。研发阶段只需有一个想法，把这个想法实现并证明其正确性，或者根据想法做出样品即可；而转化阶段则需要把样品投入生产实际，把样品变成产品，销往市场并取得经济价值和社会价值；研发阶段主要在实验室进行，转化阶段则需要到工厂进行；研发阶段是小部分人的精雕细琢，转化阶段则是利用大规模生产工艺、使用大装备进行大批量生产，并将产品销售到市场上。

正因为上述两个阶段显著不同，二者的衔接容易脱节，导致创新链条断裂，它所造成的最坏的结果是：从事基础研究的高校、科研院所不知道企业需要什么技术，研究内容不接地气；在创新性研究投入偏低的企业得不到充分的技术支持，最后只能走向"山寨"和"仿制"。这是相当普遍的问题。要解决这一问题，需要充分发挥政府与市场两方面的作用，从现实需求出发，利用政产学研用多方协同平台，推动实现基础科研与技术产业化在技术发展规律上的统一。具体而言，与研发阶段相关联的基础研究主要靠政府投入，企业是否有意愿在基础研究投入则不必苛求；与转化阶段密不可分的产业化需要不断进行微创新、再创新，则主要靠企业投入。

在市场经济话语体系下，并没有一个中央协调的体制来指引其运作。为此，我国亟待建立以需求为导向的科技成果转化机制：面向社会和市场需求、以供给侧结构性改革为抓手，着力培育科技供给与需求的市场，增强供给结构对需求变化的适应性和灵活性，提高全要素生产率。同时，在政产学研用协同的创新链条从形成到稳固的过程中，建立良好的市场环境尤其重要，技术市场、商品市场、金融市场、资本市场缺一不可。

这提示我们，推进科技成果产业化必须变成实实在在的经济活动，形成新的产品群、产业群，遵循市场规律，参与市场竞争。同时，科技成果转移转化作为一项复杂的系统工程，需要政产学研用各个主体全方位协同参与。特别是，政府要在构建有利于成果转化的产业生态和政策环境方面发挥职能，加强服务和引导，弥补市场失灵。

二、科技成果转化机制不通畅

机构定位不清晰。按照《中华人民共和国促进科技成果转化法》，科技成果转化推广实施主体是"财政资金设立的高等学校、科学技术研究开发机构"。尽管《质检总局关于促进科技成果转化的指导意见》认为原质检系统技术机构适用该法，但各省编制主管部门及科技主管部门并未确认原质检系统技术机构可以作为科技成果转化推广的主体，因此在定位不清晰的情况下，原质检系统的绝大多数技术机构缺乏推动成果转化的积极性，也没有建立成果转化的激励机制。此外，大部分质检机构因为缺乏长远和战略性的科研规划，普遍对机构所研发产品的市场定位不准，也不清楚其发展方向。

产业规模受限。一项科研成果从研发到最终推向市场，往往要经过产品的样机、小试、中试等产品原型等过程。对于质检机构来说，为保障其主要业务的顺利发展，往往没有设立专业的产品试制部门和人员。在科研成果需要转化为最终产品并推向市场的环节中，无法保证转化效率和转化质量。

缺乏专门的成果转化人才。许多科研项目的结题评审意见中都提及项目结题后的成果转化推广要求。但现实情况是：首先，由于质检机构中缺少成果转化推广的专门人才，这些要求很难落实。多数科研人员对项目完成的要求仅为结题，而且也不懂工业设计，不了解市场需求。其次，质检机构的从业人员也没有成果转化推广渠道，没有市场营销经验。对于哪些科技成果可以转化，哪些科技成果不能转化，怎么才算是完成了成果转化，质检机构的大多数科研人员都没有清晰的认识。

三、成果转化途径欠缺

成果转化信息不对称。科研人员对市场需求了解得不够充分，这将导致大量资源被消耗之后所得成果无法推向市场，从而造成资源浪费。同时，企业真正需要的技术却缺乏研究，或者企业选择的对象比较少，供需严重不平衡。这就造成了成果转换信息不对称，不利于成果转化。

欠缺转化推广平台。成果转化推广需要有技术装备研发、市场价值评估、产品设计制造、成果推广销售等多个平台。在各个平台上，相关各方彼此互相配合，才能最终完成成果转化，并进一步得到市场认可、社会肯定，获得社会效益和经济效益。但现实情况是，质检机构的系统自身缺少市场价值评估、产品设计制造、成果推广销售的相关机构，无法进一步再研发和转化。这将导致大部分的科研项目结题后，仅用于鉴定评奖、评定职称等方面，甚至一些科研项目的成果多年一直停留在科研结题阶段，无法成为真正的工业产品，不能推动社会经济发展。而且，科研人员的获得感、成就感和认同感也会因此大打折扣。

成果转化活动难以界定。在实际操作中，很多科研人员存在很多疑问，比如新标准的培训是否属于成果推广转化活动、使用新检测方法和设备收取的委托性检验费用是否算作成果转化收益等，这些问题都没有清晰的答案。如果有明确的政策允许，这些活动能够被视为成果转化活动的话，将极大地调动科研人员的积极性。

四、成果转化经费运用问题

成果转化推广经费不足。一方面，科技成果转化没有单独的经费列支科目，也没有和科研项目一样立项支出清单。对于执行严格财务的质检机构，为了尽可能规避财务管理风险，提供科技成果转化的经费非常有限。另一方面，质检机构和其他行业相比，主要工作职责并不是科技研究和产品开发，因此也很难争取到政府财政的经费支持。

人力资源社会保障部、财政部、科技部《关于事业单位科研人员科技成果转化现金奖励纳入绩效工资管理有关问题的通知》（人社部发〔2021〕14号）的下发，在国家层面解决了事业单位科技人员收入突破工资总额的问题，但是在实际基层的操作、检查和审计方面，还有很多需要进一步解决的问题。

第二章 质检机构科技成果来源

质检机构用于科技成果转化的技术通常有两种渠道，其一是内部研发型（自主研发），其二是外部引入型（受让、受赠、并购、其他）。

内部研发型：又可以分为"全自主开发"和"合作、委托开发"。但任何一种模式，都需提供相关研发项目及活动的立项报告、验收报告，或合作、委托开发合同及资金往来证明等用以佐证科技成果来源。对于"自主研发"的科技成果，也就是质检机构从研发出"科技成果"到实施"科技成果转化"的整个过程都是自身全部或部分参与完成的。那么，对应的研发费用，即视为"内部研究开发投入额"。对于"合作、委托开发"的科技成果，对应的研发费用即视为"委托外部研究开发投入额"。

外部引入型：需经备案登记的专利转让合同、技术使用许可协议、技术转让合同以及资金给付证明；或者无形资产价值评估报告、无形资产投资入股证明等用以作为佐证材料。对于"外部引入型"的科技成果，也就是质检机构只完成"成果转化实施"的阶段活动。对应的研发费用中则需体现"无形资产摊销"科目，用来佐证"科技成果"的作价引入。

第一节 自行研究质检成果

自主开发是一种独创性的新产品开发方法。它要求质检机构根据市场情况和用户需求，或针对原有产品存在的问题，从根本上探讨产品的层次与结构，进行有关新技术、新材料和新工艺等方面的研究，并在此基础上开发出具有质检机构特色的新产品，特别是开发出更新换代型新产品或全新产品。

自主开发体现了质检机构的设计开发能力和品牌构建能力。设计开发能力是自主开发的重要环节，它运用相关的专业技术理论把拟开发的产品具体表现为能被生产过程所实现的技术文件和图样，设计出成本较低、功能完善、结构新颖和外观漂亮、适合市场需求的产品，体现出设计的经济性以及技术与市场的适宜性。下面主要介绍质检机构课题的选择、申请立项及结题验收的整个过程。

一、科研项目课题选择

科研立项是科研工作中最先开始的一个程序，是指通过申请、审批等流程，建立一个科学研究项目课题，质检机构科技成果转化涉及的多个要素中，科研项目选题也是重要环节之一。通常来说，质检机构的科研课题主要来源有以下几种：

（一）国家市场监督管理总局批准立项的项目

国家市场监督管理总局下设的科技和财务司不定期地公布一些科技项目计划，各质检机构可以随时留意文件通知或网站通知，进行项目申报。

质检机构所从事的科研工作基本上都适合申报这些计划项目，因此这是质检机构科研人员所应关注的重点申报目标。要注意的是，各地的质检机构申报国家市场监督管理总局项目时，通常需要经过机构内和省级行政主管部门的层层推荐，因此申报并获得立项的难度会比较大。

（二）省科技厅批准立项的项目

一般来说，各省科技厅每年会围绕一些重大需求，比如在高新技术产业、战略性新兴产业等领域，开展产业关键核心技术攻关及重大科技成果转化等项目的立项，而且通常会有经费资助。但是对各地的质检机构来说，这一类型的省部级项目申请难度也很大。

（三）省级市场监督管理局批准立项的项目

各省、直辖市的市场监督管理局每年一两次或不定期地下达科研项目申报计划，向下属技术机构征集科研项目。相对前两种来说，大多数地市级的质检机构申请这个级别的项目计划较易立项成功，因此应该重点关注。

（四）质检机构自行立项的项目

必要时，各质检机构也可以在机构内部选择合适的课题，利用自筹资金自行立项。通过自行立项，质检机构可以事先对拟向上申报的项目进行预研，取得一定的成果，再申请高级别的项目时也会大大提高成功率。

（五）其他项目

部分社会团体（如协会、学会）也会不定期地有立项计划，以根据自身的实际情况，选择和质检机构相关的项目进行申报。

二、科研项目申请立项

质检机构要根据上述的立项计划和立项要求，向相对应的归口部门（单位）提交项目申请书及可行性报告，经过申请、审核、审批等流程才能确定是否立项。其过程可以概括为填报立项申请书、立项评审、编制项目任务书等阶段。

（一）立项申请书的填写

（1）预实验结果。申请者要提出凝练的科学问题，同时要有清晰、可行的"研究假说"以解决该问题，并得出与拟申请研究内容有关的预实验结果。在"研究基础"中要展示出预期实验结果的具体数据、图表，在"立项依据"中要论述预实验的来龙去脉，并在预实验的基础上提出利用"研究假说"来解决问题的具体路径。

（2）立项依据。申请书中应提供验证"研究假说"的研究思路，辅以充分而恰当的参考文献，这相当于立项依据。要对现状、问题和进展做出分析，明确哪些问题已经解决，哪些问题没有解决，还存在什么问题等。项目申请者应对国内外的研究现状进行详实而深入的文献调研，并在对相关文献有充分把握基础上，把这些问题论述得有理有据、切实可信。

（3）研究内容。研究内容包括研究目标、研究内容和准备解决的关键问题，这是项目申请书的核心。研究内容要紧扣所提出的科学问题，要与研究方案一致且方便实施。研究方案和技术路线则包括采用的研究方法和技术路线及可靠性分析，要紧紧围绕研究内容，要注意研究内容与研究方案的一致性。切忌出现研究方案的实施不能解决研究内容所提的问题，从而导致研究方案与研究内容脱节的情况。

（4）预期结果。预期结果是指成果形式及科学价值，通常包括社会、经济效益分析。社会效益是指项目实施后为社会所做的贡献、成果产生的经济活动给社会带来的效益、培养人才的数量与质量，软科学研究成果对社会的科技、政治、文化、生态环境等方面可能做出的贡献等；经济效益是指通过商品和劳动的对外交换所取得的利润、节约社会劳动等，包括以同等的或尽量少的劳动耗费取得更多的经营成果等。

（5）基础条件。要列明项目研究的基础条件。该条件是指该项目研究前期所做的工作或者具备的条件，包括但不限于研究结果、研究人员、课题经费预算、硬件条件等。例如，项目承担单位近3年主要承担的课题、取得的成果、发表的论文、科研相关的仪器设备等。

（二）课题评审

科研立项单位的科技管理部门在收到立项申请材料后，组织有关单位领导和专家对各单位提出的课题进一步进行评审，做出评审结论，确定予以立项的项目名单。评审主要内容包括：研究的迫切性与重要性，技术先进性、适应性和可靠性，项目成功的概率，经济效益和社会效益等。

（三）编写课题设计及计划任务书

项目申请单位在收到上级单位的确定立项通知后，根据项目申请书内容编写项目任务书，基本内容包括：课题来源，课题研究的目的、意义，国内外水平概况预期目标和技术经济效果，技术关键及试验研究内容，计划进度和采取主要措施，需购置的设备、仪器，经费预算及来源，协作单位及任务分工。

（四）项目书递交并完成立项

完成项目计划任务书后，要按期递交至项目主管部门。同时，项目立项单位的科技管理部门将根据申请单位提交的项目任务书进行项目过程监督，定期对项目承担单位的进度和节点性成果进行检查，督促项目按期完成。

三、科研项目结题验收

项目经过研究后，取得了相应的成果，便可申请验收。项目结题验收是指采用专家组通过听取项目承担单位的项目执行和完成情况介绍、质询讨论等程序，必要时可开展现场考察、现场测试等，最终形成验收意见。只有在验收之后，项目成果方可进行鉴定、登记。在项目结题验收时，应注意以下几点：

（一）验收结论

验收结论的撰写，是项目评审验收中的重点。其撰写要点必须包含时间，地点、组织方、项目名称、项目研究成果及意义、研究经费使用情况以及是否同意通过验收的确切结论等内容。

（二）验收形式

首先应按照项目性质确定验收形式。纵向科研项目由项目主管部门组织验收；横向科研项目可委托有关部门和单位组织项目验收；不能按期验收的需填写项目延期申请，报验收部门申请延期。

延期申请批准通过后，项目可以延期；延期申请未批准的项目，应按到期时间提交验收申请资料。

（三）验收专家

验收组织部门（项目主管部门）成立验收专家组，采取会议方式进行项目验收。验收专家组通常由相关领域的技术专家（含财务专家）组成，会议验收原则上则需要5名或以上的单数专家组成专家组。可根据验收会议召开时间、会议地点和会议时长，选择路程较近、时间合适验收的专家组成员。

（四）不能通过验收的情况

以下几种情况有可能导致项目不能通过验收：
（1）各项指标或主要研究内容未完成的。
（2）验收资料不真实、弄虚作假的。
（3）未经批准，项目承担单位、参与单位、项目组成员或项目实施周期等发生改变的。
（4）违反其他有关规定的。

未通过验收的项目，项目组和项目承担单位应根据专家的意见进行整改，并申请二次验收；二次验收未通过的，根据项目主管单位的具体要求选择处理方式，通常将按终止处理。

第二节　外来质检成果

质检机构在日常检验检测业务基础上开展科研工作，对人力、物力和财力的保障提出了更高要求。为了进一步提升核心竞争力，部分质检机构在科研成果研发和运用上选择"弯道超车式"的引入外部成果模式，减少各方面科研投入的同时，快速掌握新型实验技术和检验检测方法，提升质检整体实力。

质检外来成果包括下面几种模式：

（一）产学研合作模式

质检机构会选择和高等院校、行业协会及龙头企业合作，通过委托技术开发和合作技术开发的方式，由质检机构提供明确需求，高等院校、行业协会及龙头企业开展定向研究或者将其前期成果进行二次研发后，应用到质检机构的日常工作中。高等院校、行业协会及龙头企业参与人作为合作开发方，质检机构能够保留自身知识产权，为科研成果的二次研发付费，或者未来可就新产品或合作开发产品所获得的利润与合作机构分成。

（二）中试基地模式

质检机构自身技术不够成熟，产业化前期风险较高，可以实现将实验室技术再行继续熟化，进行小试甚至中试，那么这样的技术就离产业化、离市场又近了许多，质检机构承接技术成果的风险也降低了许多，产业和企业自然就会对技术感兴趣。中试基地多由政府资助成立，帮助开展技术的二次开发。此模式在近些年确实推动了大量的实验室技术得到实际应用，这体现了成果的集成创新性，解决了成果熟化的物理空间和部分资金难题。

（三）技术转移中心模式

为了促进质检机构的成果可以在本地转化，加速本地的相关产业发展，地方政府与质检机构共建技术转移中心，帮助质检机构的原创技术在当地开展转移转化。据不完全统计，仅中国科学院就成立了38家类似的机构，专门从事技术转移、科技成果转化。此类中心推动了一些重大项目的开展，起到了模范带头作用，在政府推动下，初期效果明显。

（四）孵化器模式

孵化器这个集中空间，能够在质检机构创办初期举步维艰时，提供资金、管理等多种便利，旨在对高新技术成果、科技型和创业质检机构进行孵化，以推动合作和交流，使质检机构做大做强，例如国内比较知名的北大孵化器、启迪之星、车库咖啡和优客工场。国内的很多质检机构，为有兴趣将早期研究成果商业化的研究人员提供相关业务指导和专业服务，包括吸引投资、进行技术许可或创建公司等。孵化器模式使得科研人员专注于技术创新，而将其他的业务交由孵化器内的服务部门解决，孵化器帮助初创质检机构引入天使基金、风险投资等不同形式的融资活动，投资布局前移，对优质创业项目的争夺促使投资人/投资机构提早布局。

第三节 质检类科技成果登记

质检类科技成果登记是指科技行政部门对质检机构在科学技术活动中通过复杂的智力劳动所得出的具有某种被公认的学术或经济价值的知识产品进行最终确认。

质检类科技成果登记是省科技部门对质检机构科技成果的确认、记录，是科技产出的统计指标之一；登记后可以申报国家、省级科技成果奖；方便应用技术类科技成果推广。

一、质检类科技成果的分类和登记时提交的材料

（一）应用技术成果

主要是指针对某一特定的实际应用目的，为获得新的科学技术知识而进行的独创性研究，主要包括为提高生产力水平而进行的科学研究、技术开发、后续实验和应用推广所产生的具有实用价值的新技术、新工艺、新产品等。

办理登记时需出示：相关评价证明（鉴定证书或者鉴定报告、科技计划项目验收报告、行业准入证明、新产品证书等）和研制报告；或者知识产权证明（专利证书、植物品种权证书、软件登记证书等）和用户证明。同时填写《应用技术类科技成果信息表》。

（二）基础理论成果

是指为获得新知识而进行的独创性研究，其目的是揭示观察到的现象和事实的基本原理和规律，不以任何特定的实际应用为目的。

办理登记时需出示：学术论文、学术专著、本单位学术部门的评价意见和论文发表后被引用的证明。

（三）软科学研究成果

是指为推动决策科学化和管理现代化，运用现代科学技术手段所取得的为解决各类杂自然现象和社会问题的方案，包括重大问题和事项的发展战略、规划、预测、项目评价、可行性论证、对策分析管理方案和理论方法等。

办理登记时需出示：相关的评价证明（软科学成果评审证书或验收报告等）和研究报告。

二、质检类科技成果登记注意事项

科技成果登记将作为申报科技成果奖励的直接依据之一，没有申报科技成果登记的科技成果申报省级科技成果奖励不予受理。国家类科技计划和省级科技计划项目课题，应在结题验收后30日内履行科技成果登记手续，项目课题完成科技成果登记后，方才视同完成结题验收工作。科学技术研究成果登记证书不作为确认科技成果权属的直接依据。科技成果完成人（含单位）可按部门化或属地化关系向相应的科技成果登记受理机构办理科技成果登记手续，但不得重复申请登记。两个或两个以上完成人（单位）共同完成的科技成果，由第一完成人（单位）办理登记手续。每一个申请科技成果登记的成果将获得唯一的科技成果登记号，《科技成果登记证书》由省科技厅统一印制。凡存在争议的科技成果，在争议未解决之前，不予登记；已经登记的科技成果，发现弄虚作假、剽窃、篡改或者以其他方式侵犯他人知识产权的，注销登记。科技成果登记受理机构的工作人员擅自使用、披露、转让所登记成果的技术秘密，侵犯他人知识产权的，按规定追究相应的纪律责任和法律责任。

三、科技成果登记流程

（1）提交材料。到省科技厅成果市场处或市科技局成果管理部门提交办理科技成果登记的材料，经审核合格后，即现场办理（或受理）登记。

（2）成果公示。经登记的科技成果需在省科技厅或市科技局网站进行公示，公示期60天。

（3）颁发证书。公示期无异议的，由省科技厅统一印制《科学技术研究成果登记证书》，由市科技局颁发。

四、科技成果登记提交材料

（1）纸质材料。提交《科技成果登记表》一式3份，其中省科技厅留存1份、市科技局留存1份、科技成果完成单位留存1份。科技成果第一完成单位须在封面加盖单位公章。

（2）电子材料。在"国家科技成果登记系统v10.0"中进行数据录入，由该系统生成数据文件"cgsbqy.zip"，将其与《应用技术类科技成果信息表》电子文档一并刻入光盘提交。

（3）佐证材料。办理登记时应出示鉴定证书，验收报告、评审意见书、软科学成果评审证书、行业准入证明，专利证书、农作物品种权证书，或评估报告等相关证明材料原件，并提交其复印件2份。复印件要求加盖科技成果第一完成单位公章。另外，科技成果完成单位有成果转化需求的，可提交《应用技术类科技成果信息表》。

五、科技成果登记系统操作简要说明

①安装软件。"国家科技成果登记系统v10.0"。②录入数据。单位信息注册后，填写科技成果登记表。③打印登记表。点击系统数据处理界面"打印登记表"按钮，可选择"打印"直接打印《科技成果登记表》，或点击生成Word文档，调整排版后再打印。④生成数据文件。点击主界面

"数据导出"按钮，选择需导出的文件和文件保存目录，可导出文件名为"cgsbqy.zip"的数据文件。

第四节　拓宽成果来源途径

"互联网+"的快速发展，在很大程度上正在改变着我们的生产过程和生活方式，对科研成果转化为生产力也提供了新的载体和激励。

首先，"创客"的涌现大大降低了大众创业和万众创新的成本。

其次，"互联网+"正成为科技成果转化的重要渠道。各类科技人才利用互联网将科研成果与之嫁接，成为"互联网+"各种新技术的服务商，提供创新的增值服务，这些增值服务可以在生产和生活的各个环节发生，比如对企业人才的培训、招聘、资源寻找、新技术嫁接、方案设计、设备引进、流程改造、人力资源管理、投资战略等。科技人才转化为企业家的道路变得更加宽广。

再次，"互联网+"新的科技成果直接变成新的生产力。"互联网+"新的科技会不断催生新的业态和新的服务形式，现在风靡的大数据、云计算等只是一个开端。而现有的传统产业搭乘互联网的便车进行的"+互联网"式的创新也是将科研成果转化为生产力的重要途径。比如通过互联网进行产销结合、产研结合、售后服务、品牌维护甚至生产流程的重组和外包等活动，都将会带动新的消费需求和创造新的价值。"互联网+"这一特性为大众创业、万众创新提供了广阔的机会。

最后，"互联网+"使得科研成果转化的物理空间无限拓宽。理论上讲，科研成果插上互联网的翅膀将使得"创客"和各类草根新主体无论在何处都可以为自己的创新理念和创业思路找到合适的机会并付诸实施。

第三章 质检科技成果转化评估

科技评估对促进质检科技成果转化的作用，集中体现在其在应用研究项目中的运用。由于在科技项目评估体系中，事前、事中、事后各阶段的评估存在前后评估基准传递和前后评估结论的验证关系，因此项目的评估工作会统筹安排进行。可以说，科技评估促进科技成果转化的途径，就是以促进科技成果的转化为主线，在应用研究类项目的立项评估、中期评估、绩效评估和跟踪评估的过程中应采取什么措施，注意什么问题，以及通过什么方式来衔接四者，使其紧密结合，避免前后脱节。这是科研管理工作者面临的一个重要的课题。

质检科技项目跟踪评估，又称质检科技成果转化评估，是对已结题验收项目经过一段时间后的预期效果和实际绩效进行的评估。由于应用研究项目处于孕育科技成果阶段或成果转化前的准备阶段，在项目完成时对其经济效益、社会效益进行评估，不利于量度项目的间接或潜在的产出，从而不利于客观反映项目的绩效。因此实施后评估的时间应该是在项目科技成果得到转化并形成一定经济和社会效益后。

质检机构必须严格按照方案执行后续工作，在条件达到科技成果转化评估阶段制订的跟踪评估目标时主动申请接受评估。在提供的一系列绩效证明材料中，科技成果转化证明材料应被视为核心。评估机构应根据证明材料首先明确项目科技成果转化的广度和深度，在此基础上运用相匹配的数据分析模型来测算间接的经济效益、社会效益，与被评估单位提供的科技成果转化评估数据进行比对，从而判断是否达到跟踪评估目标。

在科技成果转化评估过程中，评估机构应注意建立信息反馈机制。信息反馈是向被评估单位公开发布初步评估结果，被评估单位有权就结果与实际情况不符的情况进行解释和补充说明，评估机构在综合考虑专家意见和被评估单位说明的基础上，得出最终结论。通过该机制，可以有效检验数据准确性，及时修正错误。

第一节 质检成果转化评估依据

科技成果价值评估的具体方法主要有价值法、收益法和成本法三种及其相关衍生方法。另外，评估方法还可根据评估对象和需求采用专家咨询、指标评价、问卷调查、调研座谈、文献计量和案例研究等定性或定量方法。

《中华人民共和国资产评估法》以及行业评估规则规定了科技成果价值评估具体方法及主要流程。

正确使用科技成果的价值评估方法，会直接影响到科技成果的真实价值。在我国无形资产价值评估实践中，个别评估机构的评估师不能合理运用科学的评估方法，导致科技成果的价值判断存在误差。因此，深入研究各类科技成果的价值评估方法，借鉴国外无形资产的先进经验，综合我国无形资产评估工作的具体实践，对委托人的评估资产进行全面、客观的尽职调查，然后进行一定程度的评估创新，可以客观地评估科技成果的真实价值。目前，科技成果价值评估方法主要有价值法、收益法和成本法三种及其衍生方法，评估方法相对过少。

价值法，又叫市场价值法，是指根据市场交易确定科技成果的价值，适用于专利权、商标权和著作权等，一般根据交易双方达成的协议，以收入的百分比计算科技成果的许可使用费。该方法存在的主要问题有两个：一是大多数科技成果并没有进行市场定价，难以准确确定交易价格；二是科技成果一般是与其他资产一并交易，很难单独分离其价值。

收益法，是指根据科技成果的经济利益或未来现金流量的现值计算科技成果的价值。此方法关键是如何确定适当的折现率或资本化率，同样存在难以分离某种科技成果的经济收益问题，特别是在早期研发阶段，无法判断或预料其日后的收益价值，从而导致评估结果难以让人信服。

成本法，是指计算替代或重建某类科技成果所需的基本成本。该评估方法适用于能被替代的科技成果的价值计算，也可估算科技成果生产成本下降、原材料消耗减少或价格降低，以及有效利用设备等所带来的经济收益，从而评估出科技成果的价值。但是，由于受某种科技成果能否获得替代技术或开发替代技术的能力等综合因素的影响，科技成果最终评估出来的价值也不具有合理性。

评估依据主要有2017年财政部《关于印发〈资产评估基本准则〉的通知》（财资〔2017〕43号）第三条、第四条、第九条、第十六条；2016年施行的《中华人民共和国资产评估法》第二十二条至第三十二条；2004年中国资产评估协会《关于印发〈企业价值评估指导意见（试行）〉的通知》（中评协〔2004〕134号）第十二条、第十四条、第二十三条、第二十四条、第二十五条、第二十六条、第二十七条；2001年财政部《关于印发〈资产评估准则——无形资产〉的通知》（财会〔2001〕1051号）第四条至第十一条；1992年国务院国有资产办公室颁布施行《资产评估管理办法实施细则》（国资办〔1992〕36号令）第三条、第十条、第十一条。

第二节　质检成果转化评估材料

质检科技成果转化是科技创新活动全过程的"最后一公里"，成果转化是否顺利，很大程度上决定了科技创新活动的成败。如何准备科技成果转化材料？简而言之，从成果来源、成果转化形式、成果转化结果三个环节去组织每一项成果转化相关证明材料具体如下。

一、成果来源证明材料组织

（1）成果源自于质检研发项目：证明材料选择性提供项目立项、结题、成果鉴定报告、专利等知识产权。

（2）成果源自于外购技术成果：证明材料选择性提供正式技术交易合同、产学研合作合同、专利购买协议。

二、成果转化形式证明材料组织

（1）自行投资实施转化：这类转化形式可以通过提供质检机构自身成果转化结果证明材料作为转化形式证明材料。

（2）合作实施转化：这类转化形式包括向他人转让该技术成果；许可他人使用该科技成果；以该科技成果作为合作条件，与他人共同实施转化；以该科技成果作价投资、折算股份或者出资比例等转化形式。其证明材料可结合实际情况提供转让该项成果的合同、成果许可使用合同、成果价值评估报告及对应股权合同。

（3）其他协商确定的方式：可根据实际提供相关协商转化的协议、合同作为成果转化形式的证明材料。

三、成果转化结果证明材料组织

（1）新产品、新材料：证明材料可以选择性提供产品检测报告、新产品证书、产品说明书、生产批文、新产品销售合同、用户使用报告、产品照片。

（2）新工艺、新设备：工艺（设备）测试检测报告、工艺（设备）参数说明、设备备案。

在科技成果转化过程中，有哪些注意事项呢？具体如下：

第一，科技成果转化评价的数据，考察的是近3年内，指的是质检机构申报前的连续3个会计年度，不包括申报当年。也就是说，成果可以不在近3年，只要转化发生在近3年就可以。根据"先有成果，后有转化"的申报逻辑，申报当年取得的科技成果是不可能用来进行科技成果转化的。

第二，同一科技成果分别在国内外转化的，或转化为多个产品、服务、工艺、样品、样机等的，只计为一项。多个科技成果转化为1个产品的，算多个转化，计为多项。

第三，科技成果转化能力强弱不以是否形成销售收入为判断依据，而是以符合要求的科技成果转化数量为判断依据。年均5项成果转化，就可以判定为符合A档标准（25~30分），在同档次得分的情况，转化能力的强弱，专家会参照销售收入。比如，如果是形成产品，提供销售合同和销售发票，可以认为在A档里转化能力强，可以给最高分30分。如果是形成样品样机，提供的是样品样机的图片，可以认为在A档里转化能力弱，可以给最低分25分。

总而言之，质检机构要想在科技成果转化指标上取得高分，除了提前规划布局和规范管理，操作人员的专业性和经验也是不可忽略的因素。

第三节　质检成果转化评估申请

收益评估步骤主要难点是计算科技成果产出所需成本。因此，成果持有者、为科技成果转化服务的质检机构第一步骤均为计算成本，收益计算与投入有密切关系，因此科技成果转化收益评估的步骤主要从成本计算、投入计算、合同签订几个方面提出了要求。科技成果转化收益评估的步骤包括：科技成果持有者计算成果产出所用成本；提供科技成果转化服务的企业或组织计算成果转化所需成本；科技成果持有者与提供科技成果转化服务的企业或组织协商转化投入比例，对市场销售进行预判，预估收益额；签订科技成果转化合同，确定双方科技成果转化收益。

对科技成果持有者，产品类科技成果转化收益分配的步骤包括：①财务部门依据合同、发票等，扣除成本，计算单个科技成果的转化收益，并按照科技成果转化制度计算出发放到科技成果转化相关人员的总金额。②科技成果转化项目负责人提供科研成果主要完成人、科技成果转化做出突出贡献人员名单，确定主要贡献内容并附见证材料，确定转化收益的分配比例和金额。③科研管理部门对科技成果转化项目负责人提供的材料进行审核，按照有关要求进行公示。④审核、公示无异议后，由科研管理部门将专利许可合同、专利许可合同备案表、科技成果转化收益分配见证材料报领导审批后，交由财务部门发放绩效。

对科技成果持有者，工艺类科技成果转化收益分配的步骤包括：①财务部门依据合同、发票等，扣除成本，计算单项科技成果的转化收益，并按照科技成果转化制度计算出发放到科技成果转化相关人员的总金额。②科技成果转化项目负责人区分科技成果转化实施部门、科技成果完成人和科技成果转化主要贡献人的总绩效比例。科技成果转化项目负责人提供科研成果主要完成人、科技成果转化做出突出贡献人员，对主要贡献内容应提供见证材料，确定转化收益的分配比例和金额。③科研管理部门对科技成果转化项目负责人提供的材料进行审核，按照有关要求进行公示。④审核、公示无异议后，由科研开发部门将技术合同、技术合同备案表、科技成果转化收益分配见证材料报领导审批后，交由财务部门发放绩效。

第四节　质检成果转化评估流程

科技部、财政部、发展改革委《关于印发〈科技评估工作规定（试行）〉的通知》第十七条对评估工作主要程序作了相关规定，可以参考。根据《中华人民共和国资产评估法》以及行业评估规则的规定，科技成果价值评估主要流程如下：

（1）依法自主选择专业的评估机构。
（2）委托人与评估机构签订委托评估合同、保密合同。
（3）按照合同的约定支付评估服务费用。
（4）委托人向评估机构提供评估所需要的权属证书、财务会计和其他资料等。
（5）评估机构指定两名以上评估人员承办。
（6）评估机构对委托人拟评估的资产及相关情况进行尽职调查。
（7）评估机构确定评估方法，对资产进行客观评估，编制评估报告。
（8）评估机构向委托人送达由两名以上评估师签字，并由评估机构盖章的评估报告。
（9）委托人对评估报告有异议的，可以要求评估机构进行解释。
（10）其他评估需要办理的事项。

第四章 质检科技成果转化形式与流程

促进科技成果转化、加速科技成果产业化，已经成为目前世界各国科技政策的新趋势。目前科技成果转化的途径，主要有直接和间接两种转化方式，并且这两种方式也并非泾渭分明，经常是相互包含的。一种是技成果的直接转化。包括科技人员自己创办企业、高校、科研机构与企业开展合作或合同研究、高校、研究机构与企业开展人才交流的形式。二是科技成果的间接转化。主要是通过各类中介机构来开展的。包括通过专门机构实施科技成果转化、通过高校设立的科技成果转化机构实施转化、通过科技咨询公司开展科技成果转化活动等形式。

相对于质检机构来说，按照科技成果转化种类与技术合同登记的特点划分，质检机构的科技成果类型可划分为"产品类"和"工艺类"。两类科技成果转化各有特色，转化流程也有差异。"产品类"科技成果一般为"新仪器、新产品、新材料"等，由质检机构与转化企业签订技术转让（专利许可）合同，质检机构与转化企业共同推广、销售。"工艺类"科技成果一般为"新技术、新工艺、新服务"，一般采用质检机构与企业签订技术咨询、技术服务合同，由质检机构直接服务于企业的方式。质检机构的"工艺类"科技成果转化，一般采用"技术咨询、技术服务"类的技术合同形式进行。

第一节 质检科技成果转化形式与类型

一、科技成果转化形式

科技成果转化主要有五种方式：一是自行投资实施转化；二是向他人转让科技成果；三是许可他人使用科技成果；四是以科技成果作为合作条件，与他人共同实施转化；五是以该科技成果作价投资，折算股份或者出资比例。其中，第一种方式属于科技成果持有人自行转化，即高等院校、科研院所或企业等主体将其研发的科技成果应用于本单位的生产活动，此方式的特点是没有中间环节，降低了成果转化的交易成本，但仅适合于研发生产链条较为完善的主体。第二、第三种方式属于转移式转化，即科技成果持有人通过许可、转让的方式将科技成果的使用权或所有权转移给技术需求方，此方式是院校、科研院所实现科技成果转化的主要方式。第四、第五种方式属于合作转化方式，此方式有利于产、学、研单位以技术为纽带形成利益共享、风险共担的合作机制。

（一）自行投资实施转化

自行投资实施转化，是指科技成果的所有人自行出资，对科技成果后续的试验、开发、应用或推广。如质检机构自行投资兴办企业，生产本单位研发的产品或者实施本单位开发的技术。各地市对此种方式也有相关政策规定，例如《河北省促进科技成果转化条例》规定以该种方式实施转化时，"允许国有及国有控股企业在科技成果转化实现盈利后，连续三至五年每年提取当年不高于百分之三十的转化利润，用于奖励核心研发人员、团队成员及有重大贡献的科技管理人员"。

（二）向他人转让科技成果

向他人转让科技成果，是指科技成果所有人将科技成果的所有权转让给有实施条件的受让人所有，并由受让人实施该项成果。向他人转让的成果一般是经过后续试验后比较成熟的科技成果，受让人购买后即可应用或投产。各地市对此种方式也有相关政策规定，例如《河北省促进科技成果转化条例》规定以该种方式实施转化时，"国家设立的研究开发机构、高等院校在职务科技成果转化后，应当将不低于百分之七十的现金收益或者股权，用于对完成、转化科技成果做出重要贡献的集体和个人的奖励、报酬。对研发和成果转化做出主要贡献人员的奖励份额不低于奖励总额的百分之五十。前款中的现金收益是指以所有权转让或使用权许可方式进行科技成果转化获得的收入扣除对科技成果所进行的后续试验、开发、应用、推广和资产处置过程中发生的直接费用后折合为现金的收益。股权是指以作价入股方式进行科技成果转化获得的股权"。这种科技成果转让属于一次性交易，相当于质检机构把自己所有的科技成果卖给有条件实施该项科技成果转化的企业。

（三）许可他人使用科技成果

许可他人使用科技成果，是指科技成果所有人在不转移成果所有权的前提下，许可他人使用该科技成果，并由被许可人支付使用费。该成果通常应当是比较成熟、可以直接使用的成果。按照不同的划分方式，专利实施许可由如下不同类型：

（1）按照实施期限划分，有在专利整个有效期间实施许可及在专利有效期间某一时间段实施许可。

（2）按照实施地区划分，有在我国境内的实施许可和在特定地区实施许可。

（3）按照实施范围划分，有制造许可、使用许可、销售许可及制造、使用、销售全部许可。

（4）按照实施专利用途划分，有一般实施许可和特定实施许可。

（5）按照实施条件划分，有普遍实施许可、排他实施许可、独占实施许可、分售实施许可和交叉实施许可合同。

在市场前景不明朗时，对于许可时间、许可范围、许可方式等，可以先签订较为保守的合同条款，等待市场前景明朗以后再另行确定。这样既能够规避质检机构领导的责任，又能保证科技成果能够逐步转化。

（四）以该科技成果作为合作条件，与他人共同实施转化

以科技成果作为合作条件与他人共同实施转化，是指科技成果所有人将该成果作为投资，只是提供技术成果作为与他人合作的条件，在与他人合作的过程中，共同对该成果进行后续试验、开发、应用、推广等实施活动，合作各方的权利和义务用合同条款加以约定。各地市对此种方式也有相关政策规定，例如《河北省促进科技成果转化条例》中规定以该种方式实施转化时，允许国有及国有控股企业在科技成果转化实现盈利后，连续三至五年每年提取当年不高于百分之三十的转化利润，用于奖励核心研发人员、团队成员及有重大贡献的科技管理人员。一般来说，这种转化方式比较适合于质检机构拥有下属的转化公司时使用。

以科技成果作为合作条件，与其他公司共同实施转化这种转化模式，对于有行政权力的事业单位要慎重使用，科技成果转化就有可能不再以市场为目的，而成为以权谋私、滥用职权的手段。需要说明的是，这种转化模式要合理计算营业利润，同时要考虑到第一代产品、第二代产品利润分配的时间节点问题，以避免三至五年以后，研究人员不能再从产品的更新换代中持续获得科技成果收益的情况。

（五）以科技成果作价投资，折算股份或者出资比例

以科技成果作价投资，是指科技成果所有人将该项科技成果评估作价，折算成股份或出资比例，作为企业的投资，由企业对该项科技成果进行后续试验、开发、应用或推广等，科技成果所有人可以按照出资比例或者持股比例从企业实施科技成果的收入中分享收益。各地市对此种方式也有相关政策规定，例如《河北省促进科技成果转化条例》中规定以该种方式实施转化时，国家设立的研究开发机构、高等院校在职务科技成果转化后，应当将不低于百分之七十的现金收益或者股权，用于对完成、转化科技成果做出重要贡献的集体和个人的奖励、报酬。对研发和成果转化做出主要贡献人员的奖励份额不低于奖励总额的百分之五十。股权是指以作价入股方式进行科技成果转化获得的股权。

二、科技成果转化主要类型

一般来说，质检机构的科技成果根据其性质可分为基础理论研究成果、软科学研究成果、应用技术研究成果等三大类型。

基础理论研究成果，是指在基础研究和应用研究领域取得的新发现、新学说，其成果的主要形式为科技论文、科技著作、原理性模型等。

软科学研究成果，是指对科技政策、科技管理、科技活动的研究所取得的理论、方法和观点，其成果主要形式为研究报告、科技论文等。

应用技术研究成果，是指在科学研究、技术开发和应用中取得的新技术、新工艺、新方法、新产品、新材料、新设备以及计算机软件等，其成果主要形式为技术方法、工艺流程、方法标准、仪器设备、功能样机、计算机软件著作权、发明专利、实用新型专利等。

目前，质检机构科技成果转化的主要对象是本单位的科研成果，其他单位的科研成果转化较少。根据实际情况，又主要分为"产品类"转化和"工艺类"转化两类。

（一）仪器、产品、材料类成果

"产品类"科技成果转化，是指对科研产出的实物，进行再试验、加工、完善，使其成为可以在市场上销售的产品，并采取有效渠道销售出去的过程。"产品类"科技成果转化需要实施产品转化的实体公司，即需要由具有产品制造、销售资质的公司去实施。而质检机构由于本身性质原因，科研产出的产品不能自行制造、销售，只能委托其他转化服务公司实施转化。

（二）方法、技术、工艺类成果

"工艺类"科技成果转化实际是通过科研发现了一种新的方法、技术、工艺，采用这种新的方法、技术、工艺服务于某一行业，能解决行业内存在的比较难以解决的问题，提高工作效率并且节省成本，提升人员水平，促进经济发展和行业进步等。"工艺类"科技成果转化不需要进行转化的公司实体，质检机构可以自行实施。

第二节　质检"产品类"成果转化流程

一、"产品类"科技成果转化特点与分类

当前，质检机构的"产品类"科技成果主要有两种：一种是新仪器装置；另一种是新材料。

新仪器装置是质检机构针对某领域检测手段的空白，或者存在重大缺陷而进行理论创新，发明了新的检测方法，依据该检测方法研制的创新性检测仪器。这种仪器装置的潜在用户是检验机构以及部分产品生产企业。这类成果涉及理论创新，需要进行大量的现场试验，甚至制定标准。而且，在成果转化时要进行仪器功能设计、结构设计、外观设计、从商业化角度均衡产品的成本和性能，往往导致整个成果转化周期很长，投入的人力物力成本也较高，但一旦转化成功，会带来较好的市场价值以及较大的行业影响力。

新材料类的科技成果一般指耗材类成果，这类材料成本和售价较低，但用量很大，也有广阔的市场前景。

二、"产品类"科技成果转化流程及内容

质检机构的"产品类"科技成果转化一般是通过与制造企业签订技术转让（专利许可）合同的方式进行转化。质检机构的"产品类"科技成果转化实际是对在科研项目中设计的样机实物，进行功能、性能的提升和改进，并以商品化的要求去设计外观和结构，使其成为可以在市场上销售的产品，并采取有效渠道销售出去的过程。

"产品类"科技成果转化需要有对产品进行转化的公司实体，即需要具有产品制造、销售资质的公司去实施。而质检机构由于机构性质原因，不能进行产品制造和销售，因此，一般会通过专利转让或专利实施许可方式进行转化。质检机构可以将产品的相关专利转让或许可给下属的全资公司实施，也可以转让或许可给其他公司实施。

质检机构"产品类"科技成果转化主要流程包括制度制定、成果产生、成果评估、成果转化、收益分配、奖励分配资料归档等六大流程，每个流程有多项工作内容，其主要流程和对应的工作内容如下：

（一）制度制定

质检机构"产品类"科技成果转化的制度主要包括制定科研项目管理制度、制定科技成果评估管理制度、制定科技成果转化服务管理制度、制定科技成果转化收益分配制度和制定科技成果转化业务存档制度等五项制度，这五项制度覆盖了科技成果转化的全流程，其中最重要的是科技成果转化收益分配制度，只有切实执行收益分配制度，让科技人员得到物质奖励和精神满足，才能保障科技人员的工作积极性。按照《中华人民共和国促进科技成果转化法》第四十四条规定："科技成果完成单位可以规定或者与科技人员约定奖励和报酬的方式、数额和时限。单位制定相关规定，应当充分听取本单位科技人员的意见，并在本单位公开相关规定。"如果没有约定，应按照《中华人民共和国促进科技成果转化法》的第四十五条执行。因此，制定制度并约定收益分配方式、数额和时限是调动科技成果转化积极性的重要手段。

（二）成果产生

科技成果来源有很多种，包括自行立项研究成果、与他人合作的研究成果、转让的成果等。质检机构可以通过自行立项或向上级申报、立项科研项目，开展研究并取得成果，这是最主要的成果来源。自行立项或向上级申报立项时，可以根据质检机构自身的需求开展研究，能够提高科技成果的转化率。当科研项目有合作单位时，或者科研成果为共有时，应事先约定成果所占比例，以明确科技成果的产权归属。

科技成果产生的流程则一般包括项目立项、研究、验收，成果鉴定和成果登记。

（三）成果评估

科技成果评估主要评估成果的成熟度、转化的可行性以及推广应用的市场大小。如果方法成熟度高，应制定程序文件或制定标准，进行推广应用；转化可行性是依据质检机构现有的条件进行评估，判断机构的人员、设备、资金等是否能够达到转化条件；推广应用的市场要结合安全技术规范、国家标准的要求进行判断。一般来说，如果该科技成果能够符合相关安全技术规范中的强制检验项目要求，推广效果会比较好。

科技成果评估的结论是综合考虑的结果，由于质检机构行业特殊性，一些能够保障涉及民生产品安全、促进行业检测技术提升的科技成果，要重点加以推广和应用。

（四）成果转化

对现有的专利技术转化为商业化产品，是成果转化的过程。成果转化主要包括四个步骤：一是签订专利转让、许可、作价投资等转化合同；二是按照合同提供专利技术及资料和技术支持及咨询，帮助企业顺利投产和销售；三是产品效益专项审计；四是科技成果转化技术合同登记。质检机构与企业以专利转让、许可、作价投资等方式签订转化合同时，合同格式需要使用国家知识产权局或者科技部提供合同模板。

签订合同后，质检机构按照合同提供专利技术及资料（如机械、电气图纸、软件代码等），同时进行技术支持和接受技术咨询，帮助企业顺利投产和销售。按合同规定，有以下三种情况

（1）如果知识产权费是按产品利润提成的，则要等产品销售以后（一般是年度结算）委托第三方机构进行产品效益专项审计，以审计报告为参考支付知识产权费。

（2）如果是提成支付的，质检机构可以等审计报告出来以后，收取知识产权费并进行技术合同登记。

（3）如果合同约定是一次性提前支付的，则签订合同后即可进行技术合同登记。

（五）收益分配

"产品类"科技成果转化收益，应按照制定的《科技成果转化收益分配制度》进行分配，一般可参考《质检总局关于促进科技成果转化的指导意见》（国质检科〔2017〕140号），将"技术咨询、技术服务"等"工艺类"科技成果转化收益的50%以上奖励给相关人员。相关人员包括成果完成人、转化贡献人员等。涉及领导干部的科技成果转化收益分配，要严格按照要求进行公开、公示。

（六）奖励分配、资料归档

尽管各项政策都明确了"科技成果转化收益"属于事业单位工资总额之外的收入，但根据审计

方面的要求，在科技人员和财务人员分配科技成果转化收益后，仍然需要整理保存有关材料，以备审计人员的检查。因此，质检机构在每一次发文进行奖励之后，都应进行资料整理归档。其中，需要整理的资料包括奖励说明文件（具体做法、政策法规、收益获得、分配说明）和奖励见证材料，主要包括以下文本和资料：

（1）产品设计的立项书、验收书、鉴定书、成果登记证书。
（2）科技成果转化评估文件。
（3）产品的专利实施许可合同。
（4）产品的专利证书。
（5）产品专利许可合同备案表。
（6）产品的年度专项审计报告扫描件。
（7）年度产品销售利润及知识产权费用表。
（8）知识产权使用费支付凭证（如银行转账凭证）。
（9）技术合同登记表。
（10）技术合同认定登记证明。
（11）产品类成果转化奖励公示文件及公示信息。
（12）奖励发放文件。

三、注意事项

"产品类"科技成果转化过程，涉及下属公司和非下属公司实施的有所不同，主要区别在于科研产品的成熟度要求不同、转化合同内容不同、科技成果转化人员的范围界定不同，需注意以下几点：

（1）在下属公司实施科技成果转化时，科研产品成熟度不需要太高，可以在研究的过程中，同时实施转化；但在非下属公司实施科技成果转化时，一般会要求科研产品已基本成熟，只需要进行少量的改进和包装就可以实施转化。

（2）在下属公司实施科技成果转化时，由于合同内容主要是为了满足质检机构的科技成果转化需求，基本不需要对合同的详细内容进行谈判；而在非下属公司实施科技成果转化时，质检机构与转化服务公司均以盈利为目的，双方会就转化的各种细节、收益分配等进行充分的协商，以达成转化协议。

（3）在下属公司实施科技成果转化，分配科技成果转化收益时，对科技成果转化有重要贡献的人员包括下属公司的人员；在非下属公司实施科技成果转化时，由于和转化服务公司没有隶属关系，转化收益的分配比例中就无需考虑转化企业的人员。

第三节 质检"工艺类"成果转化流程

一、"工艺类"成果转化特点与分类

"工艺类"科技成果一般为"新技术、新工艺、新服务"，实际是通过科研发现一种新的检验检测方法、技术、工艺，质检机构采用这种新的方法、技术、工艺服务，能解决质检设备行业内"检不了"和"检不准"的问题，而且能提高工作效率、节省成本、促进经济发展、促进行业进步、提升人员水平等。"工艺类"科技成果转化不需要实体公司，质检机构可以自行实施。

虽然质检机构"产品类"科技成果转化比"工艺类"科技成果转化流程更成熟，但"工艺类"科技成果转化对检验检测类的检验检测机构更有前景。

质检机构"工艺类"科技成果转化，一般以"技术咨询、技术服务"类的技术合同形式体现，一般分为检验检测类、培训服务类、综合评估类。

（一）检验检测类

检验检测类科技成果的特点是解决了以往标准或者技术规范中对某一项目检验不了、检验不准，只能定性、无法定量的问题。

（二）培训服务类

培训服务类科技成果的特点是能提升现有从事质量检验检测人员、作业人员的培训考核效能，节省培训考核成本，使相关人员的培训考核更加智能化。

（三）综合评估类

综合评估类科技成果的特点是基于监测、检测、软件分析，对产品质量安全或工厂质量管理水平进行的评估。

二、"工艺类"成果转化流程及内容

质检机构"工艺类"科技成果转化主要流程包括制度制定、成果产生、成果评估、成果转化、业务存档、收益分配、奖励分配资料归档等七个流程，每个流程涉及多项工作。

（一）制度制定

与"产品类"科技成果转化类似，质检机构"工艺类"科技成果转化的制度制定也是包括五项制度：一是制定科研项目管理制度；二是制定科研成果评估管理制度；三是制定科技成果转化服务管理制度；四是制定科技成果转化收益分配制度；五是制定科技成果转化业务存档制度。这五项制度覆盖了科技成果转化的全流程，最重要的还是《科技成果转化收益分配制度》，这是激发科技人员工作积极性的重要手段。

（二）成果产生

"工艺类"科技成果来源也同样包括自行立项研究成果、与他人合作的研究成果、转让的成果等。成果产生的流程也包括了项目立项、研究、验收、成果鉴定和成果登记。

（三）成果评估

"工艺类"的科技成果评估和"产品类"科技成果相同，同样要评估成果的成熟度、转化的可行性以及推广应用的市场大小等，评估内容大致和"产品类"科技成果相同。对于能够保障涉及民生质量安全的或者能够促进检验检测技术提升的"工艺类"科技成果，应重点加以推广和应用。

（四）成果转化

对现有的成果进行推广和应用，是成果转化的过程。成果转化主要包括五个步骤。一是签订科技成果转化服务合同；二是评审科技成果转化服务合同；三是制定科技成果转化服务技术工作方案；四是科技成果转化技术合同登记；五是开展科技成果转化现场服务。其中，质检机构在签订"工艺类"科技成果转化服务合同时，应注意将法定检验业务、委托检验业务、科技成果转化服务业务予以区分评审科技成果转化服务合同时，应重点评审该项服务是否属于机构已完成全部登记手续的科技成果，机构现有的能力能否完成工作。

另外要注意的是，质检机构在制定"工艺类"科技成果转化服务技术工作方案时，应加强与企业沟通，保障方案切实可行进行科技成果转化技术合同登记时，应区分技术性费用和非技术性费用开展科技成果转化现场服务时，应严格按照技术工作方案开展。

（五）业务存档

科技成果转化服务报告应按照质检机构的审批权限进行审批，属于CMA、CANS认证范围的，还需要有相应的资质及授权。科技成果转化服务业务的存档，一般应以单个科技服务合同的全部服务内容为一件存档，其内容包括科技成果转化服务总结报告及其相关附件。附件内容一般包括科技成果转化服务合同复印件、技术合同登记证书、技术工作方案、检验检测服务报告（如有）、培训签到表（如有）、评估报告（如有）、现场照片、客户满意度评价表等。

（六）收益分配

"工艺类"科技成果转化收益和"产品类"科技成果一样，应按照质检机构自行制定的《科技成果转化收益分配制度》进行分配，将"技术咨询、技术服务"等科技成果转化收益按照规定的比例奖励给相关人员，包括成果完成人、科技转化贡献人员，成果应用实施人员。

（七）奖励分配、资料归档

"工艺类"科技成果转化的相关材料也应整理保存，以备审计人员检查。其需要整理的资料一般包括：

（1）单位奖励文件。
（2）成果转化项目的立项书、验收书、鉴定书、成果登记证书。
（3）成果转化评价文件。
（4）科技成果转化合同及科技成果转化技术合同登记证书。
（5）科技成果转化奖励公示文件。
（6）科技成果转化报告（包括给客户出具的检验检测报告、咨询技术服务报告、人员技能培训报告等）清单。

第四节 设备类科技成果转化实例

通常情况下，质检机构按照科技项目目标、技术指标和优势用途要求，要对有经济和实用价值的科研成果进行推广并对推广过程中所需经费进行评估，对推广后产生经济效益与投入的差额进行适当补助，对推广方式、成果科研水平、推广成果的后期完善等工作进行专业性研讨，还应该形成经济效益分析报告。下面以河北省产品质量监督检验研究院推广应用的实例说明。

一、散煤智能快速取样站项目

该项目是为了加强治理散煤污染导致空气指数超标，在加强散煤质量监管过程中，提高煤炭检验取样过程的效率和科学性的科研项目，通过在全省各市煤炭运输主要干道的布点设置，较好地解决了煤炭运输车辆煤炭取样难度大、车辆等候时间长等问题，取得了良好的监管效益、社会效益和经济效益，为空气污染治理做出贡献。

（一）项目基本情况

本项目所研发的散煤智能快速取样站，旨在研制一种"工作站"式的散煤智能化、综合性的快速取样装置。分析目前成熟的煤炭检验、抽样技术，对现有的煤炭取样的方式和设备进行技术改善，充分收集、整合、挖掘目前大气治理对散煤质量监控的要求，进一步适应我省边界散煤检测站的取样要求。充分利用现有的牌照自动识别技术、自动扫描输入技术，将"工作站"的理念纳入散煤质量监管工作中。通过建立HB省不同地点的监测点、建立统一的散煤检测网络系统，完善该省边界散煤检查的监管体系。

研究内容。根据散煤的运输特点以及运输领域的特殊性，充分利用桁架结构、模块设计、程序控制、坐标定位、拨杆机构、四腔体结构等设计方式和手段，辅助以人性化设计，提升取样装置的速度、保证取样的合理、降低取样的工作强度。

技术指标。一是快速取样：能够在2分钟之内实现单点取样工作，在5分钟之内完成样品的封存与标识。二是科学取样：能够实现取样深度的控制，最大深度能够覆盖散煤样品的整个断面；能够实现取样点的自由选择，能够实现单点和多点位置取样。三是操作简便：能够实现单人完成操作控制。能够实现自动和手动两种控制方式，能够实现多点自动取样。四是轻型方便：能够实现安装方式简单，实现设备的可拆卸及重复使用。五是样品防污染：能够实现样品的自动封存，避免交叉污染，减少对操作人员和周边环境的二次污染。六是信息自动采集：能够实现样品信息的自动采集，为后期样品的盲样检测提供条件。七是人性化设计：最大程度的降低人员劳动力度，提升人员操作的舒适度。

最终成果形式和成果验收方式。最终成果为定型设备：散煤智能快速取样站，并通过用户使用和性能测试，实现设备的正常运转。研发所完成的技术成果，通过鉴定专家以会议的形式对项目的功能逐一进行鉴定并验收。

（二）项目推广的效益分析

该项目需求由HBSZJJ局提出，SZJ院以单一来源形式中标。HBSZJJ局定制设备12台，合计金额1175512.80元，每台合97959.4元。由于当时监管经费所限，每台销售价格基本是成本价，加工企业考虑合作关系给予加工，ZJY院无赢利。但院作为该局的技术支撑单位，助力解决了监管产品快速取样难题，得到HBSZJJ局的充分肯定，在其他方面得到了HBSZJJ局的大力支持。虽然没有项目当时收益，但是实现了综合长远收益。

本项目从实际需求出发，依托成熟的煤炭取样、检验技术，通过充分调研市场需求情况和监管要求，以适应实际需求为出发点，具有极大的实际应用价值，产生了良好的监管效益和社会环境效益。一是解决了散煤取样时间长的难题，解决了散煤质量监管与运输行业的矛盾。将政府质量监管机构和运输机构在散煤监管的工作中实现了融合；二是随着快速取样装置的推广，将大大提升散煤的质量，提升了人们的生活质量，减低了散煤燃烧产生的大气污染物，为HBS省乃至全国的大气污染质量工作提供了技术保障。三是开创了散煤监管的新方式，为其他产品的监管方式提供了借鉴经验。

（三）项目推广方式的探讨研究

该项目推广模式为监管定制研发，属于客户定制研发推广的一种形式。从本项目研发定制的途径和方式来看，项目推广把握了以下几个特点。一是熟悉监管需求。ZJY院作为HBSZJJ的直属技术机构，工作职能和方向之一，就是做好HBSZJJ局的监管技术支撑。而且，ZJY院平时的检验检测的服务范畴是以工业产品为主要内容，煤炭的检验检测能力水平居全省技术机构之首，在全国行业也位居前列。因此，ZJY不仅熟悉监管需求，而且对监管过程中存在的问题也非常熟悉，这是能够提出解决问题途径的前提和基础。二是能够对接监管需求。作为省局的技术机构，工作对接比较频繁，有着良好的对接关系和条件，针对发现的问题，能够及时地向省局做好汇报沟通。三是能够实现监管需求。省质检院作为全省最大的综合性检验检测机构，历来重视科研与检验检测工作互相促进，并与多个机械制作单位有着良好的合作关系，着眼监管需求，从机械自动化、信息技术等方面提出实现的方向和目标，在加工单位的配合下，就圆满实现了技术需求。

从该项目满足监管需求的定制推广延伸，考虑服务客户定制需求的基本条件和规律是：一是熟悉客户的行业领域和生产工艺，二是对行业的发展方向和存在问题有深入的研究，三是研究内容与制作内容能够完美结合。在客户定制服务方面，深圳市检测院是定制服务方面的典范，这也成为该院在新时期壮大发展有重要因素。该院的经验值得学习借鉴：一是深入企业研发机构和组织，为其研发的各个阶段提供检测服务。研发过程当中，任何一个阶段检测出不合格的产品，深圳检测院都立即通知企业，并和企业一起调研分析，是哪个环节出现问题，找到出错源头之后，再调整方向或者是完善方法继续研发。如在和佳能公司研发团队交流过程中，深圳检测院专家发现其打印机外壳的防火设计不尽理想，经分析，为其提出了新的技术方案，并得到了认同和采纳，使其产品的防火性能更佳。针对深圳市g光电科技有限公司生产的LED产品在反光罩环节上质量不稳定问题，深圳市检测院工作人员主动前往该公司现场诊断，提出有效意见，帮助其提高反光罩的原材料技术要求，完善物料检验规范，调整生产工艺，提高了产品合格率。深圳检测院还指导深圳Z光电科技有限公司提高原材料共模电感的技术要求，更改了接线端子设计，改善了产品密闭性。在为企业提供检测服务并提出中肯建议的同时，深圳检测院还帮助企业加强对供应链上的分析研究和检测，帮助企业进行供应商品质评价和供应商筛选，从源头上避免产品缺陷风险。二是依托自身专业领域的优势，倾力打造测试、认证、培训、咨询等四大平台，为企业提供涵盖研发、原材料采购、生产、市场准入、报废等整个产品生命周期的全过程检测技术服务，帮助企业把好原材料进货关、产品设计审查关、生产过程质量关、产品出厂检测关，有效地推动政府监督、流通推动、生产重视、检测支撑的质量管理模式形成，为企业排忧解难，增强产业竞争力。三是牵头组建产业联盟，促进企业创新资源信息和经验的共享。近年来，针对通讯、超材料、新能源、军工、RFID、LED等产业的检测需求，深圳检测院牵头组建产业战略联盟、产业技术联盟、产业标准联盟，建立合作研发制度，为产业提供开放实验室服务，促进装备、人才、技术、信息和知识产权的聚集和共享，强化产业共性关键技术突破能力和核心技术控制能力，推动产业价值链向高端延伸。反观深圳检测院的工作经验，关键的因素是，必须加强科技成果的研发和对接，建立广泛的认同渠道，才能实现经济和社会效益的最大化。

二、直流电阻测量系统夹具改进项目

该项目主要是为了解决电缆导体在电阻测量过程中，因测量夹具原因所导致的电阻测量数据不一致、不稳定、误差过大而造成的安全质量问题。通过研制液压改进型电阻测量夹具会在电线电缆质量监管和企业生产过程中提供可靠、科学的测量数据。项目可大力推广至第三方检测机构和电缆生产企业，可有效解决因误差大、数据不一致等问题造成的安全隐患。项目至今已取得了良好的质量效益、社会效益和经济效益，为电线电缆质量提升，健康发展做出贡献。

（一）项目基本情况

电缆导体的作用是传输电流，导体的损耗主要由导体材料的电导系数来决定，因此导体电阻的测量是检测电缆最主要的项目之一，也是判定电缆是否合格的主要依据。本项目和多家电缆生产企业成功推广合作，通过在电缆生产企业的实际应用，对降低生产成本，减少损失起到了重要作用，大大提高了企业的抗风险能力和质量控制能力，同时也取得了良好的社会效益和经济效益，为我国电线电缆产业做大做强提供技术保障。

研究内容：以电缆用大截面绞合导体为主要研究对象，解决在测量电阻过程中因导体松散夹不紧而导致电阻测试数据的不稳定性。通过研究数据表明，小截面（70mm²以下）的导体电阻对测量数据基本没有影响，但大截面（70mm²以上）导体，尤其是大截面铝导体的电阻测量结果误差很大，多年来在国家电缆抽查检测数据中发现，大截面的铝导体电阻合格率很低；不合格的原因除导体本身质量问题外，测量夹具的设计缺陷也是导致不合格原因的主要方面。其中缺陷主要体现在两个方面：①在测试过程中，电极与试样表面为点接触，导致电极与试样间接触电阻过大，影响测量数据的稳定性，此外接触刀口会因长期使用而发生磨损；②导体测量过程中，尤其是大截面导体，由于受力不均而导致导体松散夹不紧，从而大大影响了电阻测试数据的稳定性。

充分利用自动液压系统、封闭式模块设计、压紧装置、程序控制等设计方式组成人性化设计，保障了测试过程的科学性和数据一致性问题。

技术指标：主要体现三个方面，第一是改变电位端的钳口式接触方式为单点式接触，减少接触点面积，可以大大降低接触电阻；第二是改进了手动方式夹持模式为自动液压式夹持设计，解决了因导体受力不均发生形变而使的测量数据不准确、不科学；第三是增加夹具自紧功能，避免在测量过程中绞合导体松散变形难题。

改进型电阻测量夹具为电动式操作方式，夹头为合抱式棱形卡片结构，左右配备了独立液压系统。将电位传统的对插式结构改进成"V型"上顶式结构，解决了两电位端错位不准确的问题，并在两个电位端处设计了量尺固定卡槽，确保了电位端一米的间距准确。测量温度也是导体电阻测量的主要依据，研发组考虑到测温计距离导体远近对测量结果也有很大的影响，所以本项目在测量导体的上方最佳位置设计了温度计插孔，确保了测量温度的标准性和统一性。

最终成果形式和成果验收方式。最终成果为定型设备：改进型电阻测量夹具，并通过用户使用和性能测试，实现设备的正常运转。研发所完成的技术成果，通过鉴定专家以会议的形式对项目的功能逐一进行鉴定并验收。

（二）项目推广的效益分析

该项目由河北省产品质量监督检验研究院联合研发制作单位宣传推广，目前本项目设备已向生产企业推广销售8台，合计销售金额10.8万元，每台合13500元。近三年来由于疫情影响，企业经济效益普遍下滑。因此，销售到本省的企业时，基于上是以略高于成本价的模式销售，主要考虑加强对企业的服务，为长期稳定的检验检测合作关系打基础。另外，由于院里没有专门的科技成果推广团队，而且整体的成果推介意识不强，因此主要依托联合研发平台的力量进行推介。

本项目依据质检机构和生产企业的实际需求出发，依托目前的检验技术，通过充分调研市场需求情况和监管要求，以适应市场为目的，产生了较好的经济效益和应用价值；一是有效解决在电阻测量过程中因导体松散而导致电阻测试数据的不稳定性难题；科学地解决了导体供应商、电缆生产企业以及检测机构之间数据不统一的矛盾；将政府质量监管机构和生产企业在质量判定工作中实现了有效融合。

第五节　技术方法类科技成果转化实例

以某研究院成果转化典型案例——四极质谱技术的成果转化为例说明。

（一）技术成果的特点

四极质谱系列技术的成果转化，为特种气体、挥发性有机物VOC、生物样品等的高灵敏与准确分析提供技术支撑。特点如下：

一是"电喷雾源—单四极质谱仪"和"紧凑型大气压接口单四极质谱仪"实现了两类不同应用需求和技术特点的新型高效离子化、高效离子传输、高性能四极分析器等关键技术与部件研发。通过系统集成，开发了质谱专用模拟电路控制系统、数字电路控制系统和软件操作系统，实现了仪器的自动控制、数据采集和分析，同时具备二次开发功能。二是"在线过程质谱仪"和"VOCs软电离质谱测控技术"主要应用于工业过程反应的特种气体检测和常压下气体、蒸气的在线分析检测，满足反应过程在线监测需要。该系统具有全扫描、选择离子扫描、状态监测等二次开发功能。

（二）前期研发投入（如财力、人力、物力等）

该技术成果属于该院承担的"十二五"国家重大科学仪器设备开发专项项目《精确操控离子反应质谱科学装置的研制及应用研究》（2011YQ090005，总经费6109万元）和"十三五"国家重大科学仪器设备开发专项课题《转化过程产物在线检测快速质谱仪开发》（2016YFF0102603，总经费333万元）的研究成果之一。研发周期为12个月。

（三）转化方式及过程

与TJ质谱生物科技有限公司、青岛SH色谱技术有限公司、常州QX仪器有限公司和北京AMY科技有限公司签订技术开发合同，开展单四极质谱仪的研究，合作公司对仪器的部件研发和系统集成与测试提出了新要求，按照需求进行定制设计和加工测试，实现应用目标，形成成果转化。

（四）转化成果应用领域

气体在线检测、药物检测和临床诊断。

（五）产生的经济和社会效益

成果转化合同额216万元。作为科学仪器研制项目的成果，为项目的顺利完成、产业化目标提供重要的支撑与探索。自主研制的单四极质谱仪提供了国产化解决方案，满足了不同领域的特定需求，有望在特种气体检测、药物气体检测、药物研发和临床诊断等领域实现重要应用和较大规模推广。

第六节　管理类科技成果转化实例

移动业务综合管理平台（以下简称"平台"）是根据产品质量法、监督抽查承检工作规范、监督抽查实施规范等法律法规规定，以 ISO/IEC17025、9000、GLP（优良实验室规范）、GALP（优良自动实验室规范）等实验室管理思想，实现产品质量监督抽查和现场检验的电子化、移动化、自动化和智能化。适用于办理产品质量监督抽查、联动抽查、专项抽查、风险监测等监督抽查和现场检验工作的各类机构和实验室。

一、平台介绍

平台是互联网对质检行业的渗透与融合，通过互联网平台，互联网思维，对质检行业进行思维模式和经营模式的变革，进而让互联网与质检行业进行深度融合，通过融合释放创新的活力，通过创新驱动发展，通过发展创造新的价值；并且可以进行持续再融合，形成创新发展的主旋律。

平台提出"质量安全生态系统"的理念，致力于构建"互联网+"质量安全生态圈。迎合了《关于积极推进"互联网+"行动的指导意见》《中国制造2025》《大数据发展行动纲要》和"十三五"NQI（国家质量基础设施）发展规划对质检行业提出的目标和要求。

平台通过对生态系统的要素、功能、结构进行最优化配置和协调，推动各组成要素之间互联互通、开放共享、协调发展，促进整个生态系统提高生产力、增强稳定性，有效激发创新，达到各方共赢。并注重社会、经济、环境综合效益，达到生态平衡的状态。

平台的实现增强了创新能力，提升了工作效率和生产力；对服务模式进行创新，提升了公共服务水平；提高了数据获取和分析能力，提升管理和决策水平。并且平台会不断演进，连接的深度和广度会不断延伸，比如实现企业需求与质检机构能力的智能识别与匹配等，为企业和质检机构创造新的价值，为产品质量的发展做出新的贡献。

平台研发完成并在HBZJY院成功上线运行，获得高度认可，树立了良好的形象。以HBZJ院为中心，采用点线面联动全省，推动平台广泛深入的使用，促进互联网与质量安全深度融合，助力该省质检机构更好地履行质量安全使命，有助于全面引领提升该省质量安全水平，推动技术引领质量发展，继而将应用成果推广辐射至全国，发挥区域引领示范作用。

二、平台建设主要研究成果

（1）产品质量监督抽查和现场检验办理系统。基于移动互联网、工作流等技术，对产品质量监督抽查和现场检验流程进行研究，建立规范的电子化、移动化、自动化操作流程。

（2）产品管理库。基于数据库、智能识别和匹配技术，对纳入产品质量监督和现场检验的产品管理进行研究，建设产品库，对产品分类、产品信息进行管理。

（3）标准规范库。基于数据库、智能识别和匹配技术，对产品质量监督和现场检验相关法律规范进行研究，建设标准规范库，包括抽查实施规范、抽查承检工作规范、程序文件、标准、现场检验标准、原始记录。

（4）企业信息系统。基于数据库、智能识别和匹配技术，研究建立企业信息系统，全面管理企业信息，包括基本信息、产品信息、证照信息、抽查结果信息等，及时进行更新。

（5）电子地图。基于移动互联网、电子地图技术，研究建立企业地理位置实时展示、导航系统，抽查人员的行车路线实时绘制系统。

（6）质检通。基于无线互联网、卫星定位、人工智能、实时视频、电子签名等技术，研究建立质检通，现场抽样和检验人员可在移动平台上方便快捷采集数据、拍照取证、电子签名、数据实时上传、现场打印文件等。

（7）统计分析系统。基于大数据、云计算、数据挖掘等技术，研究建立统计分析系统。在线实时查询现场抽查和检验情况、抽查和检验人员动态，了解工作进度、抽查和检验数据、抽查和检验结果等信息，进行统筹安排和科学管理。

三、平台经济效益分析

移动业务综合管理平台综合采用计算机软件、移动互联网、大数据、云计算、无线通信、卫星定位、电子地图、二维码、视音频等技术，实现与产品监督抽查和现场检验工作深度融合，提供了云服务、智能硬件，智慧软件三位一体的服务，并且配备了标准法规等NQI公共资源。

目前移动业务综合管理平台开发工作已完成，并成功上线、稳定运行，平台运维良好，获得典型机构和用户高度认可，树立了良好的单位和产品形象。平台升级、优化和持续深入开发也在如期规划、顺利推进中。

平台能够帮助机构和实验室转变工作方式，提高信息技术创新应用水平和品牌优势，优化工作和管理流程体系，强化科学、公正、高效的服务理念，提升工作质量和效率的同时降低成本，持续为机构和实验室发展带来经济效益和增值空间。

平台实现了抽查工作规范化、信息化、移动化、智能化，在线实时数据采集、上报和自动生成表单、打印，工作便利化，帮助机构和实验室降低差错率，提高工作质量和效率，降低成本。

通过实时统计查询、在线分析、电子地图等手段，及时了解抽样数量、工作进展、人员状态等各项数据和现场动态，便于机构管理者实时管控工作进展及执行情况，做出管理决策，实现科学高效管理。

平台的使用，促进抽查工作规范化，增强抽样过程的透明度，树立抽查工作的良好社会形象；为企业提供及时便捷的在线公共服务，增进与企业互动，提升机构和实验室的服务水平。

平台运用领域广泛，市场规模大，具有研究推广价值和应用前景，呈现良好的市场经济效益态势。随着用户群的扩大，边际成本降低，互联网软件产品推广应用价值共享的优势将凸显。预测十个用户数时，达到盈亏平衡点；客户数大于十个，规模效应逐渐明显。

用户意见	用户意见
我院使用了河北省产品质量监督检验院和北京博易力达科技有限公司研发的"移动业务综合管理平台"系统。经在现场抽样和检测中使用发现，该系统可以通过在可移动平台上采用拍照、录入方式，生成抽样单及原始记录，数据反馈到中心服务器，方便快捷，提高工作效率，最大程度减少错误发生。	我院试用了河北省产品质量监督检验院和北京博易力达科技有限公司开发的"移动业务综合管理平台"系统。 经试用发现，该平台能够实现对现场抽样和检测电子化管理。现场录入抽样单及原始记录后，数据可通过网络上传到中心服务器，可直接生成检验任务卡和检验原始记录，外出人员未返回时，可以由单位人员出具检验报告，方便快捷。

2016年8月12日

第五章 质检科技成果转化关键环节

科技成果转化分为三大环节：一是前端，即把科研投入转化为研究成果，可以形象地称为"钱变纸"；二是中端，即把不成熟的研究成果转化为相对成熟的研究成果，可以形象地称为"生变熟"；三是后端，即把研究成果转化为经济效益，可以形象地称为"纸变钱"。而转化合同的签订、技术合同认定登记、仪器研制、成果产品化、产品推广等是科技成果转化流程中的重点环节。本章结合质检机构的实际情况，主要以质检机构"产品类"科技成果转化为例，介绍科技成果转化流程中的几个重点环节。

第一节 专利实施许可与合同备案

为了切实保护专利权，规范专利实施许可行为，促进专利权的运用，根据《中华人民共和国专利法》《中华人民共和国合同法》和相关法律法规，国家知识产权局在2011年6月实施了新的《专利实施许可合同备案办法》。质检机构的"产品类"科技成果转化通常会涉及专利技术，而质检机构一般没有生产、销售资质，因此专利技术需要通过专利权转让或者专利许可他人实施的方式进行转化。

一、专利权的转让

专利权转让，是指专利权人将其获得的专利所有权转让给他人。如果质检机构是国企或事业单位，专利权的转让会涉及国有资产所有权的变更，手续较为复杂，而实施许可不涉及国有资产所有权的变更，手续相对简单，因此质检机构通常会采用专利许可的方式进行转化。当质检机构需要通过专利权转让方式进行转化时，签订专利权转让合同后需要并向国务院专利行政部门登记，待国务院专利行政部门予以公告后方能生效。

二、专利许可

（一）专利许可的定义

专利许可是指专利权人将其所拥有的专利技术许可他人实施的行为。在专利许可中，专利权人成为许可方，允许实施的人成为被许可方，许可方与被许可方要签订专利实施许可合同。专利许可与专利权转让的最大区别是专利许可不涉及专利所有权的转移。

根据《中华人民共和国专利法》第十二条的规定："任何单位或者个人实施他人专利的，应当与专利权人订立实施许可合同，向专利权人支付专利使用费。被许可人无权允许合同规定以外的任何单位或者个人实施该专利。"因此，质检机构将专利技术许可给其他单位（包括下属全资公司）实施前，需要签订专利实施许可合同。自合同生效之日起，被许可方就可以实施该专利。

(二) 专利许可的方式

根据《最高人民法院关于审理技术合同纠纷案件适用法律若干问题的解释》，专利实施许可包括以下方式：

（1）独占实施许可，是指让与人在约定许可实施专利的范围内，将该专利仅许可一个受让人实施，除约定人之外，其他人不得实施该专利。

（2）排他实施许可，是指让与人在约定许可实施专利的范围内，将该专利仅许可一个受让人实施，但让与人依约定可以自行实施该专利。

（3）普通实施许可，是指让与人在约定许可实施专利的范围内许可他人实施该专利，并且可以自行实施该专利。

当事人对专利实施许可方式没有约定或者约定不明确的，认定为普通实施许可。专利实施许可合同约定受让人可以再许可他人实施专利的，认定该再许可为普通实施许可，但当事人另有约定的除外。

三、实施许可合同的签订

根据《专利实施许可合同备案办法》，专利实施许可合同应当包括以下品内容：

（1）当事人的姓名或者名称、地址。

（2）专利权项数以及每项专利权的名称、专利号、申请日、授权公告日。

（3）实施许可的种类和期限。专利实施许可合同签订的注意事项包括合同格式（建议使用国家知识产权局提供的合同模板，以方便后续的合同备案和科技合同认定登记工作）、许可范围、许可方式、支付方式、违约条款等。

四、实施许可合同备案

专利实施许可合同备案是指专利行政管理部门或者受其委托的部门对当事人已经缔结并生效的专利实施许可合同加以留存，并对外公示的行为。专利实施许可合同备案工作是国家知识产权局为了切实保护专利权、规范专利交易行为、促进专利实施而对专利实施许可进行管理的一种行政手段。实施许可合同备案不是强制性的，是否备案不会直接影响合同的法律效力。因此，在实际执行中，有很多单位不愿花时间和精力进行合同备案，但这样做会带来权益损失的风险。如果没有备案，对于获得许可的人的权利会有一定的影响。比如《最高人民法院关于对诉前停止侵犯专利权行为适用法律问题的若干规定》第四条："申请人提出申请时，应当提交下列证据：利害关系人应当提供有关专利实施许可合同及其在国务院专利行政部门备案的证明材料，未经备案的应当提交专利权人的证明，或者证明其享有权利的其他证据。"

(一) 备案的必要性

虽然实施许可合同备案不是强制性的，但从保护自身权益出发，强烈建议进行合同备案。下面列举了几项合同备案带来的优势。

（1）国家知识产权局出具的专利实施许可合同备案证明是办理外汇、海关知识产权备案等相关手续的证明文件。

（2）经备案的专利实施许可合同的种类、期限、许可使用费计算方法或者数额等，可以作为管理专利工作的部门对侵权赔偿数额进行调解的参照。

（3）已经备案的专利实施许可合同的受让人有证据证明他人正在实施或者即将实施侵犯其专利

权的行为，如不及时制止将会使其合法权益受到难以弥补的损害的，可以向人民法院提出申诉，责令被申请人停止侵犯专利权行为的申请，也可以依法请求地方备案管理部门处理。

（二）备案流程

（1）在国家知识产权局官方网站下载最新的《专利实施许可合同备案申请表》，或者《专利实施许可合同备案注销申请表》，或者《专利实施许可合同备案变更申请表》，并下载最新的《专利实施许可合同》。

（2）填报申请表及合同，同时准备申请表附页内容所要求的其他资料。

（3）向国家知识产权局提交申请表附页内容所要求资料的纸质文件。

（4）国家知识产权局审查资料，若发现问题，通知当事人修正，然后重新提交资料。

（5）国家知识产权局对符合要求的申请，出具《专利实施许可合同备案证明》，或者《专利实施许可合同备案注销通知书》，或者《专利实施许可合同备案变更通知书》；经修正，仍不符合要求的申请，国家知识产权局向当事人发送《专利实施许可合同不予备案通知书》。

（6）合同备案所需提交文件。

①许可人或者其委托的专利代理机构签字或者盖章的专利实施许可合同备案申请表。

②专利实施许可合同。

③双方当事人的身份证明。

④委托专利代理机构的，注明委托权限的委托书。

⑤其他需要提供的材料。

（三）注意事项

（1）质检机构对专利许可备案流程或手续不清楚的，建议委托有关知识产权事务所代办。

（2）专利实施许可备案是自愿的，并非强制性，合同是否备案并不影响该合同的法律效力，只要合同符合法定要件，没有无效情形，就是合法有效的，备案只是国家对专利许可行为的一种管理方式。

（3）当事人应当自专利合同生效之日起3个月内办理备案手续，否则不予办理。

（4）备案申请有下列情形之一的，不予备案，并向当事人发送《专利实施许可合同不予备案通知书》：

①专利权已经终止或者被宣告无效的。

②许可人不是专利登记簿记载的专利权人或者有权授予许可的其他权利人的。

③专利实施许可合同不符合《专利实施许可合同备案办法》第九条规定的。

④实施许可的期限超过专利权有效期的。

⑤共有专利权人违反法律规定或者约定订立专利实施许可合同的。

⑥专利权处于年费缴纳滞纳期的。

⑦因专利权的归属发生纠纷或者人民法院裁定对专利权采取保全措施，专利权的有关程序被中止的。

⑧同一专利实施许可合同重复申请备案的。

⑨专利权被质押的，但经质权人同意的除外。

⑩与已经备案的专利实施许可合同冲突的。

⑪其他不应当予以备案的情形。

（5）实施许可的期限届满或者提前解除专利实施许可合同的，当事人应当在期限届满或者订立解除协议后30日内持备案证明、解除协议和其他有关文件向国家知识产权局办理备案注销手续。

未按期办理提前解除手续的，原备案继续有效，直至原专利合同履行期限届满。

(6) 当事人以专利申请实施许可合同申请备案的，专利申请被批准授予专利权后，当事人应当及时将专利申请实施许可合同名称及有关条款做出相应变更；专利申请被驳回、撤回或者视为撤回的，当事人应当及时办理备案注销手续。

第二节 技术合同认定登记

技术合同认定登记是科技成果转化工作中的重要环节。技术合同认定是指根据《技术合同认定登记管理办法》设立的技术合同登记机构对技术合同当事人申请认定登记的合同文本从技术上进行核查，确认其是否符合技术合同要求的专项管理工作。技术合同登记机构对申请认定登记的合同是否属于技术合同及属于何种技术合同做出结论，并核定其技术交易金额（技术性收入）。一方面，质检机构可以通过技术合同登记认定来完善技术合同，从而提高合同的履约率，减少技术合同的纠纷；另一方面，技术合同登记的技术交易金额是质检机构进行职务科技成果转化收益和奖励的主要计算依据。此外，技术市场的管理部门可以通过技术合同的认定登记，加强对技术市场和科技成果转化工作的宏观指导，管理和服务，并进行相关的技术市场的统计和分析工作。

一、技术合同的定义和分类

技术合同，是当事人就技术开发、转让、咨询或者服务订立的确立相互之间权利和义务的合同。技术合同的标的与技术有密切联系，不同类型的技术合同有不同的技术内容。

技术合同分成技术开发合同、技术转让合同、技术咨询合同和技术服务合同四大类型。

(1) 技术开发合同：当事人之间就新技术、新产品、新工艺、新材料、新品种及其系统的研究开发所订立的合同。技术开发合同又可分为：

①委托开发技术合同：一方当事人委托另一方当事人进行研究开发工作并提供相应研究开发经费和报酬所订立的技术开发合同。

②合作开发技术合同：当事人各方就共同进行研究开发工作所订立的技术开发合同。

③技术转让合同：当事人之间就专利权转让、专利申请权转让、专利实施许可及技术秘密的使用和转让所订立的合同。技术转让合同又可分为：

(2) 专利权转让合同：一方当事人（让与方）将其发明创造专利权转让给受让方，受让方支付相应价款而订立的合同。

①专利申请权转让合同：一方当事人（让与方）将其就特定的发明创造申请专利的权利转让给受让方，受让方支付相应价款而订立的合同。

②专利实施许可合同：一方当事人（让与方、专利权人或者其授权的人）许可受让方在约定的范围内实施专利，受让方支付相应的使用费而订立的合同。

③技术秘密转让合同：一方当事人（让与方）将其拥有的技术秘密提供给受让方，明确相互之间技术秘密使用权、转让权，受让方支付相应使用费而订立的合同。

(3) 技术咨询合同：一方当事人（受托方）为另一方（委托方）就特定技术项目提供可行性论证、技术预测、专题技术调查、分析评价所订立的合同。

(4) 技术服务合同包括：一般性技术服务合同、技术培训合同、技术中介合同。

①一般性技术服务合同：一方当事人（受托方）以技术知识为另一方（委托方）解决特定技术问题而提供物化技术工作成果所订立的服务合同。

②技术培训合同，当事人一方委托另一方对指定的专业技术人员进行特定项目的技术指导和业务训练所订立的合同。技术培训合同是技术服务合同中的一种，在认定登记时按技术培训合同单独予以登记。

③技术中介合同，当事人一方（中介方）以知识、技术、经验和信息为另一方与第三方订立技术合同，实现技术创新和科技成果产业化进行联系、介绍、组织工业化开发并对履行合同提供专门服务所订立的合同；技术中介合同是技术服务合同中的一种，在认定登记时应按技术中介合同单独予以登记。

质检机构在签订成果转化技术合同时，应根据成果转化的具体形式签订相应类型的技术合同。例如，质检机构在进行"工艺类"成果转化时，一般是为用户提供高新技术检测服务，应签订"技术服务合同"而在进行"产品"成果转化时，一般会涉及专利权转让或者专利许可，应签订"专利转让合同"或者"专利实施许可合同"。为了保障技术合同的规范性和完整性，建议质检机构在起草技术合同时参考使用科学技术部印制的《技术合同示范文本》（技术合同示范文本涵盖了所有类型的合同模板），以提高技术合同认定登记的成功率。

二、技术合同认定登记的必要性

技术合同认定登记是科技成果转化过程中的一个必要环节。通过技术合同认定登记，技术市场的管理部门可以加强对技术市场和科技成果转化工作的指导、管理和服务，使技术交易更加规范，减少技术交易纠纷的产生，净化技术市场环境；此外，通过技术合同认定登记，技术市场的管理部门可以进行相关的技术市场的统计和分析工作，为政府制定政策提供依据。同时，还具有以下意义：

（1）在技术合同认定登记过程中，通过合同主体合法性、合同有效性的审查及对有关附件和证照的查验，严格划清合法与非法、真实与虚假、有效与无效的界限，可以制止和制裁利用技术合同进行违法、侵权活动的行为，维护技术市场的正常秩序，保护国家、集体和个人的合法权益。

（2）通过技术合同认定登记，可将技术合同与非技术合同严格区分开来，使真正的技术合同能够享受到国家给予的信贷、税收、奖励等应该享受的政策优惠，防止非技术合同假冒技术合同非法享受国家扶植技术市场的优惠政策并因此挫伤坚持技术开发的科技人员积极性的现象发生，保证科技成果源源不断、层出不穷，保持技术市场的持续繁荣。

（3）技术合同经过认定登记，取得登记证明并履行后，当事人才能凭登记证明办理减免税收、提取奖酬金手续。这样，第一能对合同的履行起到监督保证作用，第二，能有效防止逃避国家税收、滥发奖金等违法乱纪的行为，堵塞税收和现金管理上的漏洞，既严肃了财经纪律，又使信贷、税收、奖励等优惠政策真正发挥促进科技成果转化的作用，保证技术市场健康、有序地发展。

（4）对技术合同进行认定登记的过程，是广泛深入宣传新《合同法》及其对技术合同的各项规定的过程。在技术合同认定登记过程中，通过对法人和公民都属于技术合同主体规定的宣传和解释，使很多科技人员明白了自己本身就具有技术合同主体资格，无须经过中介就可将自己的科技成果转让给用户。中间环节的减少，加快了转让速度，使科技成果转让的经济效益得到增加，从而激励起更多的科技人员充分发挥自己的聪明才智，多出成果，快出成果，使科技成果更多更快地转化为现实的生产力。

（5）实施技术合同认定登记，有利于技术合同的规范化，以避免和减少合同争议及法律诉讼。通过对已签订的技术合同从法律和技术方面进行认定，可及时发现合同格式是否规范、条款是否完整、双方权利义务的划分是否公平、名词和术语的解释是否准确，若有问题，可立即指出，及时修改。很多法律和技术层面的问题在认定登记过程就得到了解决，就能防止或减少合同纠纷，保证技术市场稳定地运行。

(6)做好技术合同认定登记工作,有利于建立技术市场信息反馈系统。技术市场统计分析原始凭证的重要来源,通过它可以了解到技术合同成交额、实现金额、奖酬金发放情况、技术合同的订立和履行情况、各级计划项目进入技术市场情况,以及技术贸易买、卖、中介各方的情况及技术流向情况等,经过统计分析,将各种信息及时准确地反馈到有关部门,为国家从宏观上把握技术市场动态,适时调整现行政策及制订新政策,指导技术市场更广更深的发展提供科学依据。

三、技术合同认定规则

为促进科技成果转化,加强技术市场管理,提高技术合同认定登记质量,切实保障国家有关技术交易优惠政策的贯彻落实,根据《技术合同认定登记管理办法》,科技部发布了《技术合同认定规则》(国科发政字〔2001〕253号)。质检机构科研成果转化人员应了解《技术合同认定规则》相关条款,以提高技术合同认定登记成功率,减少技术合同纠纷,顺利推进科技成果转化工作。

质检机构的科技成果一般可分为"产品类"成果和"工艺类"(包括管理类)成果,"产品类"成果多以技术转让的方式进行转化(签订技术转让合同),而"工艺类"成果多以技术服务方式进行转化(签订技术服务合同)。因此,下面主要针对质检机构成果转化的特点,介绍技术转让合同和技术服务合同相关的认定规则,以供质检机构科技成果转化人员在起草技术合同和办理技术合同认定登记时参考。

(一)技术转让合同认定相关规则

技术转让合同的认定条件如下:

(1)合同标的为当事人订立合同时已经掌握的技术成果,包括发明创造利、技术秘密及其他知识产权成果。

(2)合同标的具有完整性和实用性,相关技术内容应构成一项产品、工艺、材料、品种及其改进的技术方案。

(3)当事人对合同标的有明确的知识产权权属约定。

若申请认定登记的技术合同,其标的为技术秘密的,该项技术秘密应同时具备以下条件:

(1)不为公众所知悉。

(2)能为权利人带来经济利益。

(3)具有实用性。

(4)权利人采取了保密措施。该技术秘密可以含有公知技术成分或者部分公知技术的组合。但其全部或者实质性部分已经公开,即可以直接从公共信息渠道中直接得到的,不能被认定为技术转让合同。

以下几种情况,所签订的合同不能被认定为技术合同:

(1)申请认定登记的技术合同,其标的涉及专利申请权、专利权、植物新品种权、集成电路布图设计权的,当事人应当提交相应的知识产权权利证书复印件。无相应的证书复印件或者在有关知识产权终止、被宣告无效后申请认定登记的,不予登记。申请认定登记的技术合同,其标的涉及计算机软件著作权的,当事人可提供计算机软件著作权登记证明的复印件。

(2)申请认定登记的技术合同,其合同标的为进入公有领域的知识、技术、经验和信息等(如专利权或有关知识产权已经终止的技术成果),或者技术秘密转让未约定使用权、转让权归属的,不能被认定为技术转让合同。

(3)合同标的仅为高新技术产品交易,不包含技术转让成分的,不能被认定为技术转让合同。

（二）技术服务合同认定相关规则

技术服务合同的认定条件如下：

（1）合同的标的为运用专业技术知识、经验和信息解决特定技术问题的服务性项目。

（2）服务内容为改进产品结构、改良工艺流程、提高产品质量、降低产品成本、节约资源能耗、保护资源环境、实现安全操作、提高经济效益和社会效益等专业技术工作。

（3）工作成果有具体的质量和数量指标。

（4）技术知识的传递不涉及专利、技术秘密成果及其他知识产权的权属。

下列各项如符合技术服务合同的认定条件，且该专业技术项目有明确技术问题和解决难度的，属于技术服务合同：

（1）产品设计服务，包括关键零部件、国产化配套件、专用工模量具及工装设计和具有特殊技术要求的非标准设备的设计，以及其他改进产品结构的设计。

（2）公益服务，包括有特殊技术要求的工艺编制、新产品试制中的工艺技术指导，以及其他工艺流程的改进设计。

（3）测试分析服务，包括有特殊技术要求的技术成果测试分析，新产品、新材料、植物新品种性能的测试分析，以及其他非标准化的测试分析。

（4）计算机技术应用服务，包括计算机硬件、软件、嵌入式系统、计算机网络技术的应用服务，计算机辅助设计系统（CAD）和计算机集成制造系统（CIMS）的推广、应用和技术指导等。

（5）新型或者复杂生产线的调试及技术指导。

（6）特定技术项目的信息加工、分析和检索。

（7）农业的产前、产中、产后技术服务，包括为技术成果推广，以及为提高农业产量、品质、发展新品种、降低消耗、提高经济效益和社会效益的有关技术服务。

（8）为特殊产品技术标准的制订。

（9）对动植物细胞植入特定基因，进行基因重组。

（10）对重大事故进行定性定量技术分析。

（11）为重大科技成果进行定性定量技术鉴定或者评价。但如果前款各项属于当事人一般日常经营业务范围的，不能被认定为技术服务合同。

下列合同不属于技术服务合同：

（1）以常规手段或者为生产经营目的进行一般加工、定做、修理、修缮、广告、印刷、测绘、标准化测试等订立的加工承揽合同和建设工程的勘察、设计、安装、施工、监理合同。但以非常规技术手段，解决复杂、特殊技术问题而单独订立的合同除外。

（2）就描晒复印图纸、翻译资料、摄影摄像等所订立的合同。

（3）计量检定单位就强制性计量检定所订立的合同。

（4）理化测试分析单位就仪器设备的购售、租赁及用户服务所订立的合同。

四、技术合同认定登记流程与具体操作步骤

（一）技术合同认定管理办法

为了规范技术合同认定登记工作，加强技术市场管理，保障国家有关促进科技成果转化政策的贯彻落实，科技部、财政部和国家税务总局共同制定了《技术合同认定登记管理办法》（国科发政字〔2000〕063号）。下面列举《技术合同认定登记管理办法》中的一部分条款，以便质检机构科技转化人员了解技术合同认定登记管理工作，顺利进行技术合同认定登记，缩短登记周期，规范科技成果转化流程。

《技术合同认定登记管理办法》第三条：科学技术部管理全国技术合同认定登记工作。省、自治区、直辖市和计划单列市科学技术行政部门管理本行政区划的技术合同认定登记工作。地、市、区、县科学技术行政部门设技术合同登记机构，具体负责办理技术合同的认定登记工作。

《技术合同认定登记管理办法》第五条：法人和其他组织按照国家有关规定，根据所订立的技术合同，从技术开发、技术转让、技术咨询和技术服务的净收入中提取一定比例作为奖励和报酬，给予职务技术成果完成人和为成果转化做出重要贡献人员的，应当申请对相关的技术合同进行认定登记，并依照有关规定提取奖金和报酬。

《技术合同认定登记管理办法》第十三条：技术合同登记机构对当事人所提交的合同文本和有关材料进行审查和认定。其主要事项是：

（1）是否属于技术合同。
（2）分类登记。
（3）核定技术性收入。

《技术合同认定登记管理办法》第十四条：技术合同登记机构应当自受理认定登记申请之日起30日内完成认定登记事项。技术合同登记机构对认定符合登记条件的合同，应当分类登记和存档，向当事人发给技术合同登记证明，并载明经核定的技术性收入额。对认定为非技术合同或者不符合登记条件的合同，应当不予登记，并在合同文本上注明"未予登记"字样，退还当事人。

《技术合同认定登记管理办法》第十六条：当事人对技术合同登记机构的认定结论有异议的，可以按照《中华人民共和国行政复议法》的规定申请行政复议。

《技术合同认定登记管理办法》第十八条：经过技术合同登记机构认定登记的合同，当事人协商一致变更、转让或者解除，以及被有关机关撤销、宣布无效时，应当向原技术合同登记机构办理变更登记或者注销登记手续。变更登记的，应当重新核定技术性收入；注销登记的，应当及时通知有关财政、税务机关。

（二）技术合同认定登记流程与操作步骤

根据《技术合同认定登记管理办法》，各省、自治区、直辖市和计划单列市科学技术行政部门管理本行政区划的技术合同认定登记工作。各省、自治区、直辖市和计划单列市的技术合同认定登记工作流程和操作步骤类似。

（1）技术合同认定登记流程：技术合同认定登记工作主要有申请、受理、审查认定、办理登记、领取登记证明等几个关键流程。

（2）技术服务合同登记需要准备的资料：不同类型的技术合同登记所需上传的资料有差异。技术服务合同登记需要准备以下资料：

①技术服务合同。技术服务合同明确甲/乙方的主体资质、技术指标内容以及技术报酬或金额。具备双方签订的正式书面合同（符合《中华人民共和国民法典》规定，真实、有效的技术合同），及相关的附件一式两份。

②技术服务工作方案。技术服务合同工作方案是对整个项目未来要做的重要工作做出的最佳安排，需要对整个项目工作的开展进行明确要求，阐明工作环境、检验所需设备、所采用技术、检验过程、检测结果评价与分级、检验记录和报告。为使工作顺利开展，要求工作方案制定者深思熟虑，进行周密思考，设计出详细严谨的工作方案。

③项目费用清单。技术合同费用清单是对合同总金额的使用分配。技术合同的交易金额包括合同交易总额和技术交易额，合同交易总额是指技术合同成交项目的总金额，技术交易额是指从合同交易总额中扣除购置设备、搬运、人工等非技术性费用后的剩余金额。技术交易额是纯技术收入，也是职务科技成果转化奖励和减免增值税的计算基数。

④知识产权证明材料。技术服务中所用的技术成果证明材料，如科技成果鉴定证书及登记证书、可行性研究报告、发表的国内学术论文、计算机软件著作权登记证书、申请/授权的专利等相关材料。

⑤真实性承诺函。法人代表承诺在办理（项目名称：×××）技术合同认定登记中，所提交的全部所需文件及相关资料均与原件一致，文件上所有签字与印章皆要真实、有效。

在进行专利实施许可合同登记之前，需要准备专利合同、专利证书、技术合同登记表、专利实施许可合同（变更前/后）、知识产权使用费用支付凭证、产品年销售利润及知识产权费用以及真实性承诺函，并把这些材料分类扫描存档，在系统上传附件。

第三节 质检类样机研制

样机研制是"产品类"科技成果转化过程的重要环节，是科技成果转化为生产力的必经阶段。样机研制是依据科研技术（如方法、系统）进行样品装置研制的过程，可根据研究阶段的不同，划分为原型机、工程样机、产品样机三个研制阶段。本节对样机研制进行详细介绍。

一、原型机

原型机，是按照科研成果的预期技术要求，采用模块化快速搭建的测试平台，用于测试验证系统能否达到预期主要技术要求，探索有效达到预期技术要求的技术路线及具体实施方案。

（一）原型机搭建

原型机搭建，是按照科研成果技术路线，以及既定技术功能参数要求搭建，搭建方式可分为"自主开发""现有模块开发"或"自主开发与模块开发结合"。

自主开发，指的是原型机搭建所用的模块均为自主开发，这种方式具有较强的自主技术特性、优化调整灵活、集成度高的特点，但该方式也有开发周期慢、成本高等弊端。当市场上没有现成可用模块，科研人员只能通过自主开发，这也是技术原创性较高的技术路线验证主要采用的方式。

现有模块开发，指的是原型机搭建所用模块均为市场上已有的模块，这种原型机搭建方式具有开发周期快、成本较低的特点，但该方式也有自主技术特性低、集成度低、难以自主调整参数等弊端。这类原型机搭建方式，一般适用于市场已有所需的功能模块，可快速搭建原型机，快速验证技术功能参数，探索确定可行的原型机方案。

自主开发与现有模块开发结合，指的是原型机搭建所用模块由自主开发模块和市场已有模块组成，具有一定的自主技术特性、开发周期较快、集成度较高的特性，因此该类搭建方式符合大部分原型机开发需求。科研人员通过自主开发和市场已有模块的组合搭建，可较快搭建出满足开发技术需求的原型机，有效推进项目开发进程。

（二）原型机测验

原型机测验，是根据已搭建的原型机，以既定的技术功能参数为目标，进行相应的测试验证，主要对原设计的技术路线、功能参数测试，以验证其准确性、可行性、精度等待性。原型机测验按测试类型可分为定性测试和定量测试。

（1）定性测试。首先，是针对原型机的功能进行逐一测试，定性验证原型机具备的功能是否满足设计要求。其次，模拟应用场景的各种工况条件，对原型机的功能进行可靠性测试，进一步验证该原型机的技术路线的可行性。若定性测试均满足设计要求，或者经过优化后满足了设计要求，则可以进行定量测试环节。

（2）定量测试。对通过定性测试后的原型机进行技术参数的量化测试。以验证该原型机的技术参数是否满足设计要求。定量测试时，应模拟应用场景的工况条件，采用经过校准合格的测试装置进行量化测试，同时需经过多组数据的重复测试，以验证测试数据的可靠性。若有性能参数不符合设计要求，则可通过优化功能模块、程序代码、结构设计，或调整技术路线等方式，以达到设计要求。

二、工程样机

工程样机，是在原型机的基础上，进一步的设计开发，用于测试验证样机的结构、材料、稳定性、可靠性、操纵性、精度等方面的性能。工程样机研制，主要涉及结构设计、软硬件开发、实验室测试，并经过稳定性测试、可靠性测试、技术参数计量等，最终设计出满足性能指标的工程样机。

在此阶段中，如果开发者已对该工程样机有明确的产品市场定位，可在工程样机研制时有更明确的设计方向。

（一）结构设计

工程样机的结构设计，是指对各个模块的机械结构进行设计，主要有主机模块和各功能模块的设计，需要从结构的安全性、稳定性、适用性、经济性、便携性等方面考虑。

（1）安全性设计。对于样机应用环境涉及高电压的，需要注意加入绝缘、防触电设计。对于样机应用环境涉及防爆场合的，则需要做好防爆结构设计。对于样机应用环境涉及高空作业的，则需要做好防坠落的结构设计，如防坠安全样机等。

（2）稳定性设计。对于外部结构，应从人体工程学、样机可靠性角度设计。如采用防滑耐磨的底座设计、防止滑落的手带设计、防震动的缓冲结构设计。对于内部结构，应从稳定紧固角度出发设计，如设计专用孔位固定结构、内部桁架结构固定等，不能仅用胶水或3M胶作为唯一的固定介质；必须采用至少一种机械固定方式。对于连接部件，应考虑防松插座设计，以免安装后因松动导致接触不良。同时，需要考虑防插错设计，可采用不同型式插头、不同尺寸插头、不同针数插头等作为防插错的方法。

（3）适用性设计。为了增强样机的实际适用性，可从操作性、轻便性、适用范围等方面考虑设计。对于轻便型，则应考虑高集成度的内部结构而设计小巧的检测模块。为了提高适用性，结构设计时应提前考虑应用场合的空间尺寸、待测电流电压、频率、受力强度、材质等因素，尽量适应不同对象（环境）。

（二）软硬件开发

软硬件开发，是工程样机的核心开发过程，是实现技术方案关键环节。

软件开发，是根据设计要求建造出软件系统或者系统中的软件部分的过程。在质检设备检验机构的成果转化中，主要涉及的软件开发有PC应用程序和嵌入式程序。

硬件开发，一般是指电子产品硬件开发，在质检机构的成果转化中、主要涉及原理图设计、电路图设计、PCB板设计、测试板生产、稳定性测试等。硬件设计时，电路板的尺寸设计应结合样机结构来设计，在满足结构要求下同时满足硬件功能要求。

(三) 实验室测试

实验室测试，是指在实验室搭建测试平台，用于测试验证工程样机的技术要求。经过工程样机的研制后，需要对其功能参数进行测试，在不断测试与优化的循环过程中，最终实现满足技术要求的工程样机。实验室测试应重点测试工程样机的功能参数、性能参数、稳定性。功能参数测试，是对工程样机设计的功能测试，根据实际情况，可分为单功能测试、多功能联合测试、后台系统联调测试等方面。性能参数测试，需对工程样机性能进行参数测试，根据实际情况主要有耐热性能参数（包括热熔点、马丁耐热、耐低温冲击等）、机械性能参数（包括冲击强度、弯曲强度、拉伸强度等）、耐电性能参数（包括介电常数、介电损耗因子、介电强度等）等。稳定性测试，需要对工程样机的测量结果进行重复性测试、不同工况环境下测试、极端条件下的测试等。例如进行多组多次的数据测量，对比分析数据的稳定性；在不同温度条件下或不同型号设备上，进行不同工况环境的测试，对比分析测量结果的可靠性；创造极大值或极小值、极端温度等极端条件或极端环境，进行稳定性测试。

(四) 参数计量

参数计量。是对通过实验室测试后的工程样机参数的计量。以验证技术参数的精度。在参数计量时，有三个方面需要注意：计量机构的选择、计量参数的选择、参数范围的选择。计量机构的选择，是指在参数计量时，需要注意核查计量机构的资质范围，是否覆盖所需参数计量范围。计量参数的选择，是指计量参数时，应选择足够的参数类型进行计量，以覆盖工程样机功能要求。参数范围的选择，是指计量参数应能覆盖工程样机的测量范围，以满足实际测量要求。

三、产品样机

产品样机，是在工程样机的基础上，进行产品化方向的优化设计，为产品化提供有力支撑，并可用于现场测试应用的样机。

产品样机的研制，主要从产品化的角度出发考虑，涉及有结构优化、外观设计等方面，对工程样机进行优化开发。

（1）结构优化。在工程样机的研究中，已经涉及了结构设计，并考虑了结构的安全性、稳定性、适用性等方面，产品样机的开发阶段，只需要对工程样机的结构进行产品方向的优化，包括材料选择、部分机械结构改变、新增结构部件等。对材料选择方面，从产品化角度考虑，符合同等要求的条件下，一般优选成本较低的、重量较轻的、易于加工的。对于部分机械结构改变方面，从产品批量生产角度，应从简化机加工步骤流程、提高结构稳定性、降低机加工难度等方向进行优化。新增结构部件方面，从产品实际应用角度出发，配备齐全结构部件，避免现场因缺乏部件导致无法使用的情况发生。

（2）外观设计。对产品的形状、图案或者其结合以及色彩与形状、图案的结合所做出的富有美感并适于工业应用的新设计，亦称"工业产品外观设计"。设计内容包括形状、式样、色彩或其组合等。在工程样机和结构优化的基础上，制造商对产品样机进行外观设计，主要是外观色彩、Logo图案、字体字样等方面。

第四节　质检类成果产品化

成果产品化，是将科研成果的样机转化成产品及实现量产，是将科技成果转化为现实生产力的重要环节，是将科研成果转化成具有经济效益和社会效益的重要过程。科研成果的产品化，主要涉及产品市场定位、产品化设计、产品量产、售后服务、产品升级等方面。本节对产品化过程进行详细介绍。

一、产品市场定位

产品市场定位方面，若有经验或前瞻性，可以在样机研制阶段就考虑到后期产品定位的因素，从而在样机研制中有侧重地进行设计开发，对科研成果的产品化有很好的助力作用，可缩短产品化周期，减少产品化成本。

科研成果进行产品化之前，必须先进行产品市场定位。因为，精准的产品市场定位是整个产品化的目标方向，正确的定位方向将带来最优化的经济和社会效益。同样，模糊的产品市场定位，或者错误的市场定位，会让整个产品化难以达到预期效益，甚至成为一个失收的产品化案例。因此，正确做好产品化市场定位尤为重要。

市场定位的关键是要设法在自己的产品上找出比竞争者更具有竞争优势的特性。竞争优势一般有两种基本类型：一是价格竞争优势，就是在同样的条件下比竞争者定出更低的价格。这就要求企业采取一切努力来降低单位成本。二是偏好竞争优势，即能提供确定的特色（如功能、外观、性能）来满足顾客的特定偏好。这就要求企业在产品特色上下功夫。

（一）产品市场定位

市场定位，是指为使产品在目标消费者心目中相对于竞争产品而言，占据清晰、特别理想的位置而进行的安排。市场定位是企业及产品确定在目标市场上所处的位置，因此，市场设计的位置必须使产品有别于竞争品牌，并取得在目标市场中的最大战略优势。质检机构产品客户群体集中在质检机构、设备制造厂、检测单位，因此市场定位时需要重点考虑这些客户群体领域的行业特性。

市场定位，应调研该成果在纵向和横向方面因素。纵向因素：可从该科研成果的立项及结题验收资料、成果评估报告、相关标准要求等资料中了解其基本信息、创新性和市场前景；从该科研成果样机的现场使用报告、客户试用报告中获得实用性、用户体验等信息；从该成果样机的检测报告、校准报告中获得功能参数及性能指标等信息。横向因素：从该成果样机的市场同类产品情况调研分析，包括同类产品厂家数量、年销售情况、市场使用反馈、产品价格、知识产权情况、技术特性等。

由于质检机构科技成果，多数涉及民生、公共安全等方面，考虑市场定位时，应优先保障产品的稳定性、可靠性、精度方面都必须在严格满足相关国家或行业标准前提下，方可考虑更优化的经济收益定位方案。

（二）市场定位方向及其侧重

根据目前质检机构现有成果产品化案例特点，市场定位可分为三个方向：通用工具型产品、常规检验检测产品、新技术成果产品。

通用工具型产品，是指价低量多、应用场景广泛的产品，这类产品的定位方向应有相应侧重，应重点考虑控制生产成本，使其销售与市场价格在同等水平，可采用较低成本的技术方案实现产品化，如简化的结构设计或采用通用模具方式、采用较低成本的模块替代高成本的方案等。

常规检验检测产品，是指市场上已有同类产品技术存在的常规化检验检测技术的产品。该类产品定位应侧重考虑错位优势方向：比如通过优化技术方案，实现与市场同类产品一样条件工况，而成本降低实现价格优势；通过技术融合方式，实现与市场同类产品一样的价格，实现更多检测功能的技术优势；通过技术优化方式，使得该产品在用户操作性、稳定性、精度等方面比市场同类产品有较大的提升，销售价格可以比市场价格高，实现技术升级的错位优势。

新技术成果产品，是指通过创新技术方式实现新检测功能的成果产品，市场上没有该类功能的产品，属于新技术新检测功能的产品。该类产品定位无市场同类设备对比，应重点考虑产品的高品质设计，保障新产品的稳定性、可靠性，对于生产成本控制要求可以放宽，以新产品自身质量和用户体验为主。通过新产品的高品质、优异体验感、创新检测功能，从而使新产品能快速被用户接纳使用。

二、产品化设计

产品化设计，是指产品样机在经过现场测试、市场定位确定后的基础上，进行有针对性的量产优化设计。产品优化设计应重点依据现场测试情况以及确定的市场定位方向，为最终的产品量产做准备，主要方面有以下几点：

（一）外观优化

产品外观优化，是依据用户测试反馈和产品市场定位后，对产品样机的外观设计进一步的产品化优化，在满足产品结构和功能的基础上美化产品外观，更符合用户需求，并从造型、材料、工艺等方面尽可能降低成本。产品外观设计不再是简单粗糙的美化，而是更加精致细腻的设计，能够有效塑造产品的品牌形象，增强产品的附加值和市场竞争力，促进产品的销售。

（二）UI优化

UI设计的最终目的就是为了更好地展示产品的内容，以最优化的界面设计及逻辑方案让用户更好地接受，可以从功能归类、界面层级、操作逻辑的方面，以及界面的形状、配色、大小、字体和位置的界面设计方面来实现。

（三）产品组件和附件确定

从成熟产品角度出发，如何配置才能完成最终产品的各项功能，需要确定产品量产后需要使用到的组件和附件。产品组件，一般包括有主机、功能检测模块、连接线、辅助配件等。产品附件，一般包括有产品说明书、合格证、保修卡、第三方校准报告等。产品组件和附件确定时应重点考虑，组件能全面覆盖产品功能、保障现场检测所需；附件能提供产品使用说明文件（如说明书或操作说明等），合格检测相关证明，有资质的第三方机构出具的检测报告、校准报告、测试报告。

（四）产品功能及参数优化

从样机到量产的产品，需要经历了现场测试、产品的市场定位和产品优化，所以在一般情况下，最终的产品在功能及参数上，会与样机有差别。

产品功能和参数优化时，应考虑解决现场测试所反馈的问题，紧贴产品的市场定位方向需求优化。产品功能和参数优化主要包括：主要功能增减、参数测量范围调整。主要功能增减：当大部分用户反馈产品缺乏某项功能或者产品样机某项功能重复或意义不大，则需要进行功能的增减，以达到功能优化。参数测量范围调整：当产品样机经过现场测试、应用，反馈存在适用性问题，或者设计测量范围不当，需要通过优化测量模块或技术路线，进行参数范围的调整。通过产品功能和参数优化来提升产品的市场竞争力。

三、产品量产

（一）生产模式

产品生产模式，质检机构的产品生产，主要有外包生产模式、委外加工与自主生产结合模式。

外包生产模式是指将产品全部生产委托给其他单位或公司完成，本机构不参与生产过程，只提供产品的相关技术资料，提出产品量产的技术、功能参数、技术指标等要求，负责最终产品的验收。外包生产模式，最大的特点就是质检机构不需要投入过多精力到产品量产过程，只是负责提出技术要求、沟通生产过程问题、验收最终产品，可以让质检机构能集中力量研发及成果转化。然而，在外包生产模式，质检机构对于产品量产过程涉及较小，难以发现生产过程存在的技术和成本等优化问题，对生产品质和核心技术把控弱。

委托外部加工与自主生产结合模式是指将部分生产元件、结构模块委托其他单位或公司加工，核心模块、软件自主生产（设计），最终将委外模块和自主生产模块集中在一起，进行自主装配和调试，以完成整套产品生产的模式。委外加工与自主生产结合模式的特点有：质检机构自主把控生产的重要过程，需要投入较多精力到产品量产过程；对于委外生产部分，质检机构负责提技术要求、沟通生产过程问题、验收最终生产模块；对于自主生产模块，则需要投入大量精力时间到设计、生产、调试，实现达标模块生产，质检机构能把控生产重要过程环节，容易发现生产过程存在的技术和成本优化问题。并能较快实现升级优化。在这种生产模式中，质检机构对产品品质的把控优于外包生产模式，核心技术可以有效掌握在手中，不容易泄露，能更有效地降低产品成本。然而，该生产模式对质检机构要求较高，除了需要质检机构在科研开发及成果转化方面投入外，还要投入产品的生产环节，对质检机构的科研经费、技术团队、生产场地等方面都是不小的考验。

（二）试生产

产品的试生产过程，为产品的最终顺利批量生产做准备。关键零部件加工完成后，进行产品的试生产，检查是否存在需要改进的问题或设计，保证新产品在正式批量生产前，质量、工艺、工装夹具等都得到有效确认，充分总结试制试产过程中出现的问题并加以改善，预防在后期生产中出现批量问题，要生产好的产品，应严控产品的生产工艺。经历试生产过程后，应归纳总结制定适合该款产品的生产工艺。对于制定的产品生产工艺，应定期、定时进行优化修订，以保证随着技术进步和生产装备的更新而不断改进，保障产品生产的最优化。

（三）产品功能测试

产品功能测试就是对产品的各功能进行测试验证，检查产品是否达到要求的功能，主要包括实验室测试、现场测试、第三方校准测试和型式检验。

实验室测试：对装配完成的产品进行实验室的逐项功能测试，对新产品（仪器）的功能特性、显示效果、判定分析逻辑等方面进行初步验证。

现场测试：通过实验室测试后，应对新产品抽样进行现场使用测试，以验证实际工作环境条件下，是否存在功能问题。现场测试对象和条件应有代表性，应覆盖产品说明书使用范围和条件，以确保产品的可靠性和适用性。

第三方校准测试：对装配完成的产品应委托有资质的第三方机构进行技术参数的校准测试，并出具相应的测试报告，以验证产品的性能参数是否满足要求。

型式检验：是对一个或多个具有生产代表性的产品样品利用检验手段进行合格评价，主要适用于对产品综合定型鉴定和评定企业所有产品质量是否全面地达到标准和设计要求的判定。为了批准产品的设计并查明产品是否能够满足技术规范全部要求所进行的型式检验，是新产品鉴定中必不可少的一个组成部分。只有型式检验通过以后，该产品才能正式投入生产。

（四）批量生产

经过了试生产环节和生产工艺的制定，即可进行产品批量生产。产品批量生产，需严格按照试生产确定的装配工艺进行，量产出来的成品需经过产品功能测试、外观测试、稳定性测试等出厂前的多项测试，以确保批量生产的产品质量。

四、产品企业标准

企业标准是在企业范围内根据需要协调统一的技术要求、管理要求和工作要求所制定的标准，是企业组织生产、经营活动的依据。《中华人民共和国标准化法》规定：企业生产的产品没有国家标准和行业标准的，应当制定企业标准，作为组织生产的依据。已有国家标准或者行业标准的，国家鼓励企业制定严于国家标准或者行业标准的企业标准，在企业内部使用。

因此，质检机构科技成果转化无论采用哪种生产模式，负责生产的企业应制定产品的企业标准，同时，根据产品技术升级、生产工艺、参考标准变化等因素修订企业标准，实时优化产品及更新其产品标准，保持该产品的市场活力。

第五节　质检类成果推广

成果推广是质检机构为扩大其拥有成果的知名度，将有关技术信息传递给潜在使用者，激发和强化其购买动机，并促使这种购买动机转化为实际购买行动而采取的一系列措施。推广就是聚集、放大、沟通、说服潜在使用者购买的过程，就是如何利用推广的手段达到营销的目的。

科技成果转化是一个复杂的、多环节的过程，目的就是将技术成果实现产品化乃至产业化。推广工作是科技成果转化的一个重要组成部分，是成果拥有者和使用者的纽带和桥梁，直接影响成果在市场上的应用。成果推广按主体可以分为自主推广和授权他人推广，本节将按上述两种推广方式分别进行介绍，以供质检设备检验机构借鉴。

一、自主推广

自主推广即成果所有者自己实施推广工作。随着互联网的快速发展，当今产品的推广模式已向线上推广和明星代言转变，如日用消费品、数码家电、食品服装等。但是，质检设备检验机构的科技成果大多为检验检测方法和技术，潜在用户仍为质检系统检验检测人员或质检设备行业相关从业人员，推广应以线下为主、线上为辅的方式开展。以下介绍几种推广方式。

（一）媒体宣传推广

广告是最大、最快、最广泛的信息传递媒介。通过广告，质检机构能把成果的特性、功能、用途及联系方式等信息传递给潜在使用者，沟通产需双方的联系。通过广告造成的视觉、感觉映象以及诱导往往会勾起潜在使用者的购买欲望，引起潜在使用者的注意与兴趣，促进购买和使用。为了增强广告宣传的吸引力、感染力和说服力，宣传科技成果可以通过广告、电视、报纸、杂志等各种传播媒介，开展从全国至地方的宣传。

在行业主流杂志上定期投放广告是一种有效的推广方式，这些行业杂志经常被检验机构订阅，受众针对性强、时效性好。另外，广告的反复演播、反复宣传，也会扩大质检机构成果的知名度，增强用户的信任感。还可以在省级主流媒体如电视、报纸上投放宣传。

除选择传统媒体外，质检机构还应拓宽渠道，创新方法，主动迎合时代需求，将网络、微信、微博等新媒体手段作为新阵地，及时地将成果信息进行传达。对于重大科技成果，可以不间断地在新媒体宣传报道，增加消息的受众面。

（二）参加行业交流和展览会主题活动

质检设备行业有很多的行业交流和展览会，观展者大部分都是相关从业人员，因此参加展会对于质检机构是效率较高的推广方式，而且该推广方式的成本也较低。调查显示，利用展会接触客户的平均成本仅为其他方式接触客户成本的40%。展会期间，观展者主动到设定的展台听取介绍，可以节省质检设备检验机构寻找潜在使用者所花费的大量时间，事半功倍。更重要的是，面对面地与潜在使用者交流是快速建立互信的重要手段。

质检机构需安排专人提前与主办方联系和租赁展位，委托广告公司设置展位、印制画册和彩页，并派出推广人员现场设展，在短短几天时间内集中与大量的参展客户进行介绍和交流，同时对有意向的客户做好造册登记，便于日后回访。质检机构可设定集中时间段，邀请企事业单位专家、成果使用人员及相关技术人员参加成果展示，并进行成果介绍，同时与国内外专家学者进行分析交流，让用户充分了解本项科技成果的特点。在行业专家面前宣传科技成果，接受同行专家的咨询，成果一旦得到他们的认可，推广效果将快速提升，通过行业专家的使用后再推荐，能够增强宣传的可信度，易于被其他人接受。

（三）召开成果发布会

成果发布会其实就是通过会议接待的形式来宣传或者发布新产品，以达到一种大范围的宣传模式，带来潜在的经济效益或者更大的社会效应。质检机构召开成果发布会可以提高成果的知名度、展现质检机构的实力。发布会一般通过会议接待的形式来宣传或者发布成果，是一种大范围的推广模式，带来经济效益或者社会效应等。发布会强调的是发布，通过集中会议的手段发布一条成果信息，为受邀请的专家及相关参会人员所周知，或吸引行业内的检验检测人员和相关技术人员了解。为扩大发布会影响力，应尽可能地邀请主管部门的相关领导和业内权威专家出席并发表讲话。另外，为丰富发布会的内容以吸引更多的同行参加，可在发布会期间举办相关主题的学术交流。发布会期间，还可以组织与成果相关的检测技术比对或"比武"活动，邀请兄弟检验机构的领导和技术骨干参加，在活动过程中介绍成果的功能和应用，突出成果的作用和价值。

此外值得注意的是，发布会在召开之前应该做好媒体采访的策划，结合报纸、电视、电台多种形式，增加受众面，增强推介效果。此外注重在市场监管系统内的官方新闻推送。如在省级市场监管局、各类检验协会等官网、公众号进行报道，将大大地增强宣传效果。

（四）上门推广

上门推广是最常见的推广形式，它是由推广人员携带成果的样品、说明书和技术资料等走访顾客。这种推广形式，可以针对潜在使用者的需要提供有效的服务，方便潜在使用者，故为用户所广泛认可和接受，此种形式也是最积极主动的推广形式。上门推销可以直接与潜在使用者接触，随时回答对方的问题，这就决定了其优势所在。质检机构可以利用工作交流等契机，到兄弟检验机构进行面对面上门推广，介绍成果的原理及使用方法。如果是仪器类的成果，最好能让兄弟检验机构安排检验现场，共同对成果进行现场测试，在操作现场解答对方的疑惑和问题，更能使对方理解和接受，并且可以收集检验人员发现的问题，便于成果的改进和完善。在选择推广的检验机构时，应根据自身的成果属性，结合当地的产业特性以及检验机构的业务特点，有针对性地上门开展推广。如成果偏向无损或材料检测类的，应重点选择石化产业聚集地所在检验机构。另外，优先选择大中型检验机构、一方面这些检验机构资金相对充裕，购买能力较强；另一方面他们更能接受新技术新方法，并且一旦他们应用了这些科技成果，就能够起到以点带面的示范效应。

二、授权他人推广

由于质检机构普遍属于事业单位，缺乏推广经验和人才，极大地限制了成果推广的效果。因此，成果推广是目前困扰质检机构科技成果转化的重要环节。受体制影响，质检机构人力物力有限，因此对于可以实现产品化甚至产业化的科技成果，质检机构可以授权有经验的企业进行转化、推广。鉴于多数质检机构没有下属企业，建议选择与具有国资背景的企业或者其他信誉良好的企业合作，将科技成果授权给该企业开展生产和推广。

（一）推广区域管理

授权企业开展推广工作，必定考虑时间和成本。全国地域广袤，由一家企业去覆盖全区域不现实，所以需要按区域分配给若干推广人员、推广分支机构或者经销商。

推广区域可以有地理界线（如按省份划分），也可以没有地理界线（如按行业划分）。企业一般将总体市场分为多个细分市场、通过估计每一个细分市场的潜力及企业自身优势，选择推广目标市场，一个推广区域可以被认为是一个细分市场。建立推广区域的作用：①引入激励机制鼓舞推广人员的干劲；②更好地覆盖目标市场；③有利于提高后期客户服务质量；④有助于对推广人员进行控制和评价；⑤有利于降低推广成本。

设定推广区域最理想的是使所有区域的市场潜力和推广人员的工作负荷都相等，但在现实中很难达到。实践中，推广区域设定应遵循以下四项原则：①公平性原则。所有推广区域应具有大致相同的市场潜力；所有推广区域的工作量应大致相等。②可行性原则。其一，推广区域市场要有一定的潜力，推广人员才有动力；其二，推广区域的市场涵盖率要高，推广人员通过努力可以在一定时间内完成任务。③挑战性原则。区域设置要使推广人员有足够的工作量，保证每个推广区域有足够的上升空间。④具体化原则。推广区域的目标应尽量量化，做到明确且容易理解。

（二）推广渠道建设

绝大多数的生产制造企业并不是将其产品直接销售给最终用户，而是通过一些中间商构成的分销渠道系统使自己与最终用户之间的交易得以实现。授权企业转化的科技成果只有通过这样的市场推广渠道，经过一定的实体分销过程，才能在适当的时间、地点、以适当的价格供应给广大用户，满足市场需求，实现企业的市场营销目标，达到将成果推向市场应用的目的。因此，推广渠道建设是推广管理中的一个重要决策。

授权企业在建立自己的推广渠道时有多种模式可供选择，一般常用的有以下两种：

（1）传统分销渠道模式。该模式指授权企业与经销商各成员之间是松散的合作关系，各自追求自己的利润最大化，渠道各成员之间的关系是临时的、偶然的、不稳定的。譬如某经销商对某潜在使用客户很熟悉，授权企业正好想到该客户去推广，那么授权企业和经销商可以临时建立合作，共同促成该客户的业务。

（2）垂直分销渠道模式。该模式是指授权企业与经销商组成一种长期的、稳定的联合体，共同对目标市场开展推广工作。该模式适合授权企业推广初期。借助经销商的市场经验和人力物力，快速覆盖全部区域。但是弊端在于经销商缺乏独立性和创造性，排斥了其他的合作方，有可能造成一定的业务损失。

（三）推广人员管理

推广人员队伍是现代企业中一支最传统也是最不可缺少的力量，是整个推广管理活动的核心，大到整个推广体系的建立，小到营销业务的签订，都离不开推广人员，所以具备良好素质的推广人员是企业竞争优势的来源。做好推广人员管理，首先应建立长远的推广人员战略规划，明确推广人员具备什么素质，提供什么培训，建立什么样的规模队伍，企业才能未雨绸缪，吸引并留住优秀的推广人才。

推广人员是企业开拓市场的先锋，是企业形象的代表，必须具备一定的条件。一个优秀的推广人员应具备以下基本素质：①敬业精神。推广工作是一项很辛苦的工作，要克服许多困难，处理很多棘手的问题，这就要求推广人员必须具有强烈的事业心和高度的责任感。②敏锐的观察能力。市场和客户的情况是复杂的，推广人员需要眼观六路、耳听八方，及时发现和抓住机遇，揣摩客户的购买意图和心理，提高推广的成功率。③良好的服务态度。推广人员不仅是企业的代表，而且是客户的顾问，需要想客户之所想，急客户之所急，积极为客户服务。④宽广的知识面。推广人员经常与各种各样的客户打交道，需要了解各类知识，才能更快速地与客户熟悉。所以，推广人员应时刻保持学习的态度，不断丰富自己的内涵。

（四）推广过程管理

推广是一项周期长、难度大、难以预期的工作，推广过程包括推广准备、访问客户、促成交易和产品管理。①推广准备。推广准备的好坏直接关系到推广活动的成败，因此至关重要。每一位推广人员都应该在活动前做好充分准备，清楚分析机会与挑战，了解客户类型，塑造自我，拟定推广计划和思路。②访问客户。访问客户是推广活动过程的主要环节，是推广工作的主战场，主要包括寻找客户、约见客户、接近客户、介绍产品等内容。③促成交易。推广人员在从寻找客户到达成交易的整个过程中，不可避免地会遇到客户的各种异议。任何一个推广人员都必须随时做好心理准备和思想准备，善于分析和处理各种客户异议，努力促使客户产生购买行为。④产品管理。产品管理是企业推广管理的重要组成部分。订货、发货流程是否顺畅，退换货制度是否健全，售后服务是否科学合理，都会影响目标客户对企业的满意度和忠诚度，直接影响其他产品的再次推广和营销。所以，企业必须把产品管理作为一项非常重要的环节来开展。

在科技成果转化推广中，采用自行推广的好处是质检机构对本行业熟悉，能准确抓住同行和客户的需求特性、敏感点，对行业企业的采购机制、采购流程更为了解，而且同行之间有天然的信任，进行成果推广更加容易沟通，往往能取得良好的推广效果。但质检机构采用自行推广方式需要建立一支专门的推广队伍，要到全国各地进行推广、交流、演示和参加展览会，要投入大量的人力和物力，可能会影响产品研发、改进和成果转化的进度。

授权他人推广的方式是指将成果推广工作交给制造商或者经销商等。这样的好处是质检机构可以节约大量的时间和人员精力，专心进行技术研发，提高转化效率。但委托制造商和经销商进行推广的缺点是仪器制造商和经销商本身代理多个品牌的同类产品，有些经销商为了当前利润最大化可能会集中推广某个品牌的产品，尽管该产品的性价比不高，或者技术不先进，尤其是在新的成果在初步推广阶段，经销商很可能不愿意花精力去推广一个利润率低的产品。此外，还有一个缺点是质检机构不直接跟客户接触，不了解客户意愿和市场真实情况，很难把握产品的下一步升级或改进方向，也不利于产品产业化。

对于质检机构的"产品类"科技成果，一般是以新仪器装置或者新材料的形式出现，综合考虑自行推广和授权他人推广的优缺点，建议采用自行推广和授权他人推广相结合的方式。质检机构可以抽调技术骨干到国内一线城市和重点城市的大型检验机构去进行技术推广、交流，并以发表论文、参加全国性的设备成果展的方式进行推广；另一方面授权制造商和经销商在一定地域进行逐个城市的演示推广。两种推广方式的结合，可以让质检机构既发挥行业优势，充分了解市场，接触市场，又不至于投入太多精力进行市场推广开拓，从而影响研发和成果转化进度。对于质检机构"工艺类"的成果，一般建议在质检机构所在地的企业进行推广应用，同时也可考虑同行之同互相授权，利用对方的成果进行技术服务，从而达到扩大成果的影响力和应用范围的效果。

第六章 质检科技成果转化收益分配

科技成果转化收益分配指科技成果持有者和为科技成果持有者提供转化服务的企业或组织之间的分配，以及科技成果持有者的内部收益分配。科技成果转化权利归属和收益分配政策是保障激励科技成果完成人和科技成果转化人基本权益的重点。国家明确提出科研机构、高校应建立健全科技成果转化内部管理与奖励制度，自主决定科技成果转化收益分配和奖励方案。质检机构在制定科技成果转移转化奖励和收益分配办法时，要在国家、地方和相关部委的法律和政策基础上，充分听取本单位科技人员的意见，并在本单位公开相关制度，兼顾科研单位、合作单位、成果完成人和专业技术转移转化机构等参与科技成果转化的各方利益。

科技成果转化的收益分配是科技成果转化中非常关键的一个环节，奖励分配制度是否合理，关系到能否激励广大科技工作者，对科技成果转化的成效有重大影响，甚至能够决定成果转化的成败。在制定科技成果转化收益分配制度时，质检机构应在国家、地方和相关部委的法律和政策基础上，充分听取广大科技工作者的意见，合理制定具有激励性的分配制度，使其成为科技成果转化的催化剂。

第一节 收益分配政策、法规依据

为加强科技成果产权对科技工作者的长期激励措施，明确科技成果收益分配，近年来国家和地方积极探索，出台了一系列以知识价值为导向的科技成果转化激励政策，各主管部门也明确了相应的细化措施，明确了科技成果收益分配的具体办法。本节介绍国家及相关部委的成果转化收益分配政策，各省（直辖市）政策详见第十章第四节。

一、国家政策

《全国人民代表大会常务委员会关于修改〈中华人民共和国促进科技成果转化法〉的决定》已由中华人民共和国第十二届全国人民代表大会常务委员会第十六次会议于2015年8月29日通过，自2015年10月1日起施行。其内容提到：

> 第四十三条 国家设立的研究开发机构、高等院校转化科技成果所获得的收入全部留归本单位，在对完成、转化职务科技成果做出重要贡献的人员给予奖励和报酬后，主要用于科学技术研究开发与成果转化等相关工作。
> 第四十四条 职务科技成果转化后，由科技成果完成单位对完成、转化该项科技成果做出重要贡献的人员给予奖励和报酬。
> 科技成果完成单位可以规定或者与科技人员约定奖励和报酬的方式、数额和时限。单位制定相关规定，应当充分听取本单位科技人员的意见，并在本单位公开相关规定。
> 第四十五条 科技成果完成单位未规定、也未与科技人员约定奖励和报酬的方式和数额的，按照下列标准对完成、转化职务科技成果做出重要贡献的人员给予奖励和报酬：

（一）将该项职务科技成果转让、许可给他人实施的，从该项科技成果转让净收入或者许可净收入中提取不低于百分之五十的比例；

（二）利用该项职务科技成果作价投资的，从该项科技成果形成的股份或者出资比例中提取不低于百分之五十的比例；

（三）将该项职务科技成果自行实施或者与他人合作实施的，应当在实施转化成功投产后连续三至五年，每年从实施该项科技成果的营业利润中提取不低于百分之五的比例。

国家设立的研究开发机构、高等院校规定或者与科技人员约定奖励和报酬的方式和数额应当符合前款第一项至第三项规定的标准。

国有企业、事业单位依照本法规定对完成、转化职务科技成果做出重要贡献的人员给予奖励和报酬的支出计入当年本单位工资总额，但不受当年本单位工资总额限制、不纳入本单位工资总额基数。

2016年2月26日，国务院印发了《实施〈中华人民共和国促进科技成果转化法〉若干规定》的通知（国发〔2016〕16号），其中有关科技成果收益分配的规定如下：

国家设立的研究开发机构、高等院校制定转化科技成果收益分配制度时，要按照规定充分听取本单位科技人员的意见，并在本单位公开相关制度。依法对职务科技成果完成人和为成果转化做出重要贡献的其他人员给予奖励时，按照以下规定执行：

(1) 以技术转让或者许可方式转化职务科技成果的，应当从技术转让或者许可所取得的净收入中提取不低于50%的比例用于奖励。

(2) 以科技成果作价投资实施转化的，应当从作价投资取得的股份或者出资比例中提取不低于50%的比例用于奖励。

(3) 在研究开发和科技成果转化中做出主要贡献的人员，获得奖励的份额不低于奖励总额的50%。

(4) 对科技人员在科技成果转化工作中开展技术开发、技术咨询、技术服务等活动给予的奖励，可按照促进科技成果转化法和本规定执行。

对于担任领导职务的科技人员获得科技成果转化奖励，按照分类管理的原则执行：

(1) 国务院部门、单位和各地方所属研究开发机构、高等院校等事业单位（不含内设机构）正职领导，以及上述事业单位所属具有独立法人资格单位的正职领导，是科技成果的主要完成人或者对科技成果转化做出重要贡献的，可以按照促进科技成果转化法的规定获得现金奖励，原则上不得获取股权激励。其他担任领导职务的科技人员，是科技成果的主要完成人或者对科技成果转化做出重要贡献的，可以按照促进科技成果转化法的规定获得现金、股份或者出资比例等奖励和报酬。

(2) 对担任领导职务的科技人员的科技成果转化收益分配实行公开公示制度，不得利用职权侵占他人科技成果转化收益。

二、总局及各部委政策

（一）《科技部等9部门印发〈赋予科研人员职务科技成果所有权或长期使用权试点实施方案〉的通知》（国科发区〔2020〕128号）

（一）赋予科研人员职务科技成果所有权。

国家设立的高等院校、科研机构科研人员完成的职务科技成果所有权属于单位。试点单位可以结合本单位实际，将本单位利用财政性资金形成或接受企业、其他社会组织委托形成的归单位所有的职务科技成果所有权赋予成果完成人（团队），试点单位与成果完成人（团队）成为共同所有权人。

试点单位应建立健全职务科技成果赋权的管理制度、工作流程和决策机制，按照科研人员意愿采取转化前赋予职务科技成果所有权（先赋权后转化）或转化后奖励现金、股权（先转化后奖励）的不同激励方式，对同一科技成果转化不进行重复激励。先赋权后转化的，科技成果完成人（团队）应在团队内部协商一致，书面约定内部收益分配比例等事项，指定代表向单位提出赋权申请，试点单位进行审批并在单位内公示，公示期不少于15日。试点单位与科技成果完成人（团队）应签署书面协议，合理约定转化科技成果收益分配比例、转化决策机制、转化费用分担以及知识产权维持费用等，明确转化科技成果各方的权利和义务，并及时办理相应的权属变更等手续。

（二）赋予科研人员职务科技成果长期使用权。

试点单位可赋予科研人员不低于10年的职务科技成果长期使用权。科技成果完成人（团队）应向单位申请并提交成果转化实施方案，由其单独或与其他单位共同实施该项科技成果转化。试点单位进行审批并在单位内公示，公示期不少于15日。试点单位与科技成果完成人（团队）应签署书面协议，合理约定成果的收益分配等事项，在科研人员履行协议、科技成果转化取得积极进展、收益情况良好的情况下，试点单位可进一步延长科研人员长期使用权期限。试点结束后，试点期内签署生效的长期使用权协议应当按照协议约定继续履行。

（三）落实以增加知识价值为导向的分配政策。

试点单位应建立健全职务科技成果转化收益分配机制，使科研人员收入与对成果转化的实际贡献相匹配。试点单位实施科技成果转化，包括开展技术开发、技术咨询、技术服务等活动，按规定给个人的现金奖励，应及时足额发放给对科技成果转化做出重要贡献的人员，计入当年本单位绩效工资总量，不受单位总量限制，不纳入总量基数。

（二）《人力资源社会保障部 财政部 科技部 关于事业单位科研人员职务科技成果转化现金奖励纳入绩效工资管理有关问题的通知》（人社部发〔2021〕14号，2021年2月8日发布）

为落实以增加知识价值为导向的收入分配政策，进一步推动科技成果转移转化，根据国务院办公厅《关于抓好赋予科研机构和人员更大自主权有关文件贯彻落实工作的通知》（国办发〔2018〕127号）要求，现就事业单位科研人员职务科技成果转化现金奖励（以下简称"现金奖励"）纳入绩效工资管理有关问题通知如下：

（一）职务科技成果转化后，科技成果完成单位按规定对完成、转化该项科技成果做出重要贡献人员给予的现金奖励，计入所在单位绩效工资总量，但不受核定的绩效工资总量限制，不作为人力资源社会保障、财政部门核定单位下一年度绩效工资总量的基数，不作为社会保险缴费基数。

（二）科技成果完成单位根据国家规定和本单位实际，在充分听取科研人员意见基础上，建立健全职务科技成果转化管理规定、公示办法，明确现金奖励享受政策人员范围、具体分配办法和相关流程，相关规定应在本单位公开。

（三）对于接受企业或其他社会组织委托取得的项目，经费纳入单位财务统一管理，由项目承担单位按照委托方要求或合同约定管理使用。其中属于科研人员在职务科技成果转化工作中开展技术开发、技术咨询、技术服务等活动的，项目承担单位可根据实际情况，按照《技术合同认定登记管理办法》规定到当地科技主管部门进行技术合同登记，认定登记为技术开发、技术咨询、技术服务合同的，项目承担单位按照促进科技成果转化法等法律法规给予科研人员的现金奖励，按照本通知第一条规定执行。不属于职务科技成果转化的，从项目经费中提取的人员绩效支出，应在核定的绩效工资总量内分配，纳入单位绩效工资总量管理。

（四）科技成果完成单位统计工资总额、年平均工资、年平均绩效工资等数据以及向有关部门报送年度绩效工资执行情况时，应包含现金奖励情况，并单独注明。

（五）各级人力资源社会保障、财政、科技主管部门要加大政策指导力度，优化政策环境，根据职责完善事中事后监管，将现金奖励政策落到实处。

（六）本通知所指职务科技成果、科技成果转化，应符合《中华人民共和国促进科技成果转化法》《国务院关于印发实施〈中华人民共和国促进科技成果转化法〉若干规定的通知》（国发〔2016〕16号）等有关法律和规定。

（三）《质检总局关于促进科技成果转化的指导意见》（国质检科〔2017〕140号）

质检系统研发机构转化科技成果所获得的收入全部留归单位，纳入单位预算，扣除对完成和转化职务科技成果做出重要贡献人员的奖励和报酬后，应当主要用于科学技术研发与成果转化等相关工作，并支持本单位的运行和发展。

《质检总局关于促进科技成果转化的指导意见》对职务科技成果转化奖励做出如下规定：

质检系统研发机构自主决定科技成果转化收益分配和奖励方案。制定科技成果转化收益分配制度时，要充分听取本单位科技人员的意见，并在本单位公开相关制度。依法对职务科技成果完成人和为成果转化做出重要贡献的其他人员给予奖励时，按照以下规定执行，并提前在本单位对奖励分配方案予以公示。

（一）以技术转让或者许可方式转化职务科技成果的，应当从技术转让或者许可所取得的净收入中提取不低于50%的比例用于奖励。

（二）以科技成果作价投资实施转化的，应当从作价投资取得的股份或者出资比例中提取不低于50%的比例用于奖励。

（三）科技人员在科技成果转化工作中开展的技术开发、技术咨询、技术服务等活动，是科技成果转化的重要形式，应通过合同约定服务价格。以技术开发、技术咨询、技术服务等活动转化职务科技成果，符合《中华人民共和国促进科技成果转化法（2015年修订）》和《国务院关于印发实施〈中华人民共和国促进科技成果转化法〉若干规定的通知》有关规定的，可以从技术开发、技术咨询、技术服务等活动取得的净收入中提取不低于50%的比例用于奖励。

（四）对完成、转化职务科技成果做出主要贡献的人员，获得奖励的份额不低于奖励总额的50%。

（五）对完成、转化职务科技成果做出重要贡献的人员给予奖励和报酬的支出计入当年本单位工资总额，但不受当年本单位工资总额限制、不纳入本单位工资总额基数。科技成果奖励可直接发放到人。

（六）在确定"科技成果转化净收入"时，在符合国家相关法律规定的前提下，可以根据成果转化特点做出规定。

（四）《财政部关于进一步加大授权力度促进科技成果转化的通知》（财资〔2019〕57号）相关规定：

中央级研究开发机构、高等院校转化科技成果所获得的收入全部留归本单位，纳入单位预算，不上缴国库，主要用于对完成和转化职务科技成果做出重要贡献人员的奖励和报酬、科学技术研发与成果转化等相关工作。

(五)《财政部税务总局科技部关于科技人员取得职务科技成果转化现金奖励有关个人所得税政策的通知》(财税〔2018〕58号)

将科技人员取得职务科技成果转化现金奖励有关个人所得税政策通知如下：

依法批准设立的非营利性研究开发机构和高等学校，根据《中华人民共和国促进科技成果转化法》规定，从职务科技成果转化收入中给予科技人员的现金奖励，可减按50%计入科技人员当月"工资、薪金所得"，依法缴纳个人所得税。

三、各省（直辖市）政策

详见第十章第四节。

第二节 收益分配制度的制定

一、分配制度制定原则

(一) 转化中产生的科技成果归属分配原则

根据《中华人民共和国科技成果转化促进法》，科技成果完成单位与其他单位合作进行科技成果转化的，应当依法由合同约定该科技成果有关权益的归属。合同未进行约定的，按照下列原则办理：

(1) 在合作转化中无新的发明创造的，该科技成果的权益，归该科技成果完成单位。
(2) 在合作转化中产生新的发明创造的，该新发明创造的权益归合作各方共有。
(3) 对合作转化中产生的科技成果，各方都有实施该项科技成果的权利，转让该科技成果应经合作各方同意。

(二) 成果转化产生经济收益分配原则

《中华人民共和国科技成果转化促进法》规定：国家设立的研究开发机构、高等院校转化科技成果所获得的收入全部留归本单位，在对完成、转化职务科技成果做出重要贡献的人员给予奖励和报酬后，主要用于科学技术研究开发与成果转化等相关工作。科技成果完成单位可以规定或者与科技人员约定奖励和报酬的方式、数额和时限。

成果转化前，质检机构可以与科技人员签订协议，约定具体的奖励和报酬的方式、数额和时限也可以采用制定科技成果转化管理制度的方式来规定。制定科技成果转化管理制度时，需要公开、充分地征求科技人员的意见，并由工会代表大会进行表决通过，并在单位内部公开。

(三) 无约定（制度）时参照原则

如果质检机构在成果转化前未与科技人员签订协议约定具体的奖励和报酬的方式、数额和时限，也没有制定相关的科技成果转化收益分配制度，则按照下列规定对完成、转化职务科技成果做出重要贡献的人员给予奖励和报酬。同时，质检机构与科技人员进行约定或质检机构在制定单位科技成果转化制度时也应符合以下三项规定：

（1）将该项职务科技成果转让、许可给他人实施的，从该项科技成果转让净收入或者许可净收入中提取不低于百分之五十的比例。

（2）利用该项职务科技成果作价投资的，从该项科技成果形成的股份或者出资比例中提取不低于百分之五十的比例。

（3）将该项职务科技成果自行实施或者与他人合作实施的，应当在实施转化成功投产后连续三至五年，每年从实施该项科技成果的营业利润中提取不低于百分之五的比例。

此外，按照《实施〈中华人民共和国促进科技成果转化法〉若干规定》（国发〔2016〕16号）的规定，在研究开发和科技成果转化中做出主要贡献的人员，获得奖励的份额不低于奖励总额的百分之五十。

质检机构在制定分配制度（协议）时，除了满足《中华人民共和国科技成果转化促进法》和《实施〈中华人民共和国促进科技成果转化法〉若干规定》的规定外，还应满足《质检总局关于促进科技成果转化的指导意见》（国质检科〔2017〕140号），以及当地的相关促进科技成果转化政策。

目前多个省（自治区、直辖市）制定或修订了相关政策，上调了科技人员收益提成的最低比例，有的地方还规定了对科技成果转化做出贡献的工作人员和管理人员获得奖励的最低比例，如《陕西省促进科技成果转化条例》规定：科技成果完成单位未规定、也未与科技人员约定奖励和报酬的方式和数额的，按照下列标准对完成、转化职务科技成果做出重要贡献的人员给予奖励和报酬：

（1）将该项职务科技成果转让、许可给他人实施的，从该项科技成果转让净收入或者许可净收入中提取不低于百分之八十的比例。

（2）利用该项职务科技成果作价投资的，从该项科技成果形成的股份或者出资比例中提取不低于百分之八十的比例。

（3）将该项职务科技成果自行实施或者与他人合作实施的，应当在实施转化成功投产后连续三至五年，每年从实施该项科技成果的营业利润中提取不低于百分之十的比例。

国有企业、事业单位依照本条例规定对完成、转化职务科技成果做出重要贡献的人员给予奖励和报酬的支出计入当年本单位工资总额，但不受当年本单位工资总额限制、不纳入本单位工资总额基数。

第四十二条 国家设立的研究开发机构、高等院校完成、转化职务科技成果主要贡献人员获得奖励的份额不低于奖励总额的百分之七十，对科技成果转化做出贡献的工作人员和管理人员获得奖励的份额不低于奖励总额的百分之十。

《重庆市促进科技成果转化条例》规定：利用财政资金设立的研究开发机构、高等院校未规定，也未与科技人员约定奖励和报酬的方式和数额的，按照下列标准对科技成果完成人以及对科技成果转化有重要贡献的人员或者团队给予奖励和报酬：

（一）以转让、许可等方式实施转化的，从转让或者许可净收入中提取不低于百分之七十的比例。

（二）以作价投资方式实施转化的，从该成果对应的股份或者出资比例由提取不低于百分之七十的比例。

（三）将该项职务科技成果自行实施或者与他人合作实施的，应当在实施转化成功投产后连续三至五年，每年从实施该项科技成果的营业利润中提取不低于百分之五的比例。

期满后依据其他法律法规应当继续给予奖励和报酬的，从其规定。

前款所称净收入是指技术合同的实际成交额扣除交易的直接成本和税金等后的余值。

二、分配制度制定流程

（一）充分征求科技人员意见

质检机构在《中华人民共和国科技成果转化促进法》《实施〈中华人民共和国促进科技成果转化法〉若干规定》《质检总局关于促进科技成果转化的指导意见》（国质检科〔2017〕140号）和当地相关的促进科技成果转化政策基础上，应对科技人员成果转化的净收入核算方法、科技人员的奖励提成比例等进行讨论，特别是主要贡献人员、转化工作人员及转化管理人员奖励各占总奖励比例等核心问题，须充分听取科技人员的意见和诉求，并在制定制度时加以考虑。

要注意的是，质检机构的成果转化大多属于"工艺类"，以技术服务、技术咨询等方式展开和实施，相对较为容易。与此同时，以专利转让、实施许可等方式展开的"产品类"转化因难度较大，故转化实施的成功案例较少。因此，在研究收益分配时，可适当提高"产品类"的转化收益比例，以提高科研成果转化人员的积极性。

（二）条款起草

质检机构的科技成果转化分配制度条款至少应包括以下内容：一是科技成果转化净收入核定方法；二是产品类成果转化净收入的提成比例；三是工艺类成果转化净收入提成比例；四是成果完成人、成果转化主要贡献人员、为成果转化工作做出贡献的管理人员（部门）之间的分配比例及方法和依据；四是奖励具体分配流程。

（三）单位内公开征求意见

质检机构的科技成果转化分配制度起草后，应在单位内部公开征求意见（书面反馈），各部门将反馈表上交起草部门（无意见也应反馈），起草部门则做好书面意见的收集工作。

（四）研究反馈意见及修改

起草部门将反馈意见进行收集，并组织科技人员进行讨论、修改，最后形成表决稿，提交工会召开工会代表大会进行表决。

（五）工会代表大会表决

工会组织召开工会代表大会，起草部门在会上对制度进行介绍和对相关主要条款进行释义，提交代表大会表决。

（六）公开发布

工会代表大会表决通过后，制度要公开发布。若表决不通过，起草部门应重新征求意见并修改后再次提交工会代表大会表决。

第三节 收益分配流程

一、分配流程

根据收益分配制度，科技成果在实施转化后产生经济效益，其收益将分配至科技人员。各单位质检机构内部管理机制不尽相同，但是，基本流程大致如下：

第一步，成果完成单位的财务部门根据与被许可单位签订的协议核算人（如按销售利润提成知识产权费），根据核算结果收取知识产权费，给被许可方开具发票。

第二步，财务部门扣除税金等直接费用，核算出该项成果转化的净收入，并告知科研管理部门。

第三步，科研管理部门要求该项目（成果）的负责人提供完成人名单及见证材料、成果转化贡献人员名单及贡献比例，并以表格形式提交给科研管理部门。

第四步，科研管理部门对项目（成果）负责人提供的材料进行审核，整理形成汇总表交由财务部门。

第五步，单位将奖励方法和具体的奖励人员名单进行公示，公示不少于15个工作日。公示期间如无异议，财务部门将根据奖励分配方案和科研管理部门提供的名单和排序，计算出每个人员的具体奖励金，经领导批准后发放。如公示期间有异议，科研管理部门进行异议处理，通知项目负责人重新提供材料并进行审核再进行公示。

另外需要注意的是，奖励金发放完毕后，如果成果转化收益奖励符合国家规定的个税减免政策，可填写"科技人员取得职务科技成果转化现金奖励个人所得税备案表"并到所在辖区税局进行备案登记。最后，将上述流程中的文件和见证资料进行存档，以备查验。

二、注意事项

科技成果转化收益分配是科技成果转化流程中的关键环节之一。近年来，国家出台多项政策鼓励提高科技人员在科技成果转化收益分配中的奖励比例，以调动科技人员的积极性。转化实施经验表明，在科技成果转化收益的分配中注意以下几点能够取得良好的效果。

（1）单位在实施转化前，应通过制定制度的方式或与科技人员签订协议的方式约定成果科技成果转化奖励和报酬的方式、数额和时限，让科技人员事先吃下"放心丸"，以提高科技人员的积极性。

（2）制定或签订协议时，可适当加大对科技人员的奖励的力度和范围。如国家政策要求转化净收入不低于50%奖励科技人员，单位制定制度时可提高至60%或者更高；国家政策要求奖励金50%以上奖励给主要贡献人员，单位制定制度时可提高至60%或者更高。除了主要贡献人员外，也应考虑为转化工作做出贡献的管理工作者，因为成果转化是一个涉及多部门系统工程，仅仅依靠科技人员是不够的，还需要财务、科技管理等后勤工作者的有力支撑。如《陕西省促进科技成果转化条例》规定国家设立的研究开发机构、高等院校完成、转化职务科技成果主要贡献人员获得奖励的份额不低于奖励总额的70%，对科技成果转化做出贡献的工作人员和管理人员获得奖励的份额不低于奖励总额的10%。

（3）发放科技成果转化奖励要及时。质检机构的"产品类"科技成果转化，至少每年对每个产品进行财务核算，每年至少分配一次科技成果转化收益。有条件时，每半年预估一次产品转化收益，每半年分配一次转化收益，每年审计后统一结算。质检机构的"工艺类"科技成果转化应以合同完成为结算点，每个合同执行结束，及时结算并分配科技成果转化收益。

（4）在分配制度中，要明确科技成果转化主要（重要）贡献人员以及一般贡献人员（包含管理人员）范围和依据，以免在分配过程或公示期间产生异议和投诉，影响科研成果转化团队的团结。

一般来说，科技成果转化主要（重要）贡献人员包括项目科技成果登记完成人、专利和软著申请人、论文作者等三部分。这三部分人员均有证书或者论文期刊作为见证。

科技成果转化一般贡献人员包括成果转化管理及协调小组人员，功能设计改进小组人员，试验测试小组人员和产品推广小组人员四部分。项目负责人可以在转化前确定四个小组的人员职责和分工，然后按照分工开展工作，并注意保存工作过程记录和成效等记录，作为贡献大小的评价依据，以避免分配过程中的分歧和异议。

①成果转化管理及协调小组人员一般是指项目完成后进行成果转化指导、评估、财务管理、科技合同管理及协调的人员，可以提供科技成果转化相关评估会议、财务会议记录、合同登记手续等作为贡献的见证。

②功能设计改进小组人员一般是指成果转化中对产品进行设计、改造、升级的人员，可以提供设计图纸、外观专利、产品改进书面意见等作为材料见证。

③试验测试小组人员一般是指对产品进行重要试验、获取关键数据的人员，可以提供产品测试报告、产品现场测试图片作为见证。

④产品推广小组人员一般是指对成果转化产品进行推广、宣传、协助销售的人员，可以提供推广现场图片，出席展会图片、客户交流培训会议或图片等作为见证。

三、风险防范

（1）科技成果转化收益的分配制度一定要充分征求科技人员的意见，并经过职工代表大会表决，不能由领导个人或领导班子研究决定，当领导也是成果完成人或转化贡献人之一的情况时尤其要注意。

（2）科技成果转化方式、价格要在单位内采取合适的方式公示。《实施〈中华人民共和国促进科技成果转化法〉若干规定》规定：国家设立的研究开发机构、高等院校对其持有的科技成果，应当通过协议定价、在技术交易市场挂牌交易、拍卖等市场化方式确定价格。协议定价的，科技成果持有单位应当在本单位公示科技成果名称和拟交易价格，公示时间不少于15日。单位应当明确并公开异议处理程序和办法。

（3）给领导分配的现金、股权等均要做好公开、公示。《实施〈中华人民共和国促进科技成果转化法〉若干规定》规定，对于担任领导职务的科技人员获得科技成果转化奖励，按照分类管理的原则执行：

①国务院部门、单位和各地方所属研究开发机构、高等院校等事业单位（不含内设机构）正职领导，以及上述事业单位所属具有独立法人资格单位的正职领导，是科技成果的主要完成人或者对科技成果转化做出重要贡献的，可以按照促进科技成果转化法的规定获得现金奖励，原则上不得获取股权激励。其他担任领导职务的科技人员，是科技成果的主要完成人或者对科技成果转化做出重要贡献的，可以按照促进科技成果转化法的规定获得现金、股份或者出资比例等奖励和报酬。

②对担任领导职务的科技人员的科技成果转化收益分配实行公开公示制度，不得利用职权侵占他人科技成果转化收益。领导分配现金、股权，除了公开、公示收益比例、金额外，还应公示领导在科技成果转化过程中的贡献及见证材料。

（4）涉及专利实施许可的"产品类"成果转化，当知识产权费是以产品利润提成收取时，虽然可以按被许可方提供的产品利润财务报告为依据，但要对产品利润进行第三方审计来验证。

（5）科技成果转化收益要直接分配到个人，并在分配后保存全部相关资料，以备上级部门的检查和审计。存档资料包括但不限于项目的立项、验收、鉴定、成果登记资料，转化评价资料，科技成果转化合同，合同认定登记证明，科技成果收益财务审计报告，科技成果转化收益分配表，奖励人员及信息公示表等。

第四节 收益分配制度运行保障机制

权益是驱动科技成果转化的核心动力，而成果转化则是保障权益得以实现的前提，质检科技成果是否能够有效转化直接影响权益分配制度的实施。科技成果转化的利益涉及面广，牵涉的层面多，各个主体之间的利益诉求、管理体制机制也有所不同。

一、激发内生动力，构建长效内生机制

只有保证质检科技成果供给侧转化机制的顺畅，才能够完善长效内生机制，促进科技成果转化，才能使各参与主体有得到利益分配的机会。

（一）质检机构科技创新应面向监管需求和市场需求

发挥科技创新在供给侧结构性改革中的核心关键作用，科技成果转化是至关重要的一环。在新形势下加快质检科技成果转化，必须适应新形势下市场监管新要求、科技创新规律和产业成长规律，全面提高创新供给能力。

目前，由于我国的质检科技成果研发与转化大多采取的是自上而下的模式，从项目选题到最终成果转化以政府主导为主，项目研究与实际应用脱节。因此，激励质检机构以市场监管需求和市场需求为导向，如基础类项目突出应用向导，实现知识创造与知识应用的有机结合；技术研究类项目突出成果转化与产业化导向，实现技术研发到应用的有机贯通，提高质检科技成果质量，是质检科研成果有效转化效率的关键。

（二）探索合理的市场运作机制

鼓励具有市场前景的科技成果以市场化运作的方式向社会推广；坚持有偿转让和无偿转让相结合的原则，财政资金资助完成的成果，需要时在总局科技主管部门授权下可面向社会公开；社会资金资助完成的成果，在质检系统内转化时，可向受让方适当收取转让费用；面向社会转化的成果，按照市场机制运作。

（三）建立多元化参与机制的成果转化载体

需要转化更多面向监管需求和市场需求针对性的成果，加强前、中、后配套技术和工艺技术研究，加快成果应用技术开发及中试、示范推广过程，建立科技与经济、科研与成果转化紧密结合的创新机制。对于市场推广前景较好的成果，鼓励实施以市场为主导的转化，鼓励质检系统建立科技成果转化载体或中介机构，通过技术成果入股企业或委托相关企业对可产业化的成果进行市场化运作，促进质检科技成果在全社会的推广和应用；鼓励社会资源参与质检科技成果的转化，充分运用市场机制，鼓励、引导金融机构和创业投资机构介入，取得的成果利益共享，促进科技成果转化链

的形成。

二、权益分配协调机制与监督机制

（一）构建权益分配协调机制

科技创新成果的权益分配一直是"政产学研金服用"进行深度协同创新的难点和关键点。良好的权益分配协调机制是保障质检科技成果转化权益分配制度有效运行的关键。质检科技成果转化权益分配涉及政府、质检机构以及企业、科技中介等众多利益主体，要想保障该制度的有效实施，需畅通各主体之间的权益分配沟通与协调机制。

一是在质检机构、企业设立专业化的科技成果转化利益分配纠纷协调解机构，加强单位与科技人员之间的信息沟通与合作，提高科技人员的维权意识，实现科技成果转化权益能够有效地在单位与科技人员之间进行合理的分配。二是建设质检科技成果信息共享服务平台，适时发布科技成果供给和需求信息，促进质检科技资源公开和共享，同时促进各参与主体之间进行有效的交流，减少因信息不对称而引发的权益分配纠纷。三是政府应当扮演好"裁判"与"协调者"的角色，一方面要通过各项激励政策，激励各主体进行创新，另一方面要积极主动地协调科各主体之间科技成果转化权益的分配关系，加强各主体之间的交流合作，协调和平衡好各主体之间的合理利益诉求，制订相应"惩罚机制"，对不正当的行为进行及时纠偏和"惩戒"。四是质检机构需要健全以增加知识价值为导向的利益分配激励机制，同时对科研项目间接费用实行"透明化"的管理方法，公开科技人员的绩效与项目经费支出使用情况，并接受各方的监督，充分落实事业单位成果转化奖励的相关政策。

（二）强化权益分配监督机制

调查发现，虽然有一些单位通过科技成果转化利益分配公示制度，对科技转化利益分配进行备案监督，但是这种监督机制往往形式大于内容，同时伴随着科技成果转化支持力度的加大，也不能排除个别人员为了完成个人考核任务、职称晋升、评奖评优、获取奖励等，在科技成果转化中夸大成果价值，在科技成果转化活动中存在欺诈行为。为保障质检科技成果转化利益分配落到实处，需整合监管机构的职能，建立多样化的监督体系和健全的监督审查机制。

一是完善科技报告制度，明确科技报告的主体、流程及内容，有关部门应根据科技报告的具体内容就单位落实科技成果转化利益分配规定的情况组织检查，保障各主体都能够有效获得成果转化利益；二是在单位内部构建自我监督机构，完善成果转化利益分配公示制度，明确科技成果转化利益分配流程，确保科技成果转化利益落实到具体的人。三是引入第三方独立机构等社会监督主体，完善司法监督机制。对科技成果转化利益分配全程进行监督，避免单位对科技人员合法权益的侵犯，也要有效防止科技人员对单位合法利益的侵害。四是赋予科技人员充分的知情权，确保科技成果转化利益分配政策制定程序的合法性，进而在程序合法的基础上实现实质公平。

第七章 质检科技成果转化财务管理

财务管理在科技成果转化过程中扮演着十分重要的角色，转化项目中的成本核算、账目管理、固定资产管理、无形资产管理、科技成果定价、交易、投资、成果转化收益计算、奖励分配等都涉及财务管理。加强科技成果转化财务管理培训，引导企业转变增长方式，提升科技成果转化能力，提高资金使用效益。

第一节 转化过程的成本核算

从核算内容来看，会计核算可以简单划分为收入核算以及成本核算，简而言之，即为"收支"的核算。按照核算范围划分，质检机构核算包括日常事业运行核算以及科研核算。就科研核算而言，科研收入的业务数量少，科研经费的来源主要包括三大类：一是专项的财政拨款；二是事业单位的自筹经费；三是科研项目的转化收入。因此，科研收入的来源相对单一，所以其核算较为简单。

不同于科研收入核算，科研成本核算尤其是科研成果转化中的成本核算，在业务数量以及业务复杂性上都远超科研收入核算。科研成本核算作为科研管理会计的输出基础，也更为会计信息使用者所关注，因此，如何做好科研成本核算，在科研管理中举足轻重。

一、科研成果转化成本核算模式

（一）专人管理模式

目前，科研事业单位普遍存在科研财务工作由科研部门负责、项目组成员兼任，而非由财务部门负责、财务人员专门管理的问题。一方面分散了科研人员的科研精力；另一方面，由于科研人员通常不具备财务核算的专业技能，不熟悉会计准则、财务管理等相关制度，由项目组成员兼任科研财务工作可能无法满足规范的财务核算要求和严格的经费支出约束。

为了集中科研力量、规范科研财务管理，应当设置科研财务岗位，专人专职专责进行科研核算工作，建立科研财务专人管，科研财务各司其职的机制。专人管理模式让熟悉国家科研政策监管要求、熟悉单位财务管理制度、了解科研项目流程和项目基本情况的财务人员专门负责科研成本核算。从科研角度看，实现了专业分工，解放了科研人员的财务工作压力，集中了科研力量。从财务角度看，专人管理模式可以有效提升科研成本核算的准确性，同时也便于结合督促项目进度，对科研支出情况进行实时高效的管理，加强风险管控、从而保证科研项目开支合理性、合规性和及时性，提升科研投入产出效率。

1. 科研财务助理的重要性

这里需要特别提到"科研财务助理"制度的问题，为了优化科研经费的管理，创新服务形式，进一步下放科研自主权，激发科研人员积极性和创造性，自2005年以来，国家相继出台了一系列关于科研经费管理的政策文件，其中《关于进一步完善中央财政科研项目资金管理等政策的若干意见》（中办发〔2016〕50号）文中提到"为了让科研人员潜心从事科学研究，项目承担单位要建立健全科研财务助理制度，为科研人员在项目预算编制和调剂、经费支出、财务决算和验收等方面提供专业化服务，科研财务助理所需费用可由项目承担单位根据情况通过科研项目资金等渠道解决。"关于"科研财务助理"设立的讨论，大多观点倾向于设立科研财务助理。

科研财务助理职责主要包括：预算的编制、执行、控制和决算，经费报销，报表编制，财务数据的填写等。因此，设置科研财务助理一方面为科研项目组提供专业化支持，可以在很大程度上避免项目报账违规事件的发生，优化了专业分工；另一方面可以减轻科研人员财务工作负担，把非财务专业的科研人员从项目报账工作中解脱出来，专注于本职科研工作，提高工作效率。

2. 科研财务助理的必要性

以上谈到了科研财务助理的重要性，但需要明确的一点是科研财务助理的设立问题需要贯彻"实质重于形式"的原则，不是单纯地迎合国家政策，而应当考虑国家出台政策的初衷，是为了更好地解放科研人员的财务工作束缚，让科研人员更加专注于其本职科研工作，同时，由专业的财务人员提供更加专业化的财务辅助。所以是否聘请、建立"科研财务助理"制度，取决于科研单位的科研环境，应视其具体情况而定，还应当考虑单位科研项目的数量级，单位对科研支出的投入金额，单位管理者对科研财务信息的需求等实际情况。

一般来说，科研事业发展的规模越大，则其科研项目的数量级相应也会较大，此时单位管理者对科研财务核算的准确性、及时性的要求，以及对科研财务管理信息（如项目预算执行情况、资金支出结构占比等）的输出要求将会提高，在此基础上，如果单位的人力、财力、物力可以实现持续支持的情况下，则设立"科研财务助理"岗位，建立科研财务管理制度则将会是一个绝佳的选择。

反之，若是科研事业的发展规模较小，则其科研项目的数量级相应也会较小，从此时单位管理者对科研财务核算的要求，以及对科研财务管理信息的输出的要求将会相应降低，或者单位规模本身较小，人力、财力、物力不足以支持，若是设置专门的"科研财务助理"岗位，一味地推行科研财务管理制度，搞形式主义，为设立而设立，则明显是不合理、不符合成本效益原则的，此时应当考虑采用单位财务人员兼任科研财务助理工作的方法。

（二）专账管理模式

科研成果转化的基础是科研成果——一项重大发现或者前沿技术，而科研成果转化成本核算的起点则是建立科研转化专账。

根据财政部、科技部发布的《关于调整国家科技计划和公益性行业科研专项经费管理办法若干规定的通知》（财教〔2011〕434号）规定"课题合作单位应当按照《经费管理办法》的规定，对课题经费和自筹经费分别单独核算，自觉接受有关监督检查。"，科研事业单位应当遵照国家政策的规定，对专项的科研财政拨款经费和单位的自筹科研经费设立专账，对科研项目进行单独核算。

专账核算一方面是科技管理有关部门以及负责科研经费管理的财政监管部门的关注重点，另一方面也是质检机构享受各项科技政策的刚性要求。因此，应依据当前质检机构执行的政府会计准则和会计制度，结合质检机构的科技成果转化项目中的会计核算要求，进行专账核算、专款专用，按照权责发生制和收付实现制原则，准确归集科技成果转化项目的成本费用，精准区分科研成果转化收入和质检机构日常检验检测业务收入，及时确认各项科研成果转化净收益，为科技成果转化项目进一步的绩效考核提供财务数据，同时也为项目结束后落实收益奖励分配提供依据。

（1）设立科研辅助账不同的项目之间应当按照已申报立项的科研项目名称为区分，科研项目名称不仅对研究内容具有高度的概括性，而且具有唯一性，以项目名称作为辅助账一级科目，简单便捷且高效，能有效区分不同项目，有利于日常科研支出成本核算工作的顺利进行，提高科研核算的管理查询效率。

(2) 建立单位的科研专账管理模式科研成果转化是一个漫长的过程，从发现或者技术转化为创新产品和先进工艺，通常需要经过一系列艰难探索，且通常时间跨度较大。因此，科研成本核算是一件长期性工作，在日常的科研成本核算过程中，质检机构应当结合政府会计制度的要求，对不同科研项目发生的成本进行一对一管理，做好专账核算，建立单位科研专账管理模式。

二、科研成果转化成本核算的注意事项

在日常的科研成本核算过程中，应当注意以下两点：

（一）做好新会计制度下科研成本的"双轨"核算

2020年1月1日《政府会计制度》正式开始实施，结合政府会计制度"双轨制、双核算、双报告"的要求，科研成本核算中，应当注意各类科研支出业务在不同的会计核算基础下会计处理方式的区别。在进行财务会计和预算会计核算时，分别按照权责发生制和收付实现制要求确认实际发生的科研费用。对于不符合支出确认条件的，绝不能纳入科研支出核算。

（二）科学设置财务会计科目，健全政府会计核算体系

目前科研项目支出管理要求与预算会计核算体系存在不相匹配的矛盾。科研项目支出分类的政策要求与当前事业单位的财务会计核算明细科目无法直接对应，使得科研成本核算无法准确、完整地反映科研项目资金开支全部内容。

按国家出台的科研项目资金管理相关要求，支出分为直接费用和间接费用：直接费用是指在项目研究过程中发生的与之直接相关的费用，主要包括9个开支科目：设备费、材料费、测试化验加工费、燃料动力费、差旅费/会议费/国际合作与交流费、出版/文献/信息传播/知识产权事务费、劳务费、人员费、专家咨询费。间接费用是指在组织实施项目研究过程中发生的无法在直接费用中列支的相关费用。主要包括承担单位为科研项目提供的现有仪器设备及房屋、水、电、气、暖消耗等间接成本，管理费用，以及为提高科研工作绩效而安排的绩效支出。

政府会计制度对事业单位费用的辅助明细核算要求囊括了资金性质、部门预算支出经济分类科目等明细的成本核算要素，根据财政部制定《2020年政府收支分类科目》，部门预算支出经济分类科目包括工资福利支出（如基本工资、津贴补贴、奖金、绩效工资等）、商品和服务支出（如办公费、印刷费、咨询费、委托业务费等）、对个人和家庭的补助等。

通过对比，不难看出科研项目支出管理无法实现同政府会计核算明细科目做到直接对应，使得会计核算无法准确、完整地反映科研项目资金开支全部内容。所以，在科研成本核算的实际操作中，会计核算准确与否很大程度上依赖于会计人员对科研支出业务性质的理解和判断，由此也进一步增加了年底或科研项目结题决算工作的难度。在财务数据无法直接提取，会计管理信息不直观的情况下，财务人员需要根据科研项目资金管理相关要求对科研项目支出进行重分类和汇总，不但增加了财务工作量，降低了科研成本核算效率，也不利于科研成本核算信息的输出与二次利用。

随着科研事业的发展，科研项目的种类数量、所涉及的领域逐渐扩大，加之不同项目间的成本支出差别较大，为了提高科研项目成本核算准确性及成本管理水平，首先，应该依据政府会计准则要求做好双轨制核算；其次，应当结合科研项目资金管理相关要求以及单位实际，做好财务会计的二级会计科目及辅助账的设置，设置八大类明细科目，同时根据不同的项目名称设置明细科研辅助核算项目，建立完善的科目设置和核算体系，通过对财务会计的核算体系的完善，弥补预算会计核算的不足。这样既能满足质检机构政府会计制度的核算要求，也可对接科研项目预算，满足科研核算的需要，兼顾了科研成本核算要求和专门的科研财务报告的需要，从而建立起科目设置和项目财

务管理需求相一致的核算规则。

第二节 转化过程的账目管理

科技成果转化账目分为收入账目和支出账目，本节分别讨论了这两种账目的管理。

一、收入账目的管理

根据质检机构科技成果转化类别，质检机构科技成果转化收入账目，可分为"仪器产品类"科技成果转化收入和"工艺方法类"科技成果转化收入。

"仪器产品类"科技成果转化一般是通过技术转让、专利授权许可的方式，授权某一企业对仪器产品进行生产和销售。一般来说，"仪器产品类"科技成果转化收入的获取步骤如下：

（1）质检机构与企业签订技术转让、专利授权许可协议，在协议中约定成果转化收益的分配方式；然后，质检机构持"专利授权许可协议""许可协议相关的专利"到知识产权局进行专利许可备案，获得国家知识产权局备案后，表明该专利已合法授权实施许可。

（2）被授权的企业对该仪器产品进行生产和销售。

（3）被授权的企业提供财务数据，计算该仪器产品的销售产值。

（4）聘请第三方审计公司对转化产品的销售情况进行审计，出具审计报告，计算得到该仪器产品的收入。

（5）按照质检机构与企业签订技术转让、专利授权许可协议计算双方所得的收益。质检机构所得收益，即为该项产品的科技成果转化收益。

（6）被授权的企业，将质检机构所得的科技成果转化收益，转账至质检机构，质检机构出具科技成果转化的发票。

举例：质检机构A通过研究，研制了一台检测仪器，型号为ZHTJS—1，该仪器所涉及的方法、装置共计授权发明、实用新型、外观15件。为进行科技成果转化，质检机构A采用专利许可的形式将ZHTJS—1型仪器的15项专利，授权给转化公司B进行生产和销售。双方签订合同采用1∶1的利润收益分配模式，且逐年分配。2020年，该公司ZHTJS—1型仪器产品单独进行第三方审计，利润为200万元，按照协议，质检机构A与转化公司B的收入均为100万元。转化公司B将100万元以科技成果转化收入的形式转账给质检机构A，则为质检机构A的科技成果转化收入。

"仪器产品类"科技成果转化收入到账后，应单独设账，注明仪器设备所属科研项目的名称、成果完成人名单、成果重要转化人员名单等，以便计算收益分配。

"工艺方法类"科技成果转化一般是通过对需要该项工艺方法的机构进行技术服务、技术咨询、技术开发等方式，获得科技成果转化收益。一般"工艺方法类"收入的获取步骤如下：

（1）质检机构持"工艺方法类"科技成果在科技创新局进行成果登记，获得"科技成果登记证书"，证明该"工艺方法"是科技成果，且归质检机构所有，同时登记了科技成果相关人员。

（2）针对该工艺方法进行科技成果转化评价，评价是否合适实施科技成果转化，该项科技成果在转化过程中科技所占比例。

（3）质检机构利用科技成果转化成果与被服务单位签订技术服务、技术咨询、技术开发协议。

（4）质检机构持科技成果转化相关技术服务、技术咨询、技术开发协议到科技创新局进行技术合同登记。科技创新局登记时根据项目实际情况确定科技成果转化收入和非科技成果转化收入。

（5）收取科技成果转化服务费用。

(6) 计算"工艺方法类"科技转化收入。科技转化收入=(协议收入-科技局认定的非科技成果收入)×质检机构科技成果转化评价中科技所占比例×97%。其中，97%为扣税以后的收入。

举例：质检机构A取得了一项工艺类科技成果，在科技局获得登记备案，在质检机构的单位评价中认为适合转化。同时，考虑该成果的先进性和实用性，认为该成果科技成果转化中科技比例为90%。质检机构A与某企业B依据某一项工艺类科技成果，签订了10万元科技成果应用协议，在科技局登记备案过程中，10万元中有1万元是人工搬运费，被科技局认定为非科技成果转化收入，则科技成果转化收入=(10万-1万)×90%×97%=7.857万元。

"工艺方法类"科技成果转化收入到账后，应单独设账，注明工艺方法所在科研项目的名称、成果完成人名单、成果重要转化人员名单、成果实施人员名单等，以便今后收益分配的计算。

二、支出账目的管理

质检机构科技成果转化支出是指在科研项目验收后，到科技成果实施转化完成过程中的所有支出费用。例如，一般"仪器产品类"科技成果在科研项目验收时，还不能作为可以销售的产品进行生产和销售，需要经过一系列的调试，在调试过程中可能会支出一些费用。

(一) 科技成果转化支出账目

质检机构科技成果转化支出账目一般分为固定资产采购费、仪器设备租用费、检验测试费、专家咨询费、劳务费、专利申请维护费、科技成果转化收入分配至人员的费用、科技成果转化收入结余费用。固定资产采购费、仪器设备租用费、检验测试费、专家咨询费、劳务费、专利申请维护费均按照科研项目管理的支出科目进行管理，但是需要注意时间节点和科技成果转化项目的登记。固定资产采购费一般是指在科技成果转化过程中购置或试制专用仪器设备，大型设备部件超过1000元/件的物品。需要注意的是这些资产要进行专项管理，并且多次重复利用，提升使用效率。检验测试费是指在课题研究开发过程中支付给外单位（包括课题承担单位内部独立经济核算单位）的检验、测试、化验及加工等费用。一般是用于仪器产品的计量检定费、试样加工费等。专利申请维护费包括专利申请费、代理费、年费等，对重要专利应注意不断跟踪，及时缴费。

(二) 收入分配至个人的支出账目

科技成果转化收入分配至个人的支出账目管理要做到有据可查，账目的支出要与日常的工资收入和其他收入予以区分。

(1) "仪器产品类"科技成果转化账目支出至少要列出科技项目名称、项目编号、成果完成人名单、专利名称及发明人清单、软件著作权清单、论文名称及作者清单等。转化收益发放账目存档资料至少应包括：科技项目任务书、验收书、鉴定书、成果登记证书、专利证书、论文文本、与转化公司签订的科技成果转化合同、仪器产品的第三方审计报告、每个成果收益分配人的科技成果贡献内容及比例、科技成果转化收益分配公示的有关材料、科技成果转化收益分配的发放奖励文件等。

(2) "工艺方法类"科技成果转化账目支出至少要列出科技项目名称、项目编号、成果完成人名单、专利名称及发明人清单、软件著作权清单、论文名称及作者清单等、被服务的企业名称、与企业签订的科技成果转化合同编号、科技局登记备案的"技术合同登记备案证书"编号。转化收益发放账目存档资料至少应包括：科技项目任务书、验收书、鉴定书、成果登记证书、专利证书、论文文本、与企业签订的科技成果转化合同文本、科技局登记备案的"技术合同登记备案证书"、每个成果收益分配人的科技成果贡献内容及比例、科技成果转化收益分配公示的有关材料、科技成果转化收益分配的发放奖励文件等。

三、账目管理注意事项

（一）避免科研项目形成的固定资产与其他固定资产相混淆

科技成果转化的基础是科研项目的验收结题，在科学研究的基础上利用研究成果进行转化。在此过程中，财务处理主要集中在科研项目研究当中费用的产生与结算，主要涉及固定资产的形成。科研项目研究期间会不间断或集中产生专用材料费用，用以制作形成固定资产。由于受研究周期的影响，属于同一科研项目科研产品的专用材料需进行分类归集，用以最后形成固定资产时统一入账处理。

（二）无形资产入账要特别注意

在科研产品形成的过程中一般会有无形资产的产生，如发明、外观及实用新型等专利。对于无形资产，科研单位可自行管理也可交予知识产权机构代为管理，其代理费则归入咨询费账目。应注意的是，新产生的无形资产应在当月入账，并开始无形资产摊销。同时，无形资产证书应在科研部门、财务部门分别留存。

（三）有关会议的报销不能超过上限

科技成果评价会议通常会产生会议费、差旅费、专家咨询费等。举办验收会议应依据各单位对于举办会议的制度参考执行，填写举办会议申请表，拟定邀请专家名单，由院领导及相关部门审批后，依申请举办。正式发文写明时间、地点、科研项目名称、邀请专家名单等主要内容，用以报销举办会议使用场地、就餐等产生的必要的费用。异地评价会产生本单位人员或邀请专家的差旅费用，但应注意，会议举办地若是邀请专家的单位所在地，将不应给予交通补助费用，其他标准参照各单位人员差旅费报销相关条例。专家咨询费根据各系统单位规定的聘请专家费用而定，一般根据专家职称级别判定相关咨询费用，不超过最高上限标准。

（四）工艺收入的合同编号应明确标识

工艺类成果转化收入，应单独设立辅助核算科目，以便管理。可从源头标记此类收入，即在合同签订时便标记相应的科研编号，以区别于普通收费合同。在开具发票时亦注明科研转化合同编号，方便财务入账时区别相关收入，用以日后的收益分配及相关考核分配。

（五）科研部门与财务部门的沟通尤其重要

在科技成果转化过程中也存在一些常见问题，由于科研部门与财务部门、业务受理部门未及时沟通，转化收入合同未进行特殊标识，一部分收入未与一般性收入区分开，导致后期核算困难。需经反复确认合同后，再逐笔查找该笔收入，在科技成果转化过程中造成不必要的重复工作。对于科技成果转化，科研部门在前期转化时便要做好相关计划，对于相关收入做出合理预估，规范科技转化收入合同管理。业务受理流程应区别一般性收入，对于成果转化收入合同要统一编号，在开具收入发票中也备注科研统一编号。在财务收入入账时，单独设置科技成果转化收入明细账，单独核算、统一管理。

第三节 成果转化的财务风险与控制

伴随着我国社会经济的快速发展，我国对于科研项目的投入越来越大。但是从目前来看，在科研项目经费管理和使用方面，还存在比较严重的问题，尤其是对于科研项目的财务风险管控，整体规划以及资源配置还存在严重不足，本节通过对于科研项目的财务风险问题进行分析，并且明确风险的产生原因，积极提出对于科研经费管控的主要对策，从而明确科研经费的合理使用。

一、科技成果（无形资产）定价方面存在审计风险

近年来，国家以及地方相继出台或修改了一系列的促进科技成果转化政策或制度，有效地提升了科研院所和事业单位科研人员的科技成果转化意愿，取得了一定的成效：从最新公布的统计数据来看，2018年我国一共有3200家研发机构和高校进行了科研成果的转化，具体的表现形式有转让、许可、作价投资方式转化科技成果合同项数为11302项，其中3096家单位的同比增长为6.7%，合同金额达177.3亿元，同比增长52.2%。除科研成果转化数量的增加，转化质量也有进一步的提升，例如转化合同的均价达到了156.9万元，同比提升了42.6个百分点。科研成果转化带来的红利也十分明显，科研人员因其科研成果成功转化所获得的现金奖励和股权激励金额同比提升44.9个百分点，总额达到了67.6亿元。

然而，在现行机制体制下，部分质检机构内部管理制度跟不上新形势和新政策的变化，一些最新的政策和法规在一段时间内还得不到很好的落实，一些政策和制度在执行时标准和尺度把握不够精准，可能会给工作带来一些隐患。根据以往的经验，质检机构的科技成果转化在科技成果（无形资产）定价，会计核算、采购招标、收益确认、奖励分配等方面会面临上级财务审计的风险，使得质检机构的单位领导在面对科技成果转化时持犹豫和谨慎观望态度，影响质检机构科技成果转化进程。

二、科技成果（无形资产）定价方面存在国有资产流失风险

目前，我国的科研院所、质检机构等事业单位中所获得的成果大多为职务科技成果，其中专利是主要的科技成果形式。以专利为例，据国家知识产权局发布的《专利统计年报2017》显示，2017年，全国职务发明创造专利申请量为2732229，占全部发明创造专利申请量的77.3%；全国职务发明创造专利申请授权量为1364223，占全部发明创造专利申请授权量的79.3%。因此，一般情况下质检机构科技成果的归属一般应属于单位，不属于个人。

但近年来，国家及部分省市出台相关促进科技成果转化的政策或条例，已开始将科技成果的归属权约定前置，给予科研人员一部分或者全部的所有权，以提高科研人员的创造热情。如科技部等九部门联合印发《赋予科研人员职务科技成果所有权或长期使用权试点实施方案》的通知中指出，"试点单位可以结合本单位实际，将本单位利用财政性资金形成或接受企业、其他社会组织委托形成的归单位所有的职务科技成果所有权赋予成果完成人（团队），试点单位与成果完成人（团队）成为共同所有权人。或者试点单位可赋予科研人员不低于10年的职务科技成果长期使用权。"又如福建省科技厅、教育厅、财政厅和人社厅等四部门联合印发《关于进一步促进高校和省属科研院所创新发展政策贯彻落实的七条措施》中明确规定，"以市场委托方式取得的横向项目，单位可与科技人员约定其成果权属归科技人员所有或部分拥有；对利用财政资金形成的新增职务科技成果，单

位可与科技人员共同申请知识产权，赋予科技人员成果所有权。"

无论该职务科技成果完全属于质检机构所有，还是质检机构与发明人共同所有，均涉及国有资产。职务发明的所有权转让、实施许可或者作价投资参股等涉及国有资产的处置、买卖和交易，而国有资产的处置和交易手续繁琐，特别是资产交易价格协定更为敏感。

当质检机构将专利技术以转让、实施许可或者作价投资参股等方式进行成果转化时，可能会因为科技成果定价而带来国有资产流失风险。举个例子，某单位的专利技术先进，但市场风险大，前景难以估计，最终该单位与某企业达成协议以100万元将专利转让给企业，该企业投入巨大人力物力，艰苦拓展市场，对产品进行不断升级，最终被市场认可，几年后产品赚取了数亿元甚至数十亿元，此时上级部门审计时对该专利进行资产评估，认为该专利价值数千万元，那么就有可能追究该单位领导的国有资产流失责任。而且，这个企业经营得越好，市场开拓得越好，产品赚钱越多，意味着国有资产流失越严重，导致这个单位领导的责任可能就越大。正是这个原因，很多单位领导因害怕承担国有资产流失的责任而不敢轻易做决策，导致出现了科研人员热情高涨、单位领导谨慎观望的尴尬局面，科技成果转化成了"烫手山芋"。

近年来，国家也意识到了国有资产流失隐患成了高校、科研院所和事业单位科技成果转化的"紧箍咒"，先后修改和出台了相关制度来破除这个"紧箍咒"。2015年，《全国人民代表大会常务委员会关于修改〈中华人民共和国促进科技成果转化法〉的决定》给了研究开发机构、高等院校更大的科技成果处置权。其中第十八条规定："国家设立的研究开发机构、高等院校对其持有的科技成果，可以自主决定转让、许可或者作价投资，但应当通过协议定价、在技术交易市场挂牌交易、拍卖等方式确定价格。通过协议定价的，应当在本单位公示科技成果名称和拟交易价格。"

由于质检机构的科技成果往往是应用类技术成果，对外进行转让、许可、作价投资等往往是一些检测仪器或方法类的专利，推广应用范围较小，市场空间有限，其真正价值只有进入该领域进行推广销售才能体现出来。目前质检机构科研人员往往只关注本专业领域技术研究，对市场的认识和把控不准，商业化运营经验缺乏，在"信息不对称"的买方市场条件下，缺乏参考依据和评估标准，容易出现单位和科研人员对成果定价估值偏低，从而引发国有资产流失风险。

2016年，国务院印发《实施〈中华人民共和国促进科技成果转化法〉若干规定的通知》（国发〔2016〕16号），在一定条件下可免除单位领导在科技成果定价中因科技成果转化后续价值变化产生的决策责任，如第二条第十款规定："科技成果转化过程中，通过技术交易市场挂牌交易、拍卖等方式确定价格的，或者通过协议定价并在本单位及技术交易市场公示拟交易价格的，单位领导在履行勤勉尽责义务、没有牟取非法利益的前提下，免除其在科技成果定价中因科技成果转化后续价值变化产生的决策责任。"质检机构单位领导要避免在科技成果转化中的决策责任，要注意以下几方面：

第一，科技成果的转让、许可和作价投资的是否需要审批或备案问题。2019年财政部出台了《财政部关于进一步加大授权力度促进科技成果转化的通知》（财资〔2019〕57号）文件做出了规定："中央级研究开发机构、高等院校对持有的科技成果，可以自主决定转让、许可或者作价投资，除涉及国家秘密、国家安全及关键核心技术外，不需报主管部门和财政部审批或者备案。"

第二，科技成果的转让、许可和作价投资的是否需要资产评估问题。《财政部关于进一步加大授权力度促进科技成果转化的通知》（财资〔2019〕57号）规定：中央级研究开发机构、高等院校将科技成果转让、许可或者作价投资，由单位自主决定是否进行资产评估；通过协议定价的，应当在本单位公示科技成果名称和拟交易价格。2019年财政部修改了《事业单位国有资产管理暂行办法》（根据2019年3月29日《财政部关于修改〈事业单位国有资产管理暂行办法〉的决定》第二次修改）也做出明确规定：国家设立的研究开发机构、高等院校将其持有的科技成果转让、许可或者作价投资给国有全资企业的可不进行资产评估；国家设立的研究开发机构、高等院校将其持有的科技成果转让、许可或者作价投资给非国有全资企业的，由单位自主决定是否进行资产评估。

第三，对于科技成果的作价投资形成国有股权的转让、无偿划转或者对外投资等管理事项的备案问题。《财政部关于进一步加大授权力度促进科技成果转化的通知》（财资〔2019〕57号）规定：授权中央级研究开发机构、高等院校的主管部门办理科技成果作价投资形成国有股权的转让、无偿划转或者对外投资等管理事项，不需报财政部审批或者备案。

第四，对于是否需要办理科技成果的作价投资成立企业的国有资产产权登记问题。《财政部关于进一步加大授权力度促进科技成果转化的通知》（财资〔2019〕57号）规定："授权中央级研究开发机构、高等院校的主管部门办理科技成果作价投资成立企业的国有资产产权登记事项，不需报财政部办理登记。"

第五，对于科技成果转化获得的收入处置问题。《财政部关于进一步加大授权力度促进科技成果转化的通知》（财资〔2019〕57号）规定：中央级研究开发机构、高等院校转化科技成果所获得的收入全部留归本单位，纳入单位预算，不上缴国库，主要用于对完成和转化职务科技成果做出重要贡献人员的奖励和报酬、科学技术研发与成果转化等相关工作。

综上所述，质检机构在进行科技成果转化时，对科技成果等无形资产的处置按照上述文件要求进行备案、审批、登记，定价可通过在知识产权交易中心挂牌交易，公开拍卖，或者协议定价确定（协议拟定价需要在本单位和技术交易中心进行公示），领导履行了勤勉义务，没有牟取非法利益，即使日后上级部门对该成果的评估价与当前定价有明显差距也不会追究领导的决策责任。

三、成本核算方面风险

质检机构往往同时承担多个研发项目和成果转化项目，而且很多项目之间有关联，对于科技成果转化收益进行核算，成本费用是否能够准确归集核算，会影响到该成果转化项目的净收益。

科技成果转化项目的直接费用、间接费用分摊确定原则和标准的把握是否精准，是成本核算的关键点。如果财务人员没有弄清直接费用和间接费用的归集原则，或者多个项目账目归集混乱，导致成果转化项目的净收益虚高，给科技人员多发了奖金，会出现财务审计风险，领导要承担相关责任。

关于科技成果转化净收入（净收益）的核算，质检机构科研人员和财会人员结合质检机构科技成果转化实际工作，做到专账核算，专款专用，准确归集质检机构科技成果转化项目的各项成本费用，按照所在地方有关规定计算科技成果转化净收入（净收益），为质检机构科技成果转化奖励分配提供准确数字依据。如中国科学院、科学技术部关于印发《中国科学院关于新时期加快促进科技成果转移转化指导意见》的通知（科发促字〔2016〕97号）中第四条十四款规定：院属单位应按照有关法律法规和本单位的实际情况，制定个性化的促进科技成果转移转化激励政策与实施细则，并报院条件保障与财务局备案。在确定"科技成果转化净收入"时，院属单位可以根据成果特点做出规定，也可以采用合同收入扣除维护该项科技成果、完成转化交易所产生的费用而不计算前期研发投入的方式进行核算。如《广东省促进科技成果转化条例》中的净收入是指科技成果技术合同成交额除完成交易发生的直接成本，包括评估费用、谈判费用、专利申请和维持等费用及税金等。

四、成果转化收益奖励分配过程存在的风险

成果转化收益奖励分配中，奖励方式、奖励总金额比例、公示流程、税收依据、奖励人员的落实以及奖励人员贡献大小的依据等是否合法、合规、合理，不但会影响质检机构科技人员的转化积极性，还有可能带来审计风险。

质检机构在进行成果转化奖励分配中，为了规避风险，要注意以下几点：

（1）奖励方式。按照国务院关于印发实施《中华人民共和国促进科技成果转化法》若干规定的

通知（国发〔2016〕16号）的要求，事业单位所属具有独立法人资格单位的正职领导，是科技成果的主要完成人或者对科技成果转化做出重要贡献的，可按照促进科技成果转化法的规定获得现金奖励，原则上不得获取股权激励。其他担任领导职务的科技人员，是科技成果的主要完成人或者对科技成果转化做出重要贡献的，可按照促进科技成果转化法的规定获得现金、股份或者出资比例等奖励和报酬。对担任领导职务的科技人员的科技成果转化收益分配实行公开公示制度，不得利用职权侵占他人科技成果转化收益。

（2）奖励总金额占净收入比例。按照单位制度或者单位与科研人员的协议执行，但不得低于国家和省（市）当地文件要求。如《中华人民共和国促进科技成果转化法》中要求科技成果实施许可净收入的50%以上奖励科技人员，《广东省促进科技成果转化条例》中要求科技成果实施许可净收入的60%以上奖励科技人员，因此，广东省的质检机构在制定分配制度时，要将实施许可净收入至少60%发放给科研人员，否则违反《广东省促进科技成果转化条例》。

（3）奖励发放前要进行公示。公示内容信息和要求参考《财政部税务总局科技部关于科技人员取得职务科技成果转化现金奖励有关个人所得税政策的通知》（财税〔2018〕58号）、《科技部财政部税务总局关于科技人员取得职务科技成果转化现金奖励信息公示办法的通知》（国科发政〔2018〕103号）等文件的规定。

（4）税收扣除依据。如果是专利所有权转让、专利实施许可等方式转化，签订的合同经相关部门技术进行合同认定登记，满足所得税和增值税减免条件，在计算净收入时无需扣除税金；按照《财政部税务总局科技部关于科技人员取得职务科技成果转化现金奖励有关个人所得税政策的通知》（财税〔2018〕58号），科研人员的现金奖励也可向当地税务局进行个税减免登记备案。

（5）奖励人员的范围。范围应包括奖励人员职务科技成果完成人和为成果转化做出重要贡献的人员，而为成果转化做出重要贡献的人员除了科技人员还应有管理人员。

（6）奖励人员贡献大小确定。奖励金额应根据实际情况按照贡献大小进行分配，对完成人的贡献大小可参考成果登记中完成人排序、知识产权情况等书面材料；对参与转化的科技人员贡献大小可参考其对产品定型设计、关键实验、改进升级等的贡献；对参与转化的管理人员可参考其对科技成果转化管理、决策、推广、财务核算及监督工作的贡献。

第八章 质检科技成果转化人才培养

科技成果转化是科技创新的重要环节，是整个创新链条的"最后一公里"。实施创新驱动发展战略，建设创新型国家，除了需要大批高素质科技研发人才外，高质量的科技成果转化人才也必不可少的。和发达国家相比，我国科技成果总体转化率不高，一个重要原因在于人才队伍建设滞后。加快科技成果转化，充分发挥科技创新对经济社会发展的支撑作用，培养和造就高素质的科技成果转化人才势在必行。本章重点讨论了质检机构在科技成果转化人才培养和团队建设方面的问题及其措施。

第一节 质检科技成果转化人才概述

一、科技成果转化人才的定义和分类

（一）科技成果转化人才的定义

根据《国家中长期人才发展规划纲要（2010—2020）》，人才是指具有一定的专业知识或专门技能，进行创造性劳动并为社会做出贡献的人，是人力资源要素中能力和素质较高的劳动者。人才是我国经济社会发展的第一资源。

从字面上看，科技成果转化人才属于科技人力资源的范畴，是从事科技成果转移转化以及产业化的人才；从来源上看，没有科技成果转化，科技成果转化人才也就无从谈起。因此，根据国务院2016年颁布实施的《中华人民共和国促进科技成果转化法》中对"科技成果转化"的定义，科技成果转化人才的内涵可界定为"对科研技术开发所创造的具有现实价值的科研成果进行后续试验、开发、应用、推广直到形成新技术、新工艺、新产品，发展新产业等活动的人员"，简言之，科技成果转化人才是将科技成果转化为现实生产力的人员。

质检机构的"科技成果转化人才"特指将创新性的质检结果从科研单位转移到生产部门，产生明显的社会、经济、生态效益的专业技术人才。如何发挥职能和技术优势，提升质检科研成果转化，推动国民经济发展，成为市场监管部门思考的重要课题。

（二）科技成果转化人才的分类

2021年9月1日，上海市科学技术委员会、上海市发展和改革委员会、上海市人力资源和社会保障局、上海市经济和信息化委员会、上海市教育委员会和上海市地方金融监督管理局等六部门共同印发了《上海市重点领域（科技创新类）"十四五"紧缺人才开发目录》，紧缺类型包括质量紧缺、数量紧缺，紧缺程度分为十分紧缺、紧缺、一般，均为根据用人单位反馈，综合数据分析得出。本次目录中，成果转化类紧缺人才包括3个大类，含14小类，其中：10小类为质量紧缺、1小类为数量紧缺、3小类为质量数量双紧缺。

1. 技术转移管理方向

（1）技术转移领导人才：对科技产业发展总体认知，具有技术交易、科技金融、产业孵化全链条服务经验，具有相应机制建设和完善的能力。

（2）专利成果代理人才：具有知识产权及相关法律的应用经验，熟悉专利代理，具备收集技术信息、挖掘需求、评估及撮合服务的能力，具备专利、成果价值初步评估能力，熟悉交易场所挂牌等流程。

（3）专业领域技术转移人才：具有生物医药、人工智能、集成电路、智能制造、节能环保、医疗器械、新能源等专业技术的推广经验，熟悉知识产权及成果转化政策、专利管理和成果转化相关财税政策。

2. 技术转移应用方向

（1）科技成果评估人才：具有运用科学、可行的方法对科技政策、科技计划、科技项目进行评估的能力，熟悉科技成果评估的方法及流程，具备基本财务知识，能够对行业、市场进行分析。

（2）技术转移谈判人才：具备科技研发、科技金融、知识产权、企业服务方面的工作经验，具备收集技术信息、挖掘需求、简单的评估及撮合服务的能力。

（3）技术转移金融人才：具有投资、金融相关领域知识，具备投融资、收益、治理、运营等综合实操技能和管控发展能力，具有相应机制建设和完善的能力。

（4）技术转移交易人才：具有企业服务、平台运营等工作经历，了解不同技术供给方向、水平，可针对需求做遴选推荐，具备促进科技成果转化的能力，熟悉交易所挂牌交易等流程，了解专利管理和成果转化合同审核管理流程。

（5）技术转移加速人才：具有项目实施和推进相关经验，具备指导和促进内部和外部的参与加速项目、加快项目推进的能力，了解科技成果孵化转化的周期流程。

（6）技术转移投资分析人才：具有金融、财务等专业背景，熟悉投资理财相关知识，具备宏观经济、行业分析能力、洞察力和风险控制能力，具有金融行业或企业投资分析工作经验，熟悉法律法规与产业政策。

（7）技术转移财税人才：具有财务、税收专业知识，熟悉科技类企业和技术转移工作的财务和税收规划，了解知识产权及技术转移的要求。

3. 技术推广和专业领域服务方向

（1）技术推广行业人才：具有技术推广和行业领域背景，了解技术行业发展的研究态势，理解行业客户痛点，具备设计技术转移完整解决方案的能力。

（2）先进工艺全球市场人才：具有相关行业工作背景，具有全球化视野，熟悉市场调研、竞争环境与策略分析和客户调研等手段，了解市场趋势和应用方向、先进工艺发展，掌握重要客户的产品路线。

（3）知识产权法务人才：具有法律、知识产权等专业背景，了解国际知识产权相关法律，熟悉专利管理和成果转化管理流程，具备良好的语言和文字表达能力以及文档处理能力，具有处理知识产权案件的能力。

（4）专利标准化人才：具有吸纳生物医药、集成电路、人工智能、先进制造等领域高价值专利纳入标准化的能力和水平，熟悉国内外市场调研、竞争环境与策略分析等手段，了解应用领域和工艺发展，推广战略性新兴产业发展。

二、国家和市场监管体系政策高度重视

(一)国家层面

党的十八大以来,党中央、国务院高度重视科技创新,强力推动科技成果转化工作,新修订和出台了《中华人民共和国促进科技成果转化法》《实施〈中华人民共和国促进科技成果转化法〉若干规定》《促进科技成果转移转化行动方案》和《国家技术转移体系建设方案》,组成科技成果转化"三部曲"加一个建设方案的"3+1"政策体系。国家对技术转移人才的培养做出了明确的规定:

(1) 2015年,第十二届全国人民代表大会常务委员会第十六次会议颁布实施了修正后的《中华人民共和国促进科技成果转化法》,它是我国鼓励研究开发机构、高等院校、企业等创新主体及科研人员转移转化科技成果,推进经济提质增效升级的一部基础性法律。修订后的《促进科技成果转化法》共有六章五十二条,内容丰富、亮点突出,有效破除了制约科技成果转化的制度性障碍,打通了科技成果向现实生产力转化的通道,进一步释放高校和科研机构沉淀的大量科技资源,为科技人员创新创业提供了源头活水。

新颁布的《促进科技成果转化法》在有关科技成果转化人才方面主要从以下几个方面做出了进一步细化和补充:一是完善科研评价体系。规定国家设立的研究开发机构、高校应当建立符合科技成果转化工作特点的职称评定、岗位管理和考核评价制度;二是完善收入分配激励约束机制,提高了奖励标准,同时进行相关的配套制度改革,确保激励能够落实到位;三是重视发挥科技人员的积极能动性,有效协调单位与个人之间的关系,达到利益的平衡。明确科技成果完成人和参加人在职务科技成果完成后,即可根据与单位的协议进行科技成果转化,并享有协议规定的权益,单位应当予以支持。这样既可以保证完成人和参加人积极参与成果转化,又能有效地规范职务科技成果的转化活动。

(2)《实施〈中华人民共和国促进科技成果转化法〉若干规定》在科技成果转化人才发展方面做出以下规定:一是加强专业化科技成果转化队伍建设,优化科技成果转化流程,通过本单位负责技术转移工作的机构或者委托独立的科技成果转化服务机构开展技术转移;二是明确了职务科技成果完成人和为成果转化做出重要贡献的其他人员的奖励制度;三是规定国家设立的研究开发机构、高等院校科技人员兼职到企业等从事科技成果转化活动,或者离岗创业的相关事宜;四是明确了按照分类管理的原则执行对担任领导职务的科技人员获得科技成果转化奖励政策。

(3) 2016年,《国务院办公厅关于印发促进科技成果转移转化行动方案的通知》(国办发〔2016〕28号)提出,"强化政府在科技成果转移转化政策制定、平台建设、人才培养、公共服务等方面职能","充分发挥资本、人才、服务在科技成果转移转化中的催化作用",并提出"十三五期间,专业化技术转移人才队伍发展壮大"的目标和"培养1万名专业化技术转移人才"的定量指标。从这些规定可知,技术转移人才的培养是政府的职能,而且要强化政府的这一职能。同时,技术转移人才在科技成果转移转化中具有催化作用。

"开展技术转移人才培养"是国办发〔2016〕28号文提出的26项重点任务之一,其第二条第(六)款第19项任务提出了培养技术转移人才的六项措施:一是充分发挥各类创新人才培养示范基地作用,依托有条件的地方和机构建设一批技术转移人才培养基地;二是推动有条件的高校设立科技成果转化相关课程,打造一支高水平的师资队伍;三是加快培养科技成果转移转化领军人才,纳入各类创新创业人才引进培养计划;四是推动建设专业化技术经纪人队伍,畅通职业发展通道;五是鼓励和规范高校、科研院所、企业中符合条件的科技人员从事技术转移工作;六是与国际技术转移组织联合培养国际化技术转移人才。

(4)《国家技术转移体系建设方案》(国发〔2017〕44号)将技术转移人才与技术转移机构定位在国家技术转移体系布局中处于"基础架构"层面,而且是技术转移体系的重要支撑。"壮大专业

化技术转移人才队伍"是国发〔2017〕44号文提出的"优化国家技术转移体系基础架构"的四项任务之一。

国发〔2017〕44号文第二条第（八）款提出"完善多层次的技术转移人才发展机制"。在国办发〔2016〕28号文的基础上，提出了以下新的要求或措施：

①明确技术转移人才的范围。技术转移人才包括技术转移管理人员、技术经纪人、技术经理人等。

②在畅通职业发展基础上，提出畅通"职称晋升通道"。目前，技术转移属于科技管理范畴，而科技管理属于工程技术序列。从国发〔2017〕44号文规定看，应该设置技术转移职称。这是在职业发展通道基础上，提出职称晋升渠道，职业晋升与职称晋升并举，相得益彰。

③鼓励设置技术转移岗位。国发〔2017〕44号文提出"支持和鼓励高校、科研院所设置专职从事技术转移工作的创新型岗位，绩效工资分配应当向做出突出贡献的技术转移人员倾斜"。对于做出突破贡献的技术转移人员，不仅在绩效工资分配方面予以倾斜，而且可按《促进科技成果转化法》规定享受奖酬金分配。

④拓宽技术转移人员的来源渠道。与国办发〔2016〕28号文相比，增加了以下三个渠道：首先，鼓励退休专业技术人员从事技术转移服务。其次，多渠道鼓励科研人员从事技术转移活动。科研人员有丰富的科研经历，扎实的专业技术基础，加强商务和法务知识的学习以后，可转型从事技术转移工作。第三，发挥企业、高校、科研院所等作用，通过项目、基地、教学合作等多种载体和形式吸引海外高层次技术转移人才和团队。

⑤加强技术转移人才培养。从国办发〔2016〕28号文提出的"推动有条件的高校设立科技成果转化相关课程"上升为"鼓励有条件的高校设立技术转移相关学科或专业"，从"课程"拓展到"学科或专业"，两个文件仅仅相隔一年半时间，目标与要求是一大跃升。同时，提出了"与企业、科研院所、科技社团等建立联合培养机制"，三方有机结合，有助于技术转移人才的成长与发展。

⑥从科技成果转化领军人才到"将高层次技术转移人才纳入国家和地方高层次人才特殊支持计划"。国家高层次人才特殊支持计划，简称"国家特支计划"，亦称国家"万人计划"，2012年8月17日，经党中央、国务院领导批准，由中组部、人社部等11个部门和单位联合印发。这是扩大或细化"国家特支计划"的支持范围。

通过对两个文件的导读，国家对技术转移人才培养的方式方法和目标要求是明确的，政策举措比较到位，关键在于贯彻落实。这是做好技术转移人才培养工作的前提。

（5）2018年7月，中共中央办公厅、国务院办公厅印发《关于深化项目评审、人才评价、机构评估改革的意见》，该意见指出：科学设立人才评价指标。突出品德、能力、业绩导向，克服唯论文、唯职称、唯学历、唯奖项倾向，推行代表作评价制度，注重标志性成果的质量、贡献、影响。把学科领域活跃度和影响力、重要学术组织或期刊任职、研发成果原创性、成果转化效益、科技服务满意度等作为重要评价指标。在对社会公益性研究、应用技术开发等类型科研人才的评价中，SCI（科学引文索引）和核心期刊论文发表数量、论文引用榜单和影响因子排名等仅作为评价参考。注重个人评价与团队评价相结合，尊重和认可团队所有参与者的实际贡献。引进海外人才要加强对其海外教育和科研经历的调查验证，不把教育、工作背景简单等同于科研水平。注重发挥同行评议机制在人才评价过程中的作用。探索对特殊人才采取特殊评价标准。

（二）市场监管系统层面

市场监管系统技术机构积极探索推进科技成果转化制度改革和科研成果推广运用，通过技术开发、技术转让、技术咨询、技术服务等方式，不断加快科技成果转化应用，不断健全科技成果转化工作机制，全力推进以技术机构为主体，企业和市场为导向，产学研相结合的技术创新体系建设，全省市场监管系统科技创新能力不断提高，科研成果应用转化逐步加强，为更好地履行市场监管职责和服务重点产业发展提供了有力的科技支撑。

（1）《质检总局关于促进科技成果转化的指导意见》（国质检科〔2017〕140号）在质检机构科技成果转化人才方面做出以下规定：一是建立健全科技成果转化工作体系，加强专业化科技成果转化队伍建设，优化科技成果转化流程；二是完善科技成果转化收益分配机制，明确质检系统研发机构自主决定科技成果转化收益分配和奖励方案，并明确了对职务科技成果完成人和为成果转化做出重要贡献的其他人员给予奖励的规定；三是建立质检系统研发机构的科技人员离岗创业管理制度；四是规范领导干部科技成果转化奖励；五是加强科技成果转化绩效评价，对科技成果转化绩效突出的相关单位及人员加大科研资金支持，进一步完善和改进职称评定、岗位管理和考核评价工作，建立收入分配激励约束机制。

（2）2020年，为建立和完善市场监管科技创新管理制度，做好市场监管科研成果奖评选表彰、科技成果登记和科技成果转化应用，服务成果转化、成果奖励和科技决策，国家市场监督管理总局制定了《市场监管科研成果奖管理办法》《国家市场监督管理总局科技成果登记办法》和《国家市场监督管理总局科技成果转化基地认定办法》。科研成果奖的评选根据各地区和各单位承担科研项目、成果登记、科技成果转化、创新人才培养等情况确定各地区、各单位推荐名额。市场监管总局优先支持成果转化基地在成果转化方面的科研立项、人才培养等，对成果转化基地建设取得的成果，及时向全国示范推广，发挥成果转化基地的辐射带动效应。

三、科技成果转化人才评价指标

近年来，越来越多省市增设了技术经纪专业职称、高新技术成果转化类工程经济复合型高级专业技术职务（高级经济师）、科技成果转移转化高级职称等，并出台了相应的职称评定办法，为从事科技成果转移、孵化、评价、运营、咨询、服务、研究等要素资源高效配置的专业技术人员，开展职称评审。同时，部分省市在各类职称评价标准条件中增加了"科技成果转化"条款，将科技成果转化情况作为专业技术职称评定重要依据。将科技成果转化作为人才评价的重要评价指标是一项重大技术变革，不仅为技术转移转化人才提供行业资格评定标准、增强职业归属感，促进技术交流合作和人才职业发展，更能有力促进科技成果转移转化，加强科技与经济的紧密结合，对于推进结构性改革尤其是供给侧结构性改革、支撑经济转型升级和产业结构调整，促进大众创业、万众创新，打造经济发展新引擎，都具有重要意义。以下列举了与质量检验检测相关部分省市职称评价标准条件，对科研成果转化相关的申报条件、能力业绩等要求。

（一）广东省评价指标

广东省人力资源和社会保障厅 广东省市场监督管理局关于印发《广东省标准化计量质量工程技术人才职称评价标准条件》的通知（粤人社规〔2019〕55号）中要求，正高级工程师"业绩成果条件"之6：作为本专业技术负责人，主持完成的重大工程技术项目或科技成果转化工作，在全国或全省范围内产生重大影响，取得了较显著的效益。

（二）河北省评价指标

河北省人力资源和社会保障厅关于印发《河北省高、中级职称申报评审条件（试行）的通知》（冀人社发〔2019〕28号）明确，河北省工程系列标准化、计量、质量工程专业高级工程师职称申报评审条件（试行）要求，对不具备规定学历（学位），符合现职称规定年限要求，或具备规定学历（学位），取得现职称2年以上，业绩突出，做出重要贡献，具备下列条件的，可破格申报：主持推广新技术、新工艺和科技成果转化等方面3项以上，取得重大经济效益和社会效益，处于本行业领先水平，或参与主持完成省（部）级2项或市（厅）级工程项目4项以上，取得显著的经济效益，并通过省级权威部门鉴定，填补了省内外技术领域空白。

（三）天津市评价指标

天津市市场监管委关于印发《2021年度天津市工程技术系列质量 计量 标准化专业职称评审工作方案》的通知（津市场监管人〔2020〕11号）中要求，高级工程师评价标准业绩成果要求6：作为主要人员（前3名），完成二项科技成果转化工作，独立解决实施中的技术工作，提交相应的技术报告或技术文件，取得明显的效益。

天津市人社局市工业和信息化局印发《关于深化工程技术人才职称制度改革实施意见》的通知（津人社局发〔2019〕39号）指出，要完善评价标准，突出评价能力和业绩。突出评价人才的发明创造、技术推广应用、工程项目设计、工艺流程标准开发、产品质量提升、科技成果转化等方面的能力，引导工程技术人才解决难题、实现突破。天津市工程技术系列职称评价标准：正高级工程师资格条件专业能力要求3：能够运用新理论、新技术、新方法、新工艺解决技术难题；在科技成果转化过程中具有开创性运用工程技术的能力。业绩成果要求2：在技术上有重大发明或重大革新，解决过工程技术领域的技术难题，开发出了新产品、新材料、新设备、新工艺，并已投入生产。

（四）辽宁省评价指标

《辽宁省科技成果转化成绩优异人员职称评定暂行办法》（修订）提出在工程、农业职称系列中分别设置科技成果转化专业，按实际从事专业方向开展正高级和副高级两个级别职称评定，为科技成果转化成绩优异人员开辟绿色通道。该办法对以下内容做出规定：

1.科技成果转化活动定义和范围

是指为提高生产力水平而对科技成果所进行的技术开发、技术咨询、技术转让、技术服务直至形成新技术、新工艺、新材料、新、新产业、新业态等活动。转化形式包括科技成果持有者自行投资实施转化、向他人转让、许可他人使用、与他人共同实施转化、作价投资并参与实施转化、以其他协商确定并参与实施转化的方式。

2.评定原则

（1）聚焦科技成果转化。以评价科技成果转化工作成绩为第一标准，为科技成果转化成绩优异人员开辟"绿色通道"。突出评价科技成果转化的工作业绩，坚持克服"四唯"倾向，将科技成果转化的经济社会效益作为主要评价内容；重视应用方对科技成果转化效果的评价，加大企业评价在专业技术资格评定中的权重系数。

（2）坚持以用促评。我省事业单位应完善本单位岗位聘任条件，鼓励本单位人员积极开展科技成果转化，取得科技成果转化专业职称后，同等条件下可优先在其所在单位进行聘任。加强引导非公有制单位将职称评审结果与科技成果转化人员的培养、使用相衔接，并作为确定岗位、考核、晋升、绩效、薪酬等的依据。

3.正高级职称申报条件

参加正高级职称评定的科技成果转化人员，应具有本专业或相近专业扎实的理论基础和实践功底，在开展科技成果转化方面具有引领本行业发展的水平能力，从事的科技成果转化工作应在解决相应的技术难题、突破关键性技术，特别是在新产品、新技术、新设备、新工艺等方面，取得创新性成果并推动本领域发展。业绩成果包括：

（1）作为核心成员获得国家级科技成果1项以上；或省部级科技成果2项以上；或省

部级行业主管部门组织评价的科技成果4项以上（第1名至少2项）；或市级行业主管部门组织评价的科技成果5项以上（第1名至少3项）。

以上所获得的科技成果在辽宁转化后，所创造的经济效益近3年累计达到5000万元以上。

（2）科技成果在辽宁省内作价投资入股或合作创办企业，所占股本金或出资额（含技术、知识产权作价）折合达到500万元以上；或通过占股比例或出资比例获得分红收益近3年累计达到300万元以上。

（3）企业参评人员拥有一类知识产权2项以上（第1名至少1项）；或二类知识产权5项以上（第1名至少3项），并催生辽宁新兴产业或业态，带动生产经营单位实现快速发展，创造的经济效益近3年累计达到3000万元以上。

（4）科技成果改善辽宁生态环境明显，主要污染物排放量减少20%以上；或能耗、物耗和水耗减少20%以上。

（5）参评人员拥有的科技成果、知识产权，在辽宁省内创办科技型企业自行转化，所缴纳的税收近3年累计达到300万元以上。

（五）上海市评价指标

2022年度上海市工程系列高新技术成果转化类高级（含正高级）职称评审工作的通知中要求：

1．岗位条件

经上海市高新技术成果转化项目认定办公室认定的上海市高新技术成果转化项目中，从事高新技术项目（成果）研究、开发、生产、应用、产业化的专业技术人员；经上海市高新技术企业认定办公室认定的高新技术企业中，从事高新技术及产品研究、开发、生产、应用、产业化的专业技术人员。

2．申报条件

高级工程师专业能力要求：

（1）系统掌握技术创新和科技成果转化的专业理论知识，具备丰富科技成果转化经验，在高新技术成果转化实践中取得重要成果。

（2）从事技术创新、科技成果转化工作期间业绩突出，能够独立主持和主要参与重大、重要项目，组织实施高新技术成果转化项目并取得了较高的经济效益和社会效益。

（3）在指导、培养科技成果转化专业技术人才方面发挥重要作用，统筹带领研发、转化团队开展项目实践。

正高级工程师能力要求：

①具有全面系统的技术创新和科技成果转化专业理论水平，具备推动科技成果转化发展的创新能力，在促进科技成果转化实践中形成了有代表性、示范性的模式和做法。

②长期从事技术创新、高新技术成果转化工作，成效显著，主持完成省部级以上科研项目、重大任务项目，组织实施高新技术成果转化项目并取得了显著的经济效益和社会效益。

③在指导、培养科技成果转化专业技术人才方面发挥突出作用，统筹带领研发、转化团队开展项目实践。

四、科技成果转化人才的特点

（一）基本能力

人才是科技成果转化的主体，是决定科技成果顺利转化的第一要素，一个国家、地区甚至一个机构，科技成果转化率的高低取决于成果转化能力的强弱，特别是转化人员能力的强弱。

科技成果转化是通过对科技成果进行加工、提炼、传播、转移，使其物化成产品或商品的过程。因此技术转化人员要懂技术、懂经营、懂金融、懂市场、懂管理，不仅要认知发现和发明背后的规律，还要掌握技术转移转化、知识产权和单位人才、资本、生产和营销运作的基本规律，开拓性强，涉及面广，难度大，是一类复合型人才。归纳起来，科技成果转化人才需要具备以下能力和素质：

（1）良好的道德素质。
（2）搜集和筛选科技信息的能力。
（3）技术鉴别能力。
（4）创新思维和创造力。
（5）多学科、多技术领域的综合性技术知识。
（6）知识学习、融合和转化能力。
（7）组织管理能力。
（8）团队协作能力。
（9）沟通协调能力。

对质检机构来说，科技成果转化人才所需的基本能力同样包括上述提到的各种能力。这些能力是最基本的能力，是任何一个行业都需要的，但是因为每个行业都有其专业性，因此各行业的科技成果转化人才也有所不同。对于质检机构来说，其科技成果转化人才除掌握基本能力以外，还需要有深厚的质检专业技术功底，应该有针对性地进行培养。

质检机构科技成果转化人才应具备涵盖多学科、多技术领域的综合性技术知识，要优化自身的素质结构，不但要掌握知识，而且要发展能力，调整知识结构，形成合理的能力结构。

（二）存在问题

我国目前科技成果转化率低，缺乏科技成果转化人才是原因之一。从质检机构科技成果转化人才发展状况开看，主要存在以下方面的问题：

1. 队伍规模较小

目前部分省市已经建立了质检科技成果转化推广基地，并以此为依托建立了科技成果转化人才队伍，如江苏省计量院、上海市质检院、广东省特检院、北京市计量院等。机构改革前共建立和认定了15家科技成果转化推广基地，都属于NQI技术领域。各个基地在单位绩效考核、个人职称评定、奖金激励、人才队伍建设等方面进行了探索和实践，取得了初步成效。但是从全国范围来看，拥有较为专业的科技成果转化队伍的质检机构较少，普遍存在队伍规模小的情况，这也是导致质检机构科技成果转化能力不足的关键因素之一。

2. 人才质量有待提升

科学技术加快发展，客观上要求科技成果转化工作向差异化、精细化、高档化转变，对科技成果转化人才提出了新的要求。目前，质检机构科技成果转化人员转化能力普遍不足，缺乏成果转化链条上下游延伸的能力，自我发展的空间较小，导致大量市场前景广阔的科技成果都停留在理论和实验阶段。

3. 复合型人才缺乏

由于技术转移行业的特殊性，需要大量具有理工科和管理学背景的复合型人才。质检机构大多数成果转化人员或者擅长理论分析和科学实验，或者精于科技成果宣传推广，但能把二者有机结合起来的复合型人才比较缺乏，且目前多侧重于引进基础研究、成果研究方面的人才，而对于成果转化、技术推广类人才，相对重视较少。

4. 培养体系不完善

技术转移人才培养是推动科技成果转化事业发展的重要环节。发达国家的实践表明，科技成果转化是专业化、职业化程度较高的工作，但我国目前我国尚缺乏完整的高水平科技成果转化人才培养体系，也未系统纳入到学历教育体系中，尚未形成目标明确、结构合理、层次清晰的技术转移人才培育体系，因此不能完全满足科技成果转化事业发展对于技术转移专业化人才的需求。造成这种其情况的原因有多种：

一是质检技术转移人才培育计划管理环节滞后，从国家到省级层面，至今未见到相应的规划和计划，普遍对科技人员的成果转化能力的培养不够重视。

二是质检机构对科技成果转化人才的培养主要以社会化短期培训培训为主，系统性差，知识和能力碎片化严重，并未对技术转移人才的提质增量有明显的改观作用。河北省技术转移人才培养的主要渠道是省科技厅组织的技术经理人培训，尽管近两年举办了多期培训，但由于培训不分层次且培训时间短，效果并不理想。

三是培养手段相对单一。技术转移人才是一种高级复合型人才，培养难度大、周期长，需要大量实践。在现有基础入门培训的基础上，还需要探索构建学历教育与继续教育相结合、初中高级人才培养相结合、基础知识与实践能力培养相结合、教育与研究相结合的培养体系。目前，河北省技术转移学历教育、学科建设还是空白，中高级人才培养不足、实践导向尚不明显。

四是技术转移人才培养缺乏统一标准。以京津冀为例，尽管三地共同编制了《技术经纪人培训教程》（京津冀），但该教程仅适用于初级技术经纪人培训，河北省近年开展的技术经理人培训均聘请的培训教师都是自制PPT授课。京津冀培训证书名称各异，如河北省的培训证书是"技术经理人培训结业证书"，北京的是"技术经纪人（技术经理人）培训证书"，这些证书无法显示参训人员的层次等级，为京津冀技术经纪人互认设置了障碍。

5. 科研考评机制不完善

从整体的考评机制来看，科技成果转化率并未纳入正常科研工作量的考核指标。科技成果转化的数量与质量也未成为质检机构科研人员职称晋升的依据，因此科研人员自身对科技成果转化缺乏紧迫感和压力，这些都导致科技成果的可转化价值不高。职称是对岗位人员专业化水平的规范化评定，是工资定级、工作任用、职务晋升的重要参考标准，也是稳定和提高工作积极性的重要因素。技术转移职称的缺位不利于人才队伍的稳定，制约了人才的成长和培育，同时也降低了行业吸引力，影响了技术转移机构对高端专业人才的吸纳。目前河北省科研人员、工程技术人员以及管理人员都有各自的职称序列，但技术经纪人却还没有设置相应的职称序列。质检机构技术转移人才通常有多重身份，在职位晋升方面缺乏明确、合理的晋升渠道，无法得到行业和社会的专业能力认可，其身份认同感低，制度上缺乏保障。

6. 质检机构性质决定

由于原质检系统"靠技术执法"的特点，系统内一定比例行政人员也会承担参与科研成果，虽然在成果转化方面制定了不少好的政策，但是受到体制机制、财务管理等影响，很多政策难于落地，难以形成合力推动成果转化工作。同时，技术机构的科研人员职称评定对论文、专利、奖励等有明确的要求，而对其科技成果的可转化性没有要求，导致科研人员对科技成果后续转化重视不足，导致所研究的科技成果没有实际实用价值，成果转化较为困难。

同时，由于质检机构对科技人员和科研成果的评价普遍存在重学术理论研究，轻成果转化实践；重上级主管部门内部考核指标及科技项目考核指标要求，轻社会经济发展及市场竞争需求的倾向。因此导致科技人员为了应对考核、晋级，忙于做新课题、出新成果、发新文章。大多省市的质检、标准化、计量等工程技术人才职称评定标准条件都缺少科技成果转化的条款，职称晋升的不畅导致科研人员对成果转化工作缺乏主动性和积极性以及从事科技成果转化的动力。

7. 扶持政策有待加强

从调研情况来看，现行法律和政策文件对科技人员在科技成果转化中的奖励做了明确规定，但由于各种原因，现行的对科技人员的奖励制度在部分单位没有得到完全落实，科技成果的供给游离于市场需求之外，科技成果价格与价值严重不符，并直接导致科技人员待遇偏低，科技创新队伍缺乏凝聚力，不但使科技人员的工作岗位缺乏吸引力，而且也大大挫伤了其科技研究及其成果转化的积极性。河北省《关于进一步促进科技成果转化和产业化的若干措施》提出，对技术转移机构和技术经纪人促成向省内企业转移的科技成果给予补助，但还没有落实到位。

激励制度和收益分配制度不合理，有待提升。科技成果转化受到行政手段过度干预，而非按照市场规则运作。长期以来，科技成果转化激励机制偏重于精神奖励，而独立的物质利益机制又缺乏使科技成果生产力功能实现的原动力，使不同的事业单位的奖励制度显示出不同的分配比例，股权激励政策可操作性不强，奖励措施难以落实，科研人员的收益与成果转化的效益并未直接挂钩，所得与付出不成正比，科技人员的利益无法保障，科研人员从事研发和成果转化的积极性难以调动。亟需加大技术转移人才培养、吸纳、使用、分配等各环节的政策扶持力度，使技术转移行业的人才政策、人才环境与其在国民经济和创新驱动发展中的重要地位、作用相匹配。

8. 行业生态尚未形成

国外典型技术转移机构，如欧盟创新驿站网络、美国大学技术经纪人协会普遍聘用既懂技术又懂市场的技术经理人专门负责成果转化相关工作，建有技术转移服务网络，通过网络若干技术经纪人的协同工作，能够根据客户的具体需求，完成技术转移全流程服务。目前我国技术转移机构呈现"小、散、弱"特征，资源整合度和共享度低，"孤岛效应"明显，缺少交流合作的渠道，进而缺乏有益的分工协作，行业生态尚未形成。

第二节　质检科技成果转化人才培养

科技转化专业人才培养是推动科技成果转化的重要因素。由于科技成果转化工作对人的素质要求高，培养难度大，因此应特别重视发现，注意从科技人员或科技管理人员中去选拔，有意识地进行锻炼，同时提供适当的学习提高机会。同时在高等院校课程中，也可适当增加相关的选修课程，如必要的法律课程、市场营销课程等。目前已有部分省市加大了对技术经纪人等科技成果转化人才的培训投入，推出成果转化奖励、补助政策，但是在培训方式、选拔力度、培养广度等方面还有许多工作要做。

一、加大技术转化人才培养政策支持力度

（一）政策支持

据统计，在2021年出台的有关于科研成果转化领域的49条政策中，其中有17条都将"加强培养技术经理人"列为重点内容。上海、江苏、广州、深圳、杭州、成都、重庆等地均在2021年出台了加强培养技术转移经理人的相关规定，并把技术经理人才列入"十四五"紧缺人才开发目录。2020年3月16日，科技部火炬中心印发《国家技术转移专业人员能力等级培训大纲（试行）》，针对科技成果转移转化特点和技术市场发展需求，规范开展技术转移从业人员能力等级培养，以提高技术转移从业人员专业素养和实践能力，构建高水平、专业化技术转移人才队伍。

近年来，为促进科技成果转化专业人才培养，各地开展了积极探索和实践，通过制定科技转化

相关人才政策在市场监管部门的落实落地，为市场监管系统人才发展创造了有利条件。根据2022年福建省市场监管局科技成果推介会公布数据显示，为加快科技成果转化应用，福建省市场监管局不断加强科研项目研究，"十三五"以来，全省市场监管系统技术机构积极探索推进科技成果转化制度改革和科研成果推广运用，通过技术开发、技术转让、技术咨询、技术服务，完成了科技成果转化合同2100多项，转化金额高达1.6亿元，转化为企业生产产值近百亿元。

北京市出台相关促进科技成果转化条例，明确规定，应当制定科技成果转化人才培养和引进政策，加强科技成果转化人才培养基地建设；同时，加大体制机制改革力度，促进技术经纪相关职称评审。积极开展工程技术系列（技术经纪）中级专业技术资格评审，同时推动相关高校开设技术转移专业学历学位教育项目，全方位助力技术转移和成果转化专业人才培养，为地方开展相关工作开展提供了模板。

（二）专科培养

技术转移人才是高级复合型人才，培养难度大、周期长，需要构建学历教育与非学历教育相结合，初、中、高级人才培养相结合，国内培养与国际交流相结合的完整体系。制定中长期技术转移人才队伍培养规划，完善技术转移人才培养体系，加强培养基地、培训师资、课程体系等方面的建设。引导有条件的高校设立技术转移课程，探索学历教育。

在高校开展技术转移专业硕士人才培养项目，构建"理论+实践"的技术转移专业人才培养模式，对于现阶段探索技术转移人才学历学位教育具有重要示范意义和借鉴意义。2020年，经清华大学特别申请，北京市人才工作局和市教委多方协调，教育部批准清华大学依托五道口金融学院开办国内首个非全日制技术转移专业硕士学历学位教育项目。获批后，清华大学高度重视，在师资等方面对五道口金融学院给予支持和保障，旨在培养兼具科技创新能力和金融市场能力，能够引领相关领域技术转移模式革新、推动技术转移与商业化工作、引导金融资本服务科技创新的复合型、国际化科技成果转化领军人才。

为培养一批高层次复合型技术转移人才，北京理工大学也探索开展技术转移专业研究生教育实践，制定了《北京理工大学技术转移专业研究生教育试点实施方案》，体现多学科交叉课程学习、"学术+实践"双元结合、多元协同培养三个特征，为科技成果转化专业化人才队伍建设提供有力支撑。2020年，经北京市教委批准，北京理工大学工商管理硕士班正式启动"技术转移"方向的研究生招生和培养，首批共招生约20人，2021年新招收30人，"十四五"期间预计培养200人。北京理工大学技术转移专业研究生培养主要面向全日制和非全日制的专业型硕士研究生，基本学制2年，培养总目标是为社会经济领域培养具有关键核心技术背景、熟练掌握技术转移理论知识、具备一定实践经验的专业化技术转移管理与服务的高层次复合型人才。该方向学生毕业后将有望投身于科技成果转化一线，推动更多科技成果转化落地。

（三）激励政策

各地质检机构需研究出台科技成果转化人才分配和激励政策，进一步强化对科技成果转化人员的正向激励，明确和保障成果转化人员在成果转化中的收益权，将成果转化同转化人员的收益捆绑在一起，最大限度地调动科技转化人员的工作积极性。

厘清科技创新各主体在成果转化中的实际贡献，使成果转化人员付出与回报大体保持一致，增强科技成果转化人员与科技创新各主体间的凝聚力，切实解决技术转移人才流失率高、行业吸引力低等问题。对贡献突出的技术转移机构和科技成果转化人才予以奖励，让科技成果转化人员在科技创新链条上找准自己的定位，突出其在科技创新体系中的重要地位。把科技成果转化人才应享受的税收优惠政策落实到位，让其能够依法得到合法合理的报酬和待遇。

根据科技人员离岗创业管理制度，质检系统研发机构的科技人员在履行岗位职责、完成本职工作的前提下，经征得单位同意，可以兼职到企业等从事科技成果转化活动，或者离岗创业，在原则上不超过3年时间内保留人事关系，从事科技成果转化活动。质检系统研发机构建立制度规定或者与科技人员约定兼职、离岗从事科技成果转化活动期间和期满后的权利和义务。离岗创业期间，与原单位同等条件人员享有参加职称评聘和保留社会保险关系等方面的权利；所承担的国家科技计划、基金项目和总局科技计划原则上不得中止，确需中止的应当按照有关管理办法办理手续。

（四）晋升渠道

吸引人才致力于技术转移行业发展，需要在职称、晋升等方面，提出针对科技服务业人员的考核体系、人才评价体系，激励人才的积极性。长期以来，质检机构的成果认定主要以学术论文、科研项目、发明专利等科研成果为主要指标，并将之与职称评定、经济待遇等激励措施相挂钩。各地质检机构应借鉴先进地区将成果转化纳入职称评定工作的经验，建立完善评价机制和上升通道，推动技术转移转化专员的评价和晋升工作，在岗位晋升上向科技成果转化人才倾斜，以破解成果转化专业人才不足和积极性差等问题。

北京市人力资源和社会保障局、北京市科委联合于2019年10月印发了《北京市工程技术系列（技术经纪）专业技术资格评价试行办法》，正式增设技术经纪专业职称，涵盖正高级、副高级、中级和初级职称的技术转移转化人才。2021年1月，北京市技术经纪专业职称首批名单正式向社会公示，94人通过了工程师专业技术资格评审，109人通过了助理工程师专业技术资格评审。

各直属单位相关政策的颁布实施，凸显了国家对人才和人才评价机制改革工作的重视。政府相关举措针对人才评价机制中存在的分类评价不足、评价标准单一、评价手段趋同、评价社会化程度不高、用人主体自主权落实不够等问题，提出了一系列创新举措，这将最大限度激发和释放各类人才活力，尤其是技术转移行业等科技服务业人才。地方政府要加快制定促进科技成果转化的实施细则，尽快推进政策落地，这将直接有利于完善技术转移行业人才评价体系和人才激励机制，调动高校、院所、企业等各类人才在技术转移、成果转化工作中积极性。

二、规范健全科技成果转化人才培训体系

各地市场监管部门应围绕提升整体成果转化能力，加强科技成果转化人才队伍建设顶层设计，明确人才培养目标任务、重大项目和重点举措。以能力建设为重点，制定科技成果转化人才培训专项计划，根据不同层次、不同类型人才的需要建立健全梯次培训体系，采用分层次、多门类、多渠道、多形式的培训方式，系统提升其知识技能、职业道德素养、从业辅助能力等，结合质检科技成果特征和类型，培育复合型科技成果转化人才。

通过培训，旨在强化理论与实践相结合、科技与市场相融合的理念，系统了解掌握科技成果转化过程服务、常见问题解决、服务平台建设、项目方案编撰、转化评价体系等内容，培养科技成果转化方面的策划、运筹、管理实施能力和相关要素资源的组织及整合能力，培养"懂政策、懂法规、懂流程、会实操"的科技成果转化服务专业人才，更好地促进科技成果转化落地，更好地服务政府、服务企业、服务社会。

（一）培训方式

质检科技成果转化人才培训采用多层次、多形式的方式开展，包括但不仅限于课程培训、移动课堂、模拟市场、项目路演、案例分析、研讨沙龙、市场分析等。同时，加强与各类市场主体的互动沟通，与科技成果转化中介机构、高校、研究院所、科技企业、检验机构、培训机构等开展合

作，实现优势互补、资源共享。

（二）培训内容

质检机构科技成果转化是一个复杂的过程，应注重培养技术、政策、法律、金融、产业等交叉领域的知识。

1．专业技术岗位有关知识

质检科技是国家科技体系的重要组成部分，质检技术机构是市场监管部门的重要组成部分。随着经济社会的发展，我国经济发展方式开始发生本质性的变化。面对国际和国内新形势的要求，互联网+、大数据、区块链等智慧监管方式以及各项质检新技术等应运而生。因此，质检科技成果转化人才培训的专业技术岗位知识主要包括：

（1）检验检测技术：科技成果能否顺利转化与其本身实用性有重要关系，针对检验检测开展的科技研究应用范围才会广泛，因此科技转化人员首先要掌握相应的检验检测技术。

（2）质检新技术：质检应注重开展基础性研究、前沿技术研究和应急性研究，争取在关键领域突破。

（3）财务管理：科技成果转化涉及的财务管理内容繁多，涉及国有资产管理、转化资金管理和使用、科技成果价值确定、转化奖励政策、收益分配等。

2．科技成果转化有关知识

科技成果转化有关知识传播涉及科技成果转化的核心问题、科技成果转化全要素链条构建与产学研生态融合发展、科研人员职务成果转化政策、科研人员离岗创新创业及兼职兼薪政策要点解读、科技成果转化利益分配机制及科技人员奖励标准等。

（1）科技成果转化政策法规解读解析。

（2）质检机构科技成果转化模式和类型。

（3）质检机构科技成果转化操作实务及案例分析。

（4）科技成果转化系统平台与生态服务。

（5）国家市场监督管理总局科技成果转化基地专项：建设要求、申请条件、材料准备、管理考核、运行评价及监督管理等。

（6）科技成果转化成果处置、收益分配、技术合同种类、个税奖励等。

（7）科技成果转化中的知识产权运用、保护与管理。

（8）科技成果转化与科技金融。

三、加强科技成果转化人才岗位设置与分类管理

（一）岗位设置

引导和鼓励质检科研院所和机构建立专业化技术转化部门，同时做好岗位设置与管理，明确各岗位职责，形成对内和对外的职能任务，做大做强人才队伍。

（1）负责制定本单位科技成果转化工作的相关政策规章制度。

（2）负责各类科研成果管理工作，做好科研成果的登记、审核、统计、汇总、汇编等工作。

（3）负责科技成果验收、鉴定、认定、登记、统计工作。

（4）负责科技成果的转化工作，为技术转让、技术咨询、技术服务和成果推广等提供必要的支持。

（5）负责科技成果奖及社科成果奖的申报、评选及管理，科技人才的申报、管理。

（6）负责专利、软件著作权、专有技术等科技成果的申请、评估、转让、实施许可、投资入股

等转化工作，以及知识产权保护、管理与应用工作。

（7）负责组织科技成果转化方案的可行性论证和评估，组织科技成果的评估、洽谈、协商定价及其他技术市场交易。

（8）负责科技成果的宣传推介，加强与政府、企事业单位、高校科研院所、科技成果转化中介机构的联系，了解掌握各类技术需求信息，做好信息的收集、发布和相关服务工作。

（9）负责科技成果推广及技术转移的信息化建设；建立科技成果转移转化管理平台，加强对科技成果转移转化的管理、组织、协调和对接。

（10）及时宣传和解读相关的国家及地方法律法规，积极争取国家和上级管理部门对单位科技成果转移转化的政策、资金和项目支持。

（11）负责科技成果转化合同的签订、认定及过程管理，监督合同的履行。

（二）分类管理

科技成果转化人才所在单位性质各异，人员身份复杂，从事的具体职务也各不相同，工作内容也千差万别，整齐划一的管理模式显然难以满足各级各类人才成长发展的需要。要在清晰界定科技成果转化人才的基础上，根据不同性质单位的特点和实际出发，进一步优化科技成果转化人才的岗位分类，对从事基础和前沿技术研究、应用研究、成果转化的人员适用不同的管理办法，避免科技成果转化人员职能不清，规避科技成果转化贡献难以界定、激励难以到位等情况。

四、建立完善的科技成果转化人才专业资质评价制度

（一）分类评价

《国家市场监督管理总局关于印发〈"十四五"市场监管科技发展规划〉的通知》（国市监科财发〔2022〕29号）指出，支持技术机构根据分类评价原则，探索建立适应市场监管科技创新需求的人才评价模式。

建立符合科技成果转化工作特点的职称评定、岗位管理、考核评价制度。确立科技人才评价的正确导向，在分类管理的基础上进一步研究和完善成果转化贡献认定体系，明确不同性质单位，不同类别、不同岗位科技成果转化人员在转化工作中的贡献大小。

（二）评价原则

根据深化科技人才评价制度改革要求，健全以创新能力、质量、实效、贡献为导向的评价体系。根据工作职能和价值实现特点的人才评价机制，注重在成果转移转化中评价和检验科技成果转化人才，在考核评价上更加科学合理。

一是适应科技成果转化需要，进一步完善和改进职称评定、岗位管理和考核评价工作，建立收入分配激励约束机制。把科技成果转移转化业绩作为技术转移人才职称评聘、绩效考核的重要依据。借鉴先进地区将成果转化纳入职称评定工作的经验，推动质检科技转化人才的评价和晋升工作，以破解成果转化专业人才不足和积极性差等问题。

二是对于质检科技成果转化人员，在重点考核评价成果转化带来的经济效益的同时，也应关注转化人员在科技成果转化中的努力和投入程度。开通技术转移职称绿色通道，对主持完成科技成果转移转化、直接转化收益达到相关规定要求的技术转移人才，在学历、专业技术职务任职年限、任职资格限制等方面予以宽限，对科技成果转化业绩突出的人员破格评聘。

三是支持技术机构有针对性地开展科技成果转化人才定向激励，充分利用国家相关支持政策，

优化人才发现和使用机制。根据质检总局关于促进科技成果转化的指导意见（国质检科〔2017〕140号），质检机构应建立有利于促进科技成果转化的绩效考核评价体系，将科技成果推广和转化应作为科研人员职称评审、项目申报、岗位竞聘、考核、奖励的主要依据，并对科技成果转化绩效突出的相关单位及人员加大科研资金支持。事业单位绩效工资分配应向在科技成果转化做出突出成绩的科研人员倾斜。

第三节 质检科技成果转化团队建设

2016年4月21日国务院办公厅出台了《促进科技成果转移转化行动方案》（国办发〔2016〕28号），提出要建设一批专业人才集聚、服务能力突出、具有国际影响力的国家技术转移机构。《质检总局关于促进科技成果转化的指导意见》（国质检科〔2017〕140号）明确指出，质检系统研究开发机构应当完善科技成果转化管理制度，明确科技成果转化各项工作的责任主体，建立健全科技成果转化重大事项领导班子集体决策制度，加强专业化科技成果转化队伍建设。《国家市场监督管理总局科技成果转化基地认定办法》（国市监科财〔2020〕91号）中要求，成果转化基地申请条件要求具有专门的责任部门，拥有技术水平高，实践经验丰富，结构合理的专职成果转化团队。这些都对质检机构技术转移工作和技术转移团队提出了更高的要求。

一、科技成果转化团队建设的意义

（一）质检科技成果转化团队建设的意义

技术转移是现代服务中一种新型的科学研究产业，科技成果转化要靠人才，人才需要在团队中发挥作用。现代科技创新及其成果转化大都是通过大平台、小组织进行的，打造精英团队是加快科技成果转化的重要条件。专业化团队的建设对技术转移的发展具有重要作用，能够对质检技术转化的工作内容进行拓展。通过团队的共同努力，形成高密度、高频率、多维度的科技研发场，研发场内各种要素相互作用、有机结合，推动形成产学研结合长效机制。

1. 转化团队建设为成果转化工作提供丰富内容

随着科技体制改革及市场经济的发展，技术转移的要求越来越高，单纯的项目介绍缺少对整个过程的参与度与把握度，很难在技术谈判中发挥技术转移工作人员的作用。通过专业化团队的建设可以解决这个问题。科技成果转化团队是专业型、知识型、网络型、协作型团队组织，在团队中有掌握先进科技的研发人员，有懂市场、懂技术、懂专业的转化人才。一是充分发挥转化团队的作用，合理利用科研领域内部既有的技术优势与成果，梳理本单位或本领域内已有的技术优势和成果，有效落实科技研究项目；二是作为实验室向产业迈进的孵化者，通过对市场的认知在这些技术的基础上进行调整改进，形成市场需求、企业需要的实用技术，并实现转化；三是筛选本单位或本领域的优质团队，形成一般关注、重点服务、针对性推荐的服务梯队，有利于项目的落地；针对质检领域中存在的普遍问题进行专业化规划，从而实现专业化服务，提高质检科技成果转化应用效率，充分发挥高校在促进国民经济发展和科技进步中的作用。

2. 转化团队建设为提升技术转移水平提供必要条件

虽然我国的技术转移工作已经开展了三十多年，但是技术转移专业人才队伍尚未建成。掌握技术要领、了解知识产权领域知识、具有法律背景、擅长谈判的专业人才更是极度稀缺，造成了技术转移工作缺乏人才支撑，专利评估、专利培育等较高层次的技术转移工作难以开展。建设属于技术转移机构自身的专业化团队，吸引和培养一批具有较强的技术、法律、市场运作等方面行业和专业背景的工作人员能较好地把握技术创新的各个关节环节，促进技术成果得以实现产业化。同时在技术转移过程中，专业化团队可以吸引科研人员群体参与技术研发和转移，在实战中提高他们科技成果转化的能力。

（二）质检科技成果转化团队的特点

团队不同于团体，不同于群体，更不同于一个组织，是近年逐渐被研究的一个新概念。团队的绩效不仅仅是每个群体成员个人贡献的总和，而是存在一种积极的协同作用，能够使群体的总体绩效水平大于个人绩效之和，即达到1+1＞2的效果。

1. 团队结构合理

质检科技成果转化团队需要具备专业和年龄结构合理、创新和科学思想活跃、专业优势互补的结构特点。因此在建立转化团队时，要确保人才队伍的知识结构、专业结构和年龄结构，既包括行政事务型的管理人员，也包括经验丰富具有创新思想的技术人才，还要有具备专业科技成果转化知识和技能成果运营人才、知识产权人才等，分工明确，共同完成科技成果转化的全过程。专业化团队人员具备学科背景，对项目的参与度和熟悉度会大幅度提高，能够更好地参与项目的谈判，也更容易促进项目的成功转化；能够对本行业的项目进行预评估，筛选优良的项目进行推广，避免了由于项目自身技术缺陷等原因导致的技术转移失败；能够实现行业内的资源整合，提供专业、针对性更强的技术服务。

2. 具有创新精神和创造能力

质检科技成果转化团队作为一种创新型、应用型科研组织，必须以市场监管需要和市场需要为导向。科技成果转化团队作为质检科技成果研发与成果转化应用的主要组织者与实施者，不仅要掌握扎实丰富的专业知识，具备学科背景，还需要具有创新精神和创造能力。专业化团队能够将市场分析能力和技术分析能力结合。

3. 注重团队精神文化

应注重对团队精神文化的培育。要注重宣传团队精神，强调团队意识，增强团队成员的集体意识，增强团队的凝聚力、向心力、创造力，营造良好的成果转化氛围。

4. 制度合理，计划明确

要制定有助于团队成长的制度，有明确的团队培养计划，加速团队的形成和培养。不断地培养团队成员在项目策划、项目管理等方面的能力，最终形成一个完整的专业化，人才效应充分发挥，形成了人才事业融合发展、相互促进的生动格局。

5. 制定有竞争性的激励制度

有竞争性的质检科技成果转化团队的考核激励机制是适应市场经济发展要求，实现科技成果产业化与商品化的必然要求，只有遵循市场经济发展规律，建立科学完善的科技成果转化应用考核激励机制，才能最大程度地调动转化团队的工作创造性、主动性，提高科技成果转化效率，促进科技成果转化工作的顺利开展和科研产品的推陈出新。

二、科技成果转化团队建设建议

质检科技创新和技术能力提升、成果转化顺利向前发展，很大程度上依赖于人才，但当前专业人才队伍的建设依然存在着一些问题，其中重要意向就是因为没有建立成果转化的专职人员队伍，以致好的成果出来之后，后续的宣传推广和实现转化应用等无法落地生根。

（一）加强成果转化人才队伍建设

坚持人才开发投入是效益最大投入的理念，不断加大对科技研发及成果转化人才的投入，培养一批创新能力强、成果转化水平高的高素质人才队伍，着力加强成果转化专业人才的培养。一方面加强组织管理，立足于专职研发队伍、增设岗位、配备营销人员、财务人员等负责运营管理和营销推广。另一方面加强实践培养，围绕着重大项目带动成果转化人才队伍建设，遴选一批经验丰富的技术骨干参与项目的产业化发展，把科技研发与成果转化知识培训、业务锻炼等相结合，培养一支项目研发与成果转化能力兼备的创造型、复合型、外向型人才。

（二）加强科技中介服务机构的人才建设

科技中介服务机构是多方主体的沟通桥梁，应当充分利用专业技能和专业知识为各科技成果转化主体提供服务。一是要开展中介服务人才高水平技术培训，建设适合不同层次人员的梯级培训体系，建立科技成果转化机构服务人员的执业标准，提高专职人员的专业素质和能力水平。二是合理优化人才引进机制，积极吸纳高校、科研机构和企业里的优秀技术人才，采用专职聘用或者兼职方式组成专业科技专家团队。三是重视技术经理人培养，现阶段各地区积极推行"技术经理人"制度，科技行政部门要加大引导力度，在政策、经费、组织建设方面给与必要的支持，着重培养一批有良好技术储备的复合型人才队伍。四是把科技成果转化业绩纳入成果转化激励机制，以推动科技成果转化项目落地为导向，强化对转移转化服务人员的直接激励。

第九章 质检机构科技成果转化促进措施探讨

质检科技工作是质检部门履职把关和服务社会经济发展的主要技术支撑。加快质检科技成果转化是质检部门直接服务于国家社会经济发展、保护国家经济安全和人民健康的需要，是科学技术转化为现实生产力的重要环节，是建设科技质检的重要措施。推进质检科技成果的有效转化，有利于联合、整合、融合质检科技资源，有利于形成合心、合力、合作的质检科技工作氛围，有利于调动各方积极性，增强质检科技可持续发展能力。质检作为国家质量技术基础的重要组成部分，在推进供给侧结构性改革，促进经济转型发展等方面具有重要的基础引领作用。

第一节 完善成果转化服务链条

一、多举措构建质检科技创新体系

"十三五"期间市场监管科技成为国家科技创新体系的重要组成部分，"十四五"市场监管科技发展规划强调要健全和完善对接国家科技创新体系的市场监管科技创新体系。作为质检部门履职把关和服务社会经济发展的主要技术支撑，这一表述更明确了质检技术创新体系建设的重要性和迫切性。技术创新是科技成果转化的前提和支撑，因此加强和完善质检科技创新体系是促进质检科技成果转化的必要条件。

整体上看，质检科技创新与前沿新技术的融合程度偏低，科学化、精准化、智能化水平有待提升。因此建设系统完备、运行高效的质检科技创新体系，必须聚焦守住安全底线、加强质量提升、维护市场秩序面临的科技问题和关键需求，形成适应经济社会发展需要的质检科技创新实践载体、制度安排和环境保障。

（一）构建统筹协调的创新资源体系

明确创新资源在科技活动全流程中的重要支撑作用，强化技术机构科技攻坚能力，充分释放科技创新基地和平台对创新资源的集聚与辐射效应，加强人、财、物等创新资源的高效配置，形成各类创新要素深度融合、按需流动，系统内外互动协调、优势互补的科技创新发展新载体。

（二）构建创新引领的科研攻关体系

强化监管需求、市场导向的应用创新，突破一批关键环节和核心技术，加强前、中、后配套技术和工艺技术研究，加快成果应用技术开发及中试、示范推广过程，建立科技与经济、科研与成果转化紧密结合的创新机制。把提高自主创新能力摆在科技工作的突出位置，以改革创新为动力，着力提升创新基础能力、科研攻关能力与科技成果转化能力。

（三）构建深度融合的创新开放体系

结合区域经济和社会发展的优势特色，推动建立区域间质检科技合作长效机制，扩大国内外以及我国区域之间多种形式的合作与交流，聚焦构建"政府搭台、创新立区、人才主角、产业发展"的创新体系，持续推动创新链、人才链、产业链、金融链"四链"深度融合，促进政、产、学、研、用、金（融）、服七要素高效联动，引领集聚社会资源共同支持科技发展。

（四）构建富有活力的科研生态体系

持续深化科技体制机制改革，以激发科技创新活力为导向，突出科技人才核心地位，破解科技体制障碍难题，塑造管理顺畅、科学高效、保障有力的科技创新发展新环境。弘扬科学精神，打造一流科研人才队伍，建立符合科技创新规律、突出质量贡献绩效导向的科技评价体系。让创新科研管理制度，改革滞后的科研院所人事、财务制度，让科研人员在研究方向、经费使用、国际交流等方面享有更大的自主权，同时加强对违规失信现象的监督和处罚。

二、加强科技成果转化服务保障

（一）建立各级质检机构科技成果转化对接机制

加强国家级、省级质检机构与各地市质检机构的交流，建立按照市场机制运行的创新共同体和利益共同体，围绕重点区域和重点领域，依据各质检机构的优势，共同开展技术攻关和成果转化。持续落实好科技成果转化"三部曲"，推动科技成果使用、处置和收益权"三权下放"。健全省市县科技成果转化对接机制，建设覆盖所有县、市、区的科技成果转化服务体系，避免经费和人员等资本的重复利用，同时促进成果按需转化。

（二）推进质检科技成果转化服务平台建设

一是建设质检科技成果信息共享服务平台，充分利用云计算、大数据等技术，广泛收集多领域信息，消除主体之间以及区域之间信息资源的流动障碍，促进质检科技资源公开和共享，避免各级质检机构投入资金重复研发。二是建设成果转化和知识产权交易服务平台，适时发布科技成果供给和需求信息，广泛征集可交易、可转化项目；整合各类服务机构信息资源，提供科技成果市场需求分析服务和科技成果定制化服务；整合知识产权保护、成果权益分配等方面的相关科技成果转化政策，提供政策普及和引导服务。三是推进科技成果线上与线下交易有机融合，采取多渠道开展质检成果推介服务，大力宣传优秀质检科技成果，着力解决科技成果转移转化中信息不对称的问题，实现科技成果与市场需求之间的有效对接，促进成果更好地走向市场，实现转化。

（三）加强质检科技成果转化专业人才培养

学习国外先进的科技成果转化管理理念，以从事质检工作的人员为主，逐步培养具有专业化背景的专门从事科技成果转化的管理队伍，提高科技成果走向市场的比例。探索建设质检技术转移转化人才培训基地，培育一批既懂专业技术，又懂知识产权、转化和孵化的科技人才，在挖掘评估、转化服务、团队组建、资源匹配、投融资等方面充分发挥作用。

（四）建设质检科技成果推广示范区

制定质检科技成果推广示范区建设管理办法，明确示范区申请、批复、验收和监督管理程序。

各有关单位应在加强科技联合攻关合作基础上，加强成果转化协作，取得当地政府部门支持，推动质检科技成果推广示范区建设；各单位应设立专项经费，对示范区提供政策、资金持续扶持。充分发挥示范区的带动作用，提升跨区域成果、人才、资本、服务等创新资源整合能力，聚焦质检重点产业和领域，高质量布局建设科技成果转化示范基地，促进符合产业转型发展需求的重大科技成果转化落地，构筑科研成果转移转化高地。

三、推进科技中介服务机制建设

科技中介是科技创新和技术创业的桥梁和纽带，对于科技成果转化起着重要作用。科技中介服务机构要实现服务与科技成果转化过程的高度匹配，针对各转化环节，为科技成果转化主体的不同需求提供相应的服务内容。因此，未来要充分认识到科技中介的重要性，加强体系建设。

我国科技中介服务体系建设存在以下四个方面的问题，制约着进一步发展：一是科技中介服务体系发展不均衡，主要体现在区域分布、类型和服务能力不均衡，导致该行业呈现出小、散、乱的特征，碎片化现象较明显。二是目前我国科技成果转化服务专业性、服务质量、国际化程度不高，多数中介服务范围仅限于专利代理、商标代理登记等低端业务，以及"牵线搭桥"式的信息服务，无法对成果转移转化实行有效运作和管理。三是科技中介机构的管理机制不健全，由政府管制的科技中介机构大多为事业单位，对政府的依赖性较强，服务内容较为单一，发展受到一定限制。民营科技中介机构管理和运行较混乱，且政府缺乏对其监管，没有建立信用评价、考核、监管、处罚等管理机制。

第二节 完善科技成果转化机制

一、完善科技成果转化激励机制

（一）完善转化人才激励机制

以人为本，发挥人才核心作用。不断加强和提升科研人员科技成果转化法律规范意识和能力，建立质检机构、科研团队、项目公司多方合作、共享成果利益的科技成果转化模式。形成可复制、可推广的经验和做法，切实激发科技成果转化互利共赢理念，形成激励科研人员敢为、愿为的创新氛围。改进人才评价机制，深化职称制度改革，建立有利于科技成果转化的绩效评价体系，将成果转化业绩列为重要职称评价指标，打通科技成果转化人才的晋升渠道。支持市场监管系统科技人才以挂职、参与项目合作、兼职、在职创业等方式从事创新活动。落实国家在科技成果转化中的相关政策要求，对完成、转化职务科技成果做出重要贡献的人员在奖励和报酬上予以倾斜。

（二）完善科技成果评价与再投入机制

要建立健全质检科技成果评价机制，坚持科技创新质量、绩效、贡献为核心的评价导向，注重高质量知识产权产出，把新技术、新材料、新工艺、新产品、新设备样机性能等作为主要评价指标。适时组织专家从科技成果的技术质量、转化可能性、转化实施过程中投入与产出比（绩效）等方面开展评价，全面准确反映成果创新水平、转化应用绩效和对经济社会发展的实际贡献，着力强化成果高质量供给与转化应用。加快培育高水平的科技成果评价机构，聚集科技成果转化服务各类要素，为供需双方提供科技成果转化对接咨询、成果评价、科技投融资以及孵化育成等服务。对于有转化前景的项目,要考虑设立成果转化扶持资金,可以委托第三方机构引入风险投资或者在有条件的部门设立科技成果转化基金,合作双方按共同认定的比例对成果转化后的收益进行分成,同时承担相应的转化风险。

(三) 完善科技成果转化分配制度

针对当前科技成果转化分配政策法规体系的薄弱环节,理顺科技成果使用权、收益权、处置权关系。针对现有政策法规可操作性不强的问题,需要针对政策的实施出台相关细则条文或实施办法。质检系统研发机构可自主决定科技成果转化收益分配和奖励方案。制定科技成果转化收益分配制度时,要充分听取本单位科技人员的意见,结合本单位实际,并兼顾各参与主体的利益关系,并在本单位公开相关制度。要体现和保护成果权益人的合法权益,保护知识产权,同时注意提供技术资料的完整性和及时性,严守国家机密。

(四) 建立部门合作的联动机制

相关科研项目研究成果中涉及确需制定国家标准的,在立项评估阶段征求国家标准化管理委员会的意见,由国家标准化管理委员会将相关国家标准研制任务纳入年度标准制修订计划;总局业务主管部门按年度提出科技成果在相关工作领域应用推广意见,定期组织评估应用效果,总局科技主管部门按年度评估科技成果,不定期向总局业务主管部门推荐有应用推广前景的科技成果。各地质检机构建立和探索科技成果转化工作机制,加强与地方主管部门协调,将相关科研项目研究成果纳入地方标准制修订计划,推动科技成果推广和应用。

二、优化科技成果转化资源配置

(一) 加强质检行业产学研合作

虽然科技成果不断涌现,数量、规模屡创新高,但实际转化成果仍相对较低,其原因之一就是因为产、学、研之间配合不紧密,经常出现衔接不良的问题。在政府指导和规划框架下加强与企业合作,鼓励有成果转化经验的市场监管(质检)机构牵头,联合科研院所和高校共同组织实施。加强产学研合作,使企业、高校、质检机构以创新资源共享、优势互补为基础,以合作研发、利益共享、风险承担为原则,共同推进科技创新和成果转化。促进企业、高校和质检机构的专家开展人才交流,注重学术研讨,如质检机构专家参与高校或企业的教学活动,为专职人员提供与专家交流学习的机会,提高人才培养和人才队伍的专业性。同时,在科研实验室、仪器设备、数据库等方面实现开放和共享。

(二) 加大科技成果转化配套资金支持

持续稳步增加经费投入。各地质检机构应保证本单位对科技成果转化的经费投入;充分发挥财政资金杠杆作用,吸引更多社会资本投入;鼓励各单位依照国家有关规定适时建立科技成果转化基金。通过财政科技政策和财政资金精准发力,实施一批重大科技成果转化项目,推动一批科技成果商品化、资本化、产业化,形成一批产品附加值高、具有较强市场竞争力的新产品,充分激发高等学校、科研院所等创新主体和社会力量加大创新投入积极性。

(三) 加强组织领导

各地质检部门应成立由单位领导担任组长、相关业务部门和技术机构负责人组成的推进科技成果转化工作领导小组，研究制定本单位科技成果转化激励措施、考评办法，制定本单位工作规划、工作方案和保障措施，协调解决本单位科技成果转化工作。

（四）营造促进科技成果转化的好氛围

应将科技成果转化工作列入本单位工作重点，可通过宣传教育、座谈培训、比赛竞赛等多种形式，提高对科技成果转化工作重要性的认识；同时，可以通过制定推广计划、发布推广目录、举办科技成果展览、召开现场会等多种形式，营造良好的推广氛围。

第三节 科技成果转化案例借鉴

总体来看，我国高等院校、科研院所是科技成果转移转化工作的主导力量，随着我国科技成果转化系列政策法规的逐步落实，各高校院所科技成果转化已进入平稳阶段。因此，作为质检技术机构来说，借鉴高校院所的成功经验，结合质检技术机构的实际情况进行参考实施，是推动质检机构科技成果转化工作的有效路径之一。下面以上海交通大学科技成果转移转化的情况作为典型案例进行分析研究。

一、案例基本情况

2015年《中华人民共和国促进科技成果转化法》修正案施行以后，上海交通大学（以下简称上海交大）坚持"市场导向、规范管理、协调推进、激励创新"的原则，在导向上从追求成果数量向追求成果质量转变，从注重成果产生向注重成果转化转变，统筹科学研究和学科建设、科技成果转移转化与人才培养，建立了由主管校领导牵头、各部门各司其职的科技成果转移转化协调工作机制，建立健全科技成果转移转化管理体系、制度体系、服务支撑体系。上海交大不折不扣地贯彻落实国家科技成果转化法律法规和政策文件，及时制定了成果转化规章制度，并加强政策宣贯落实，使科技成果转移转化有章可循，使科技人员名利双收。2017—2018年间，上海交大实施科技成果交易458项，其中科技成果转让收入为6787万元，许可收入为33241万元；作价投资38项，作价金额12188万元，成立企业12个。

（一）部门职责分工明确

科技成果转移转化前承科学研究，涉及人才、知识产权、成果资产、科研经费、政策法规等多个要素，需要多个部门协调配合，不是一个部门或机构可以独自承担的。上海交大在梳理现有部门职责分工的基础上，明确有关部门在科技成果转移转化的职责分工。

科研院：负责科研项目管理，办理知识产权申请、登记、备案等与科技成果的形成有关的事务。

上海交通大学先进产业技术研究院（以下简称上海交大产研院）：负责知识产权转让、授权许可、作价入股等科技成果转移转化工作，包括相关技术合同的审批，科技成果类过渡性资产管理。

党政办法务室：负责科技成果转移转化过程中有关合同的审核、纠纷解决、诉讼仲裁等法律事项。

国资办：负责科技成果作价入股形成稳定的经营性国有资产的监督管理，包括产权登记、入股企业的监管等。

人力资源处：负责建立符合科技成果转化工作特点的专业技术职务评审与聘任、岗位管理和考核评价制度，完善收入分配激励约束机制。

财务计划处：负责科技成果转化过程中技术转让、授权许可、作价入股等相关奖酬金的支出以及转化收入的核算。

另外，还涉及相关院系、研究所、附属医院等科研部门，以及产业集团、科技园、孵化器等机构。

（二）上海交大产研院承担推进科技成果转移转化职责

上海交大产研院成立于2009年12月，作为学校的二级直属单位，定位为学校科技成果转移转化的重要载体，科技与经济结合的"桥梁"与"纽带"，以价值提升为核心目标，为科研团队的成果转移转化提供两方面的服务：一是"过程服务"，指导科研团队完善研发成果；二是"模式服务"，根据科研团队及科技成果的实际设计合适的发展模式。产研院采取以下三项措施提升科技成果转移转化服务质量：一是汇聚政府、社会、企业、学校等各方资源；二是努力突破人才集聚、利益分配、技术转移、开放合作等传统机制的制约；三是强化知识产权保护、国际合作，撬动社会资本等。

经过十余年的运作，上海交大产研院取得了不少荣誉和资质，并逐步形成四化特征：一是科技成果转移转化模式的体系化；二是科技成果转移转化服务的专业化；三是技术转移人才发展的职业化；四是科技成果转移转化途径、载体的多元化。2015年，被科技部认定为"国家技术转移示范机构"。2016年，经上海市技术转移协会认定，成为第一批"上海市技术转移服务机构"。同年12月，荣获2016国际创新创业博览会"高校科技成果转化示范奖"。

在科技成果转移体系建设上，上海交大产研院构建了"院部机构+协同创新机构+地方研究院"三个层次组织架构，并配套设立了知识产权管理有限公司。

院部机构：产研院院部设有技术转移部、战略研究部、项目事业部、综合办公室四个职能部门。

知识产权管理公司：学校设有上海交大知识产权管理有限公司，作为上海交大知识产权处置的专门通道。

协同创新机构：产研院下设协同创新发展研究中心、零号湾创新创业中心、生产性服务业研究中心、新能源车网示范创新中心、工业设计中心、科普视频中心等十余个跨学科的产业技术协同创新机构。

地方研究院：产研院先后组建了上海交通大学深圳研究院、上海交通大学苏北研究院、上海交通大学无锡研究院、上海交通大学中原研究院、上海交通大学大理研究院、上海交通大学四川研究院等十余个服务地方科技经济发展的产业技术研究机构。

（三）加强科技成果转移转化制度建设

上海交通大学的科技成果转移转化工作很有特色，成效也较显著。之所以如此，就是因为很重视制度建设。

（1）形成"1+3+6"文件体系。自2015年起，上海交通大学根据《中华人民共和国科学技术进步法》《中华人民共和国专利法》《中华人民共和国促进科技成果转化法》等国家法律和相关政策，结合本校实际，先后制定了《完善知识产权管理体系，促进科技成果转化的实施意见（试行）》《科技知识产权及成果转化管理办法》《职务发明管理办法》《知识产权申请和维持基金管理细则》《科技成果转化基金管理细则》《科技成果作价入股实施细则》《科技成果转化合同订立及审批管理细则》和《科技成果转化资金收益分配细则》，共8个文件，先后于2015、2016两年悉数出台。当时还谋划了《兼职从事科技成果转化管理办法》和《科技知识产权转化工作绩效考核实施细则》两个文件，已形成1个实施意见、3个管理办法和6个实施细则的"1+3+6"文件体系。

2016年以后，国家陆续出台了一系列有关科技成果转移转化的政策文件。随着这些新文件的不断出台，上海交大已经出台的8个文件中有6个文件需要及时进行更新，这6个文件分别是《关于完善知识产权管理体系落实〈促进科技成果转化法〉的实施意见（试行）》《科技知识产权及科技成果转化管理办法》《科技成果转化基金管理细则（试行）》《科技成果作价入股实施细则（试行）》《科技成果转化合同订立及审批管理细则（试行）》和《科技成果转化资金管理及收益分配细则（试行）》，于2018年进行了修订。

（2）转化方式选择。根据上述文件规定，上海交通大学在科技成果转移转化方式选择上，各有侧重。一是强化科技成果许可，可以采取普通许可、独占许可、专利直通车等方式转移科技成果；二是鼓励以科技成果转让方式实施科技成果转化，可以采取以买断的方式转让科技成果；三是有条件地选择作价入股方式，即在确保能够获得足够资源的前提下，可以采用作价入股方式；四是对于知识产权归属比较复杂的科技成果，在满足一定条件的情况下，将科技成果转移给个人，由个人实施转化；五是规范联合开发，即对联合研发项目涉及的知识产权，实行合同化管理。

（3）畅通科技成果作价入股通道。以科技成果折价入股的，持股主体分以下三种情形：一是以学校独资的企业法人，包括交大产投集团、出版社、后服集团及其独资下级公司，都有资格作为持股主体，因为这些机构都是上海交大的全资公司；二是经学校批准同意，将科技成果转让或授权给该成果的完成人，由该完成人为作价投资的持股主体，对包括以直通车方式和特许方式转化科技成果取得的股权进行代持；三是除上述情形之外，由上海交通大学知识产权管理有限公司为持股主体。

（4）科技成果转移转化主体。上海交通大学分以下三个层次实施科技成果转移转化：

一是学校转化。是指由学校层面设立的各类技术转移转化机构，包括产投集团、科技园、技术转移中心和专门研究院，负责实施科技成果转移转化。

二是院系转化。是指由院系层面设立的各类技术转移转化机构负责实施科技成果转化，如由电院、材料学院等设立的促进中心等机构实施的转移转化。

三是成果完成人实施转化。是指由科研团队成员负责其完成的科技成果的转移转化工作。由成果完成人实施科技成果转移转化的，以科技成果作价入股的，可以由学校、院系和团队协商产生三方均认可的人选代持股权。这种方式主要适用于科技成果完成人自主创业，并负责相关产品生产或服务。

（5）设立科技成果转化基金。该基金由产研院负责日常管理和运作，基金主要来源于学校科技成果转化净收益提留。使用该基金，10万元（含）以下的，由产研院审批；超过10万元的，由主管校领导审批。

申请较大数额转化基金资助的，申请人需提交《科技成果转化基金项目任务书》，由产研院组织专家论证会，根据专家论证意见决定是否资助。如有必要，申请人还需与产研院签订《科技成果转化基金项目协议书》。

转化基金主要用于以下活动或支出的资助：一是对具有孵化培育价值的成果进行资助；二是支付满三年后且有价值的专利维持费；三是支持集成某一产业专利技术，形成专利池；四是对团队原创技术开展专利分析、专利布局；五是为形成新的技术标准所进行的研究。

（6）科技成果转移转化流程。上海交大形成了从发明披露到成果推广、收益分配、经费认领的全链条管理流程。

一是发明披露。因上海交大科研院负责与科技成果形成有关的事务，为加强从成果的形成到转化之间的衔接，2018年上海交大新修订的文件明确规定，由科研院向产研院披露科技成果以及即将失效的知识产权类科技成果。产研院获得了科技成果信息后,组织开展科技成果转移转化工作。科研院与产研院之间密切合作,是做好科技成果转移转化工作的前提。

二是成果分析与评估。上海交大产研院与学校图书馆合作,为专利成果提供检索分析服务。同时,产研院与科技服务中介合作,为发明成果提供潜在市场分析、专利布局等服务。

三是成果熟化与推介。上海交大产研院为科技成果提供技术盘点、授权模式规划、技术转移、产品设计分析服务,并对每一项科技成果转移转化项目安排项目经理跟踪负责,协助成果完成人开展校企、校地合作,引入资本投资,将科技成果推向市场。例如,2017年6月,上海交大产研院代表学校参加"中国高校科技成果交易会",发布了24个入选项目,吸引百余家企业前来咨询,现场与5家企业达成意向签约,涉及金额近千万元。

四是收益分配。2016年的文件规定,成果转化收益分配分为以下两个层次:一是科技成果转化及处置收益按20%:20%:60%比例,在学校、院系和科研团队之间进行分配;二是学校收益部分按20%:40%:40%比例,分别用于申请基金、转化基金、产研院培育经费。2018年对成果转化文件进行了修订。

五是经费认领。为精简办事流程,上海交大在纵向、横向课题经费之外,将科技成果转移转化类项目立项和经费认领纳入平台化管理,将该类项目的管理统一录入到学校现有的科研管理信息平台。2017年,上海交大产研院与科研院沟通协调,将经费分配比例纳入到网上科研管理信息平台。

(7)建立健全科技成果评估评价机制。上海交大通过专家评议、尽职调查或委托第三方机构评估等方式对科技成果评估评价制定相应的操作办法,作为学校决策的参考依据。实行专家评议的,专家委员会成员应包括法律、管理、财务、投资、行业及科技领域专家。

(8)加强成果转化制度的贯彻落实。上海交大产研院下了比较大的力气开展科技成果转化政策及成果转化的宣讲。

二、案例分析

科技成果转移转化涉及主体多、要素多、环节多,加之方式多样,要做好这项工作很不容易。从上海交大上述情况来看,在科技成果转移转化的做法上,起步较早,起点较高,做法与经验比较有特色,可圈可点的地方不少。

(一)科技成果转移转化定位比较准确

上海交大一直以来比较重视科技成果转移转化,2009年设立了产研院,并将产研院定位为科技成果转移转化的推进主体。新修订的《促进科技成果转化法》颁布实施以后,上海交大及时做出"两个转变"和"两个统筹"的调整,即从追求成果数量向追求成果质量转变,从注重成果产生向注重成果转化转变;统筹科学研究和学科建设,统筹科技成果转移转化与人才培养。从中可以看出,上海交大高度重视科技成果转移转化,将科技成果转移转化摆在与科研、学科建设、人才培养同等重要的位置。

只有认识到位了,措施才能到位。措施到位了,才能有力地推进科技成果转移转化,才能充分发挥成果转移转化对科研、学科建设和人才培养的促进和提升作用。一些高校、一些高校的一些学科已经尝到了这方面的甜头。

(二)组织体系比较健全

推进科技成果转移转化需要强有力的组织作保证。为强化组织保障,采取了以下措施:
一是在学校层面,由主管校领导牵头,相关部门各司其职、密切配合。其中,科研院及时向产研院沟通科技成果及有关知识产权情况。从科技成果的产生到科技成果的转移转化，从管资产、管人才和管经费，到合规性审查，各相关部门边界清晰，分工协作，形成完整的职能体系。这是做好科技成果转移转化的组织保障。

二是充分发挥各方面的力量，在学校层面，由产研院行使技术转移职能，负责推进科技成果转移转化。一些院系、附属医院设立了技术转移机构的，由院系、附属医院的技术转移机构负责本部门本单位的科技成果转移转化。支持科研人员对其完成的科技成果实施转化。

三是产研院构建了"院部机构+协同创新机构+地方研究院"三个层次的组织架构。在地方研究院，也设立了一些政产学研相结合的创新中心，借助相关力量推进科技成果的转化。上述三个层次的组织体系，纵向到底（到地方、到科研团队、到科技人员个人），横向到边（包括院系、附属机构），基本覆盖了各个方面。

（三）文件体系比较全

上海交大"1+3+6"的文件体系涵盖了成果转移转化的方方面面，对成果转移转化的相关方面都规定得较为明确。"1"是总体规定，规定了科技成果转移转化的基本关系、基本制度等；"3"是指3个专门规定，"6"是指6个实施细则。上述文件的出台，上海交大做足了准备工作：一是认真梳理并吃透了国家政策法规。例如，新修订的《促进科技成果转化法》于2015年10月1日起施行，2015年国庆节后上班第一天，即2015年10月8日，笔者时任上海市科委体制改革与法规处处长，就应上海交大科研院的邀请，前去研讨如何贯彻落实《促进科技成果转化法》。二是对上海交大的现状与问题进行了认真梳理。上海交大在成果转移转化方面有一定的基础，也积累了一些经验。在总结已有经验的基础上，为贯彻落实新修订的《促进科技成果转化法》，制定学校的科技成果转移转化制度。三是配备了一支专业能力比较强的技术转移专业人才队伍。

随着国家新政的不断推出，上海交大也对上述文件体系及时进行了修订，以更好地贯彻国家成果转化新政，也真正做到了与时俱进。

文件出台是基础，关键在落实。为此，上海交大组织了一系列的政策宣讲，并提供比较周到的服务。

从文件结构看，基本涵盖了科技成果转移转化的各个方面，但从这些文件规定看，可以发现：一是没有包括科技成果离岗创新创业的规定或细则，也许对高校教师来说，离岗创新创业的需求不大，但这方面的规定不能缺失；二是对技术经理人或对为转化科技成果做出重要贡献的人员的激励政策也缺失；三是发明披露的规定，对科技人员权利义务方面的规定，不够明确。

（四）产研院功能强大

从产研院"院部机构+协同创新机构+地方研究院"三层组织架构来看，有三个方面的职能：一是技术转移管理职能，负责管理上海交大科技成果转移转化工作，包括组织科技成果供需对接、科技成果转移项目合同的审批、转化基金管理、相关政策文件起草与落实等；二是技术转移职能，为科技成果项目设计转移模式，并推进科技成果转移项目的成交等工作；三是组织实施产学研合作，管理学校产学研合作组织，设立了若干协同创新中心，并与地方合作共建了多家地方研究院，通过组建产学研合作组织推进科技成果转移转化。同时，产研院设立了知识产权管理有限公司承担技术转移公司的职能，作为科技成果作价入股的持股主体。不过，知识产权管理公司只是一个持股主体，不作为技术转移的运营主体。由一个机构统揽学校的科技成果转移转化，有利于集成校内外资源，形成推进科技成果转移转化的合力。

（五）制定了比较完整的操作办法和程序

上海交大设计了比较完整的科技成果转移转化操作流程，包括以下三个方面：一是成果转化的总体流程是成果披露→成果分析与评估→成果熟化与推介→收益分配→经费认领，分五个步骤；二是按照科技成果转让、许可、作价投资和科技成果完成人实施转化四种转化方式分别规定了操作条件和程序；三是制定了科技成果定价流程，分别制定了专家评议、尽职调查和委托第三方机构评估的操作办法。对于关联交易的，需在技术交易市场上挂牌交易。符合相关条件的，就按照相应的程序操作。对于每一项操作，均设计了相应的表格，画出了流程图，一目了然，方便操作。这套操作体系比较完整。

（六）根据科技成果与科研团队的具体情况设计转化方式

上海交大根据国家有关文件规定，对各种转化方式有所侧重：一是强化科技成果许可；二是支持以买断的方式将科技成果转移至受让方；三是满足相应条件的，可以选择作价投资或授权成果完成人实施转化；四是规范合作转化方式。从实际操作的案例来看，对于每一项成果的转化方式，都是根据该成果的特点、科研团队和投资者的实际，洽谈并设计出合适的转化模式，目的是充分利用国家政策和投资者的资源，发挥好科研团队的积极性，又更好地保障学校的利益。

三、案例点评

从上海交大案例可知，高校推进科技成果转移转化工作，需要处理好以下关系。

（一）摆正科技成果转移转化的位置

对科技成果转移转化的认识是否到位，决定了它的定位，将它摆在什么位置。定位好它的位置，就是要摆正科技成果转化与科学研究、学科建设和人才培养之间的关系。科技成果转化的定位找准了，各种关系摆正了，才能衔接好科技成果转化与科学研究、学科建设和人才培养的关系。这是做好成果转移转化工作的前提。据说，某高校高度重视科技成果转化，支持科研人员与企业开展横向合作，"四技合同"成交额明显提高了，科研人员尝到了甜头。因申请纵向课题的项目数量减少了，被教育主管部门批评为只注重经济效益而不重视科研。当然，不能认为与企业的横向科研活动就不是科研。也许一开始时，解决企业的技术问题，科研水平不高，但随着企业的技术需求越来越旺盛，技术创新能力的不断提高，科研水平也会相应提高，照样可以发表高水平的论文，也有可能与企业联合申请纵向科研项目。如果单纯地申请纵向科研项目，而且纵向课题不是来源于现实需求、现实问题，则科研会脱离实际，也许可以发表高水平的论文，但这样的科研仍是空中楼阁。

（二）科技成果转移转化的定位决定了科技成果转移转化的组织体系和政策体系

有的高校建立了由校长任组长的科技成果转移转化领导小组，校长亲自抓科技成果转移转化工作。校长亲自抓，校内人、财、物、政策等均能较好地到位。有的高校没有理顺科研、科技成果转移转化等关系，科研、科技成果转移转化和科技园区等分别由不同的副校长分管，因内部关系比较复杂，相关工作推进比较艰难。

（三）科技成果转移转化要理顺体制机制

科技成果转移转化需要科研、科研管理、人才配置、资产监管、经费保障等方面配合密切，需要理顺从科研到成果转移转化各环节，需要充分发挥科研人员、科技成果转化人员（包括技术经理人）等的积极性。这就要求部门职责分工明确，各司其职，且责任到位。只有这样，表明科技成果转移转化的校内体制机制比较顺畅。体制顺，机制才能顺。体制不顺，机制则很难顺畅。体制机制不顺，资源配置的效率不可能很高，人才的积极很难发挥出来，科技成果转移转化就会遇到障碍。

（四）政策要明确，流程要优化

科技成果转移转化的核心是充分发挥科技人员的积极性，而积极性的发挥，取决于学校、院系和科技人员的利益关系是否调整到位，以及科技人员之间的奖酬金分配是否调整到位。这些需要学校制定相关政策予以明确规范。同时，也要调整好科研团队内部的科技人员、科技成果完成人与科技成果转化人员之间的利益关系，各方力量要形成合力。

第四节 高校院所先进经验借鉴

质检机构推动科技成果转化的过程，是学习的过程，是分析总结的过程，是不断探索完善总结进步的过程。在学习的过程中，根据自身的特点优势，学习取得的成功的经验和案例，是其中的一个重要方面。本节主要介绍国内高校院所在科技成果转化方面的经验和案例。

一、优化制度，完善政策

上海大学共建科技成果转化政策研究中心，探索突破成果转化困境。学校通过制度、管理、服务体系的不断建设与完善，聚焦科技成果转化难点痛点共建政策研究中心，通过理论创新与实践创新的良性互动探索突破转化困境，加快推进学校科技成果转化进程。

（一）完善学校科技成果转化制度、管理、服务体系建设

学校围绕成果管理、职能分工、职称聘任、风险防控、工作流程等制定并出台了一系列清晰明了、可操作性强的管理办法。例如，《上海大学科技成果转化管理办法》（上大内〔2019〕185号）在收益分配方面充分把握奖励激励、团队发展和服务体系建设三个方面之间的平衡。《上海大学科技成果转化人员高级专业技术职务聘任实施办法》明确了科研人员在科技成果转化中的绩效，可作为其职称（职务）评聘、岗位聘用的重要依据。

学校成立科技成果转移转化领导小组，统筹推进学校科技成果转化与知识产权管理相关工作。成立前沿技术判断委员会、分析研判世界高技术前沿的发展方向，引导学校科学研究方向与转化应用方向。成立技术转移中心，牵头各部门构建互为补充的转移转化平台服务体系，为学校科技成果转移转化活动提供包括概念验证、科技成果评价、知识产权保护、技术营销、谈判、收入分配管理等方面的综合性服务。学校通过制度、管理、服务体系建设，进一步优化横向科研项目、科技成果转化项目的分配方案与管理流程，最大限度地激发科研人员服务企业技术创新，协同服务推动科技成果转化。

（二）聚焦转化难点痛点，共建科技成果转化政策研究中心

学校与上海科学技术交流中心合作，组建科技成果转化政策研究中心，依托学校技术转移中心汇聚科技成果转化各链条一线实践专家，聚焦转化难点痛电，通过理论创新与实践创新的良好互动，探索突破转化困境。探索欧美高校概念验证计划在上海高校推行的可行方案，推进成立"沪温

科技成果概念验证中心"。二是针对专利转化运用周期过长的问题，研究借鉴斯坦福OTL模式，加强研发与专利布局/运营并行，探索做大"专利申请权转让"方式，2019年以该方式实施转化的项目累计金额近1亿元。三是针对"现金奖励个税税率过高影响激励效果"这一热点问题，结合财政部、税务总局、科技部三部门联合发布了《关于科技人员取得职务科技成果转化现金奖励有关个人所得税政策的通知》，落实上海地区高校成果转化现金奖励个税"减半计征"政策的实施路径，近两年学校的成果转化现金奖励事项全部享受了个税优惠。

（三）案例：运用"专利申请权转让"方式，实现中药创新药物成果转化

学校医学院以综合性大学多学科交叉人才为基础，组建多学科背景融合的中青年中药创新药物研制团队从事中药活性成分的研究，特别是中药创新药物的发明及药物作用机制的研究。2019年10月，学校科研团队在实验室取得阶段性创新成果，研制开发用于治疗心血管的口服药物——一种丹参素衍生物及其制备方法，并向学校技术转移中心披露。同时技术转移中心委托专业知识产权服务机构围绕该创新成果进行专利撰写布局，会同团队与意向合作企业进行洽谈。同年11月，在取得成果专利申请受理通知书后，学校技术转移中心成立专业服务团队，协助科研团队正式完成合同条款的谈判和确定，并依法依规完成相关流程事宜，最终与企业签订专利申请权转让合同。转化收益以首付款、里程碑付款和销售额提成方式累计9850万元。

二、深化机构改革、发挥服务作用

浙江大学：技术转移机构着力促进学科与产业互动不断探索服务机制和模式创新。学校技术转移服务机构瞄准国家发展战略和区域科技发展需求，按照学校科技服务战略，完善体制机制建设，构建一体化、全链条、网络化的成果转化体系，通过筛选、推广、走访、调研等方式，以社会化网络化、专业化和国际化服务为抓手，不断探索服务机制和模式创新。

（一）健全体制机制和管理体系，协同服务科技成果转化

学校从明确科技成果转化内容、知识产权和无形资产的管理，到奖励的实施和审批，再到教师创新创业的人事管理等，构建了完善的推动学校科技成果转化的体制机制和管理体系。一方面，通过成立由校党委书记、校长任主任、全体校党政领导班子成员组成的科研成果转化促进委员会，统筹指导学校科技成果转化方向和目标，整合科学技术研究院工业技术转化研究院、国家大学科技园等学校科技成果转化平台服务资源，完善学校"原始创新、技术研发、成果转化、孵化产业化"的成果转化体系架构，协同推进学校转化工作。另一方面，明确学校技术转移机构分工，学校技术转移管理服务机构包括科学技术研究院和工业技术转化研究院。其中，科学技术研究院负责协调和推进学校科研成果转化促进委员会各项工作；工业技术转化研究院下设技术转移中心，协同为学校成果转化工作提供全方位服务保障。

（二）探索服务机制和模式创新，深度服务科技成果转化

学校技术转移中心依托学校促进科技成果转化的若干意见和措施办法，瞄准国家发展战略和区域科技发展需求，按照学校科技服务战略以"四服"（服务教师、服务学校、服务企业、服务社会）和"四化"（社会化、网络化、专业化和国际化）服务为抓手，不断探索服务机制和模式创新。

首先是着力促进学科与产业互动，强化服务科技成果转化。2019年学校技术转移中心通过筛选并推广学校高价值专利400余项，策划重点项目路演55项；累计在校内和全国各地组织各类产学研专场对接活动逾300场次，推动学科成果与产业交流互动。其中，重点打造的"智诚求是桥"科技

成果对接会品牌系列活动已累计开展102期，成功促成各类产学研合作项目金额逾1.6亿元。

其次是推进学校在地方的重大科技创新平台建设。学校技术转移中心为学校在校企技术合作、共建创新平台、联合申报科技项目、服务创新创业等方面牵线搭桥、主动参与谋划、切实组织前期调研和对接服务，已重点调研走访全国300余家企业，挖掘企业合作需求，推动和服务校企联合研发中心及校企高端对话，为学校在地方的重大科技创新平台建设提供服务支撑。其中，2019年，成功推动学校和阳煤集团签订5年2.5亿元的战略合作协议，推动学校与中南重工、南方电网、中广核等知名企业建立了广泛的合作关系。

（三）案例：持续保护高价值专利，危废无害处理的高价值

专利转让学校研发团队针对焚烧过程中痕量有机污染物生成及控制的核心技术和共性技术难题，开展了焚烧过程二噁英生成机制、迁移转化及减排控制的研究工作。于2005年，在国内外首次提出了"可调谐激光光谱结合飞行时间质谱在线监测二噁英的方法"的专利申请并获得授权。

2015年，在一次由学校技术转移中心组织的校内学术交流会中，某参会企业对该技术产生兴趣，后续经学校技术转移中心多次对接，双方达成合作意向。2019年，该成果通过在公开技术交易市场挂牌交易的方式以近千万元的价格转让给一家环保上市公司，成为学校科技成果转让历史中单价最高的专利。该成果由学校维持15年，是浙江大学发明专利中维持年限最高的37项专利之一。经学校技术转移中心多年管理和跟踪，为该成果提供持续的知识产权保护，在转化过程中提供沟通协调转化方案制定及评估定价等全方位的服务，同时该成果的转化也为学校高价值专利的保护、筛选及转化起到了很好的带动和示范效应。

三、加强队伍建设，发挥支撑作用

中国科学院上海光学精密机械研究所：加强知识产权人才队伍建设，提高成果转化专业能力。上海光机所围绕打造先进激光产业链的目标，推进科技成果转化平台建设、培养了一批专业从事相关知识产权与科技成果转化的运营和管理人才团队。为研究所技术转移转化工作发挥了重要支撑和保障作用。

（一）加强知识产权队伍建设，提高服务能力

研究所采取内外培训相结合的方式，通过所内培训普及知识产权，同时有计划、有针对性地从各个研究室中遴选优秀年轻科研人员参加由中国科学院和上海市每年主办的各类相关培训，着力培养同时具备专业技术知识和成果转化能力的复合型人才。逐步构建起由"中科院知识产权专员+上海光机所知识产权专员+研究室知识产权管理员"3个层级的知识产权人才队伍，为研究所加快知识产权布局和科技成果转化工作提供专业人才储备。

（二）推动三位一体建设，倍增转化成效

研究所聚焦地方产业需求，在科技成果转化方面，积极推动"人才+制度+平台"的三位一体建设，科技成果转化成效显著提升。

一是人才培养方面，研究所成立非营利性学术团体——中国科学院青年创新促进会，培养具有较高思想品德、善于把握科技前沿、能够带领团队进行自主创新的新一代学术技术带头人。同时，为造就一支数量适中、发展潜力大的青年科研骨干队伍、设立"青年特聘研究员岗位"出台《中科院上海光机所青年特聘研究员的岗位设置和聘任办法》，从应用基础研究与工程技术两类培养骨干人才。

二是制度建设方面，研究所2019年新制定《上海光机所专利管理工作实施细则（试行）》，原知识产权管理办法主要适用于专利的管理，2019年新制定的管理办法适用于专利、著作权、商标等。同时，鉴于专利是研究所知识产权的最主要部分，有针对性地制定了专利管理工作实施细则，与修订后的科技成果转移转化管理办法结合，实现了知识产权全部类别的全过程管理，为成果转化工作人员开展工作提供了制度保障。近两年，研究所通过技术助推企业发展，专利作价入股及专利转让（许可）直接收益近1.4亿元。

三是平台建设方面，研究所与地方共建南京先进激光技术研究院杭州光学精密机械研究所、上海先进激光产业创新技术研发与转化功能型平台等成果转化平台、形成以研究所为科技创新源头，以3个成果转化平台作为成果中试孵化基地的科技创新与转化格局。近5年已累计培育孵化50余家激光相关中小型高科技企业，培育年度销售额超亿元的企业5家，产业集聚效应日益凸显。

（三）案例：相关技术作价入股，推动高端装备核心部件国产化

研究所长期围绕国家重大专项高端装备用照明系统开展科研攻关，形成了一系列科技成果。北京某光学科技有限公司定位于打造高端装备核心部件生产商、并通过产权交易所以增资方式寻找技术实力一流的战略投资方。研究所成果转化人员积极与该公司对接，通过第三方资产评估机构对研究所相关专利等无形资产进行评估并履行核准备案手续。2019年8月，研究所以73项发明专利（含申请）所有权作价入股的方式，对该公司进行战略投资，评估值为1.2亿元。此次增资通过无形资产作价入股形成股权的50%奖励给开发团队，实现了对核心技术团队的股权激励，推动了国产高端装备核心部件生产和制造技术的新突破。

四、聚焦国家重大需求，助推高价值成果转化

中国科学院动物研究所立足国家重大需求，面向人民生命健康，聚焦再生医学领域核心技术突破与高价值专利培育，积极研发干细胞定向诱导分化，推进高价值科技成果转移转化。

（一）"资源库+科研平台"推动研究、应用与转化

围绕国家创新驱动发展战略和健康中国战略，研究所面向人民生命健康，聚焦干细胞与再生医学领域，推进技术研发与高价值专利培育，先后支持成立了北京干细胞资源库（2019年获批国家干细胞资源库）和中国科学院干细胞与再生医学创新研究院，搭建了干细胞资源平台和完善的科研平台。其中，干细胞资源库是我国首家作为试点单位通过CNAS《生物样本库质量和能力认可准则》、现场评审并获得中国人类遗传资源行政许可的细胞库。研究所建立了中国首株临床级人胚干细胞系，与多家医院合作开展了9项干细胞备案临床研究项目。推进我国首个干细胞标准和人胚干细胞产品标准——《干细胞通用要求》和首个能对人胚干细胞的产品标准——《人胚干细胞》的颁布实施，为我国干细胞研究领域的健康发展积累了从基础向临床研究转化的宝贵经验。

（二）内外联动，协同推进医产研融合发展

研究所承担了中国科学院"干细胞与再生医学研究"战略性先导科技专项和中国科学院"器官重建与制造"战略性先导科技专项以及多项国家重点研发计划，取得了一系列具有重大国际影响力的原创成果，形成多项具有自主知识产权的关键核心技术，培育一批具备核心竞争力的高价值专利。所外联合优势单位和企业，探索国有研究机构高效服务创新驱动发展的新模式，共建新型联合研究所、技术研发中心等、共同开展临床前及临床转化研究，推动科研、医疗和产业结合，形成了辐射全国的干细胞研究与医学转化网络。其中，研究所与河南省济源白云实业有限公司共建的"科

云生物农药技术研发中心",公司向研发中心提供稳定的科研经费支持,用于支持中心研发团队开展生物农药基础性研究。研发中心在生物农药新产品研发、生产及管理标准制定、知识产权保护和专业人才培养等方面为公司提供技术支持。

(三)案例:药物转化助力抗击新冠疫情

研究所研发团队自主创新建立了我国首株通过中国食品药品检定研究院质量复核的临床级人胚胎干细胞系,并突破干细胞药物质控、制剂等核心技术,成功制备了可用于治疗半月板损伤的干细胞注射液。

2019年,研究所联合中科院干细胞与再生医学创新研究院,北京泽辉辰星生物科技有限公司达成战略合作,将M类细胞制备及两项适应证药物开发技术许可给该公司,共同推进干细胞治疗半月板损伤和特发性肺纤维化两个适应证药物的开发。技术许可实施费总额为2.2亿元及超额销售额的5%提成(单适应证产品累计销售额超过5亿元后按5%销售额提成)。其中,M类细胞制备技术平台许可费为1亿元;单个适应证许可费包括1000万元首付款和5000万元里程碑付款,里程碑付款节点为单个适应证药物获得上市批准后支付。

2019年研究所已收到该公司支付的首期许可实施使用费4000万元根据《动物研究所成果转移转化管理办法》,按照科技成果完成人、研发团队、所在部室、研究所5∶3∶1∶1的奖励分配原则,已奖励个人近2400万元,激发了团队创新动力,提高了创新效率。

为抗击新冠疫情,围绕提高新冠肺炎治愈率、降低病亡率,项目团队基于本项科技成果开发出全球首个用于治疗新冠肺炎的干细胞药物细胞注射液(科舒达),先后在武汉市金银潭医院和武汉协和医院完成几十例患者的细胞输注,临床观察安全、有效,获批国家药监局Ⅱ期注册临床试验,并入选国务院联防联控机制科技攻关组重点推荐的治疗新冠肺炎"三药三方案"。

五、科研院所交叉融合,提升转化效能

中国科学院空天信息创新研究院:顺应科研院所改革总体要求,深化提升空天信息领域科技研究与成果转化效能。

2014年8月,习近平总书记在中央财经委员会第七次会议上强调,要按照遵循规律、强化激励、合理分工、分类改革要求,继续深化科研院所改革。2017年7月,在中国科学院电子学研究所、遥感与数字地球研究所、光电研究院的基础上整合组建、成立中国科学院空天信息创新研究院。依托原有科研机构核心竞争力、聚焦国家战略需求,开展空天信息领域科技研究与成果转化工作。

(一)聚焦国家战略需求,形成研究与转化方向

研究院聚焦国家空天信息领域基础性、战略性和系统性重大任务以重大产出和支撑国家实验室建设为目标,形成空天信息领域高起点大格局、全链条布局的研究与转化方向。一是高起点。通过整合3个研究所在各自领域的核心力量使研究院在成立之初就具备了高起点。例如,电子学研究所是我国第一个在综合型电子与信息科学方面的研究所,遥感与数字地球研究所为我国遥感科学与综合应用技术研究机构,光电研究院专攻光电工程、航天航空和应用科技等3个领域,掌握20多个国家级/院级重点实验室、中心、非法人单位、拥有空天信息领域核心竞争力。二是大格局。研究院主要聚焦空天信息获取处理、空间电子学器件等九大空天领域,承担国家基础性、战略性和系统性重大任务、提出并组织国家空天领域重大科技计划,解决国家重大科技问题、获得有国际影响力的研发成果。三是全链条布局。研究院布局建设临近空间/航空平台、光学/微波载荷、关键核心器

件、全球化卫星接收站网等，实现从平台到载荷、器件，再到数据接收、处理、应用的全链条创新体系。

(二) 完善成果转化制度，加强内控管理

研究院自成立后深化科技成果转化工作，不断完善制度体系，积极加强内控管理。一是成立院务会，作为科技成果转化事项的最高决策机构，负责审定和批准科技成果转化方案和奖励方案等相关事宜。二是成立经营性资产管理与院地合作委员会，作为研究院经营性国有资产的管理和监督机构，负责审议科技成果转化方案和奖励方案等相关事宜。三是设立科技促进发展处，作为研究院科技成果转移转化和知识产权主管部门，负责审核科技成果转化方案和奖励方案等相关事宜，以及对科技成果转化项目的调研、评估、组织和实施等全过程进行服务、指导、协调、管理、监督和检查。四是发布科技成果转移转化管理办法，对外投资管理办法和知识产权管理办法等规章制度，就科技成果日常管理、转化方式和收益分配及经营性国有资产管理等工作进行了制度规定，保障研究院科技成果转化工作有序开展。

2019年，研究院研制的"嫦娥四号"两载荷成功开机，使我国成为国际上首次实现在月球背面开展低频射电天文观测的国家，填补了100kHz~10MHz低频射电天文方面的科学空白。研究院以42项发明专利、46项软件著作权整体打包，作价2亿元入股济钢防务技术有限公司，同时，于辽宁营口建设总投资约1.3亿元的航空遥感系统机库项目。

下篇 XIA PIAN

科技成果政策法规及质检领域科技成果转化探究

第十章 科技成果政策法规体系

科技成果转化是创新驱动发展战略实施过程中至关重要的支撑。近年来，为了健全科技成果转化体制机制，加快科技成果转化，提高转化应用率，实现科学技术与经济的协同发展，从国家到地方，各级政府部门积极出台了科技工作有关的政策和规定。这些政策内容涵盖科技成果转化人才评价和培养、激励措施、财税金融、法律责任与制度建设、科技成果信息汇交与科技中介服务、产业集群发展、科技成果转化基地建设等多方面，有的是在综合性文件中涉及科技成果转移转化，有的是专门针对促进科技成果转移转化作出的规定。

第一节 国家层面

我国科技成果转化政策颁布部门众多，以科学技术部和财政部为主。新修订的《中华人民共和国促进科技成果转化法》自2015年10月1日起施行以后，国务院于2016年2月26日印发了《实施〈中华人民共和国促进科技成果转化法〉若干规定》（国发〔2016〕16号），国务院办公厅于2016年4月21日印发了《促进科技成果转移转化行动方案》（国办发〔2016〕28号），这三份文件的先后出台被称为科技成果转化三部曲。其他国家相关主管部门为贯彻三部曲、加强所管辖领域的科技成果转移转化，也陆续提出和出台了相应的指导性意见。

以"科技成果转化政策""科技创新"等信息为关键词，通过国务院官方网站、政府信息网、各部委官方网站等多个信息平台对成果转化政策信息进行了分类搜索，收集到国务院、各级有关党中央和部委出台的各项有关促进科技成果转移转化政策、意见、通知、计划等共206项。

从政策发布主体和制定方式来看，共计46个部门参与科技成果转化政策的制定，两个或两个以上机构联合颁布同一政策数量占比达到31.6%。46个机构中，主导科技成果转化政策制定的部门是科学技术部，由它单独发文或作为第一发文单位颁布的政策有46项，占政策总和的22.3%；国务院单独或联合其他部门发布的政策有39项，占政策总和的18.9%；财政部也是我国科技成果转化政策制定的核心机构，很多时候财政部是在配合其他部门实施联合发文，其单独发布或主导发布的政策数量为26项，占政策总和的12.6%；教育部单独发布或作为第一单位发布的政策数量为8项。除此之外，人力资源和社会保障部、工业和信息化部、交通运输部等也纷纷推出政策措施，为推进科技成果转化提供助力，体现了多部门的协同合作。

国家对科技成果转化的支持政策汇编（更新至2022年8月）		
序号	文件名称	发文机构（发文时名称）
一、综合政策		
1	中华人民共和国促进科技成果转化法	全国人大常委会
2	中华人民共和国科学技术进步法	全国人大常委会

3	关于构建更加完善的要素市场化配置体制机制的意见	中共中央、国务院
4	关于新时代加快完善社会主义市场经济体制的意见	中共中央、国务院
5	国务院关于加快培育和发展战略性新兴产业的决定	国务院
6	国务院关于大力推进大众创业万众创新若干政策措施的意见	国务院
7	关于印发实施《中华人民共和国促进科技成果转化法》若干规定的通知	国务院
8	关于优化科研管理提升科研绩效若干措施的通知	国务院
9	关于印发促进科技成果转移转化行动方案的通知	国务院办公厅
10	关于推动国防科技工业军民融合深度发展的意见	国务院办公厅
11	关于深化产教融合的若干意见	国务院办公厅
12	关于全面加强基础科学研究的若干意见	国务院
13	关于推动创新创业高质量发展打造"双创"升级版的意见	国务院
14	关于推进农业高新技术产业示范区建设发展的指导意见	国务院办公厅
15	关于推广第三批支持创新相关改革举措的通知	国务院办公厅
16	关于提升大众创业万众创新示范基地带动作用 进一步促改革稳就业强动能的实施意见	国务院办公厅
17	关于促进国家高新技术产业开发区高质量发展的若干意见	国务院
18	关于加快推动国家科技成果转移转化示范区建设发展的通知	科技部办公厅
19	关于技术市场发展的若干意见的通知	科技部
20	关于提升高等学校专利质量促进转化运用的若干意见	教育部、国家知识产权局、科技部
21	关于加强高等学校科技成果转移转化工作的若干意见	教育部、科技部
22	关于进一步推动高校落实科技成果转化政策相关事项的通知	教育部办公厅
23	促进高等学校科技成果转移转化行动计划	教育部办公厅
24	关于全面推进卫生与健康科技创新的指导意见	国家卫生健康委员会、科技部
25	关于加强卫生与健康科技成果转移转化工作的指导意见	国家卫生健康委员会、科技部
26	关于促进国防科技工业科技成果转化的若干意见	国防科工局
27	关于促进科技成果转化的意见	食药监管总局
28	中国科学院促进科技成果转移转化专项行动实施方案	中国科学院
29	中国科学院关于新时期加快促进科技成果转移转化指导意见	中国科学院、科技部

30	中国科学院科技成果转移转化重点专项项目管理办法	中国科学院
31	农业部深入实施《中华人民共和国促进科技成果转化法》若干细则	农业部
32	关于扩大种业人才发展和科研成果权益改革试点的指导意见	农业部、科技部、财政部、教育部、人力资源和社会保障部
33	关于印发促进科技成果转化暂行办法的通知	交通运输部
34	促进科技成果转化暂行办法	国土资源部
35	关于深化科技体制改革提升科技创新效能的实施意见	中共自然资源部党组
36	关于激励科技创新人才的若干措施	中共自然资源部党组
37	关于促进科技成果转化的指导意见	水利部
38	关于在国家科技计划专项实施中加强技术标准研制工作的指导意见	科技部、质检总局、国家标准委
39	关于加强和促进食品药品科技创新工作的指导意见	食品药品监管总局、科技部
40	质检总局关于促进科技成果转化的指导意见	质检总局
41	国家林业局促进科技成果转移转化行动方案	国家林业局
42	国家食品药品监督管理总局关于促进科技成果转化的意见	国家食品药品监督管理总局
43	国家粮食局关于大力促进粮食科技成果转化的实施意见	国家粮食局
44	关于支持国家级新区深化改革创新加快推动高质量发展的指导意见	国务院办公厅
45	关于印发国家卫生健康委员会科技重大专项实施管理细则的通知	国家卫生健康委员会
46	国家创新驱动发展战略纲要	中共中央、国务院
47	新形势下加强基础研究若干重点举措	科技部办公厅、财政部办公厅、教育部办公厅、中科院办公厅、工程院办公厅、自然科学基金委办公室
48	关于科技创新支撑复工复产和经济平稳运行的若干措施	科技部
49	关于印发振兴东北科技成果转移转化专项行动实施方案的通知	科技部、国家发展改革委、教育部、工业和信息化部、国务院国资委、国家知识产权局、中科院、自然科学基金会、国家开发银行

	二、成果权益	
50	关于实行以增加知识价值为导向分配政策的若干意见	中共中央办公厅、国务院办公厅
51	关于持续开展减轻科研人员负担 激发创新活力专项行动的通知	科技部、财政部、教育部、中科院
52	科技部等6部门关于扩大高校和科研院所科研相关自主权的若干意见	科技部、教育部、发展改革委、财政部、人力资源社会保障部、中科院
53	科技人员取得职务科技成果转化现金奖励信息公示办法	科技部、财政部、税务总局
54	国有科技型企业股权和分红激励暂行办法	财政部、科技部、国资委
55	关于扩大国有科技型企业股权和分红激励暂行办法实施范围等有关事项的通知	财政部、科技部、国资委
56	科技部等9部门赋予科研人员职务科技成果所有权或长期使用权试点实施方案	科技部、发展改革委、教育部、工业和信息化部、财政部、人力资源社会保障部、商务部、知识产权局、中科院
57	赋予科研人员职务科技成果所有权或长期使用权试点单位名单	科技部
58	中国科学院领导人员兼职和科技成转化激励管理办法	中共中国科学院党组
59	关于印发《国家科技重大专项（民口）管理规定》的通知	科技部、发展改革委、财政部
60	进一步深化管理改革激发创新活力 确保完成国家科技重大专项既定目标的十项措施	科技部、发展改革委、财政部
61	关于支持和鼓励事业单位专业技术人员创新创业的指导意见	人力资源和社会保障部
62	关于进一步支持和鼓励事业单位科研人员创新创业的指导意见	人力资源和社会保障部
63	关于事业单位科研人员职务科技成果转化现金奖励纳入绩效工资管理有关问题的通知	人力资源和社会保障部、财政部、科技部
64	关于抓好赋予科研机构和人员更大自主权有关文件贯彻落实工作的通知	国务院办公厅
65	关于支持和鼓励事业专业技术人员创新创业的指导意见	人力资源社会保障部
66	关于研究开发机构和高等院校报送2020年度科技成果转化年度报告工作有关事项的通知	科技部办公厅、财政部
	三、国资管理	
67	转发科技部关于加快建立国家科技报告制度指导意见的通知	国务院办公厅
68	关于印发科学数据管理办法的通知	国务院办公厅
69	关于修改《事业单位国有资产管理暂行办法》的决定	财政部

70	中央级事业单位国有资产管理暂行办法	财政部
71	中央级事业单位国有资产使用管理暂行办法	财政部
72	中央级事业单位国有资产处置管理暂行办法	财政部
73	关于进一步规范和加强行政事业单位国有资产管理的指导意见	财政部
74	行政事业单位国有资产年度报告管理办法	财政部
75	关于《国有资产评估项目备案管理办法》的补充通知	财政部
76	中央部门所属高校国有资产处置管理补充规定	财政部
77	关于进一步加大授权力度 促进科技成果转化的通知	财政部
78	工业和信息化部部属事业单位国有资产处置管理暂行办法	工业和信息化部
79	工业和信息化部所属行政事业单位国有资产出租出借管理暂行办法	工业和信息化部
80	工业和信息化部所属事业单位国有资产对外投资管理暂行办法	工业和信息化部
81	中国科学院事业单位国有资产管理办法	中国科学院
82	中央财政科技计划(专项、基金等)科技报告管理暂行办法	科技部
83	关于研究开发机构和高等院校报送科技成果转化年度报告工作有关事项的通知	财政部、科技部
84	关于进一步压实国家科技计划(专项、基金等)任务承担单位科研作风学风和科研诚信主体责任的通知	科技部、自然科学基金委
85	关于进一步加大授权力度 促进科技成果转化的通知	财政部
	四、机构建设	
86	关于进一步推进高等学校专业化技术转移机构建设发展的实施意见	科技部、教育部
87	高等学校科技成果转化和技术转移基地认定暂行办法	教育部
88	促进在京高校科技成果转化实施方案	教育部、科学技术司、中关村科技园区管理委员会
89	市场监管总局关于印发《市场监管科研成果奖管理办法》《国家市场监督管理总局科技成果登记办法》和《国家市场监督管理总局科技成果转化基地认定办法》的通知	市场监管总局
90	关于开展双创示范基地创业就业"校企行"专项行动的通知	国家发展改革委办公厅、国务院国资委办公厅、教育部办公厅、人力资源社会保障部办公厅
	五、考核评价	
91	关于深化职称制度改革的意见	中共中央办公厅、国务院办公厅

92	关于深化项目评审、人才评价、机构评估改革的意见	中共中央办公厅、国务院办公厅
93	关于分类推进人才评价机制改革的指导意见	中共中央办公厅、国务院办公厅
94	关于开展清理"唯论文、唯职称、唯学历、唯奖项"专项行动的通知	科技部、教育部、人力资源社会保障部、中科院、工程院
95	关于破除科技评价中"唯论文"不良导向的若干措施（试行）	科技部
96	关于规范高等学校SCI论文相关指标使用树立正确评价导向的若干意见	教育部、科技部
97	关于深化技工院校教师职称制度改革的指导意见	人力资源社会保障部
98	关于深化自然科学研究人员职称制度改革的指导意见	人力资源社会保障部、科技部
99	关于深化农业技术人员职称制度改革的指导意见	人力资源社会保障部、农业农村部

六、转化促进

（一）财政资金

100	关于进一步完善中央财政科研项目资金管理等政策的若干意见	中共中央办公厅、国务院办公厅
101	关于进一步优化国家重点研发计划项目和资金管理的通知	科技部、财政部
102	中央财政科技计划（专项、基金等）绩效评估规范（试行）	科技部、财政部、发展改革委
103	关于印发科技领域中央与地方财政事权和支出责任划分改革方案的通知	国务院办公厅
104	国家科技成果转化引导基金创业投资子基金变更事项管理暂行办法	科技部、财政部
105	关于进一步加强医学科研项目和资金管理的通知	国家卫生健康委员会

（二）税收政策（技术交易）

106	关于个人非货币性资产投资有关个人所得税政策的通知	财政部、国家税务总局
107	关于将国家自主创新示范区有关税收试点政策推广到全国范围实施的通知	财政部、国家税务总局
108	关于全面推开营业税改征增值税试点的通知	财政部、国家税务总局
109	关于完善股权激励和技术入股有关所得税政策的通知	财政部、国家税务总局
110	关于科技人员取得职务科技成果转化现金奖励有关个人所得税政策的通知	财政部、税务总局、科技部
111	关于转制科研院所科技人员取得职务科技成果转化现金奖励有关个人所得税政策的通知	财政部、税务总局、科技部、国资委

112	关于企业委托境外研究开发费用税前加计扣除有关政策问题的通知	财政部、税务总局、科技部
113	关于进一步完善研发费用税前加计扣除政策的通知	财政部、税务总局
114	关于居民企业技术转让有关企业所得税政策问题的通知	财政部、税务总局
115	关于技术转让所得税减免企业所得税的有关问题的通知	国家税务总局
116	关于提高研究开发费用税前加计扣除比例的通知	财政部、税务总局、科技部
(三) 科技金融		
117	国家科技成果转化引导基金管理暂行办法	财政部、科技部
118	国家科技成果转化引导基金设立创业投资子基金管理暂行办法	科技部、财政部
119	关于进一步落实小微企业金融服务监管政策的通知	中国银保监会
120	国家科技成果转化引导基金贷款风险补偿管理暂行办法	科技部、财政部
121	关于进一步强化中小微企业金融服务的指导意见	中国人民银行、银保监会、发展改革委、工业和信息化部、财政部、市场监管总局、证监会、外汇局
(四) 知识产权		
122	中华人民共和国专利法	全国人大常委会
123	关于强化知识产权保护的意见	中共中央办公厅、国务院办公厅
124	专利代理条例	国务院
125	关于新形势下加快知识产权强国建设的若干意见	国务院
126	知识产权对外转让有关工作办法（试行）	国务院办公厅
127	关于在北京、上海、广州设立知识产权法院的决定	全国人民代表大会常务委员会
128	关于专利等知识产权案件诉讼程序若干问题的决定	全国人民代表大会常务委员会
129	关于实施专利转化专项计划助力中小企业创新发展的通知	财政部办公厅、知识产权局办公室
130	关于北京、上海、广州知识产权法院案件管辖的规定	最高人民法院
131	关于知识产权法庭若干问题的规定	最高人民法院
132	关于全面加强知识产权司法保护的意见	最高人民法院
133	关于知识产权服务民营企业创新发展若干措施的通知	国家知识产权局

134	专利实施强制许可办法	国家知识产权局
135	专利优先审查管理办法	国家知识产权局
136	关于推广实施企业运营类专利导航项目	国家知识产权局办公室
137	推动知识产权高质量发展年度工作指引（2020）	国家知识产权局
138	关于进一步加强知识产权维权援助工作的指导意见	国家知识产权局
139	专利代理管理办法	国家市场监督管理总局
140	中国科学院院属单位知识产权管理办法	中国科学院
141	关于进一步加强知识产权维权援助工作的指导意见	国家知识产权局
142	关于进一步提升企业知识产权管理体系贯标认证质量的通知	国家知识产权局办公室
143	知识产权信息公共服务工作指引	国家知识产权局办公室

（五）空间载体

144	关于发展众创空间推进大众创新创业的指导意见	国务院办公厅
145	关于建设大众创业万众创新示范基地的实施意见	国务院办公厅
146	关于推进农业高新技术产业示范区建设发展的指导意见	国务院办公厅
147	国家科技创新基地优化整合方案	科技部、财政部、国家发展改革委
148	关于推进国家技术创新中心建设的总体方案（暂行）	科技部
149	科技企业孵化器管理办法	科技部
150	发展众创空间工作指引	科技部
151	专业化众创空间建设工作指引	科技部
152	国家大学科技园管理办法	科技部、教育部
153	国家众创空间备案暂行规定	科技部火炬中心
154	国家小型微型企业创业创新示范基地建设管理办法	工信部
155	关于科技企业孵化器大学科技园和众创空间税收政策的通知	财政部、税务总局、科技部、教育部
156	关于加快推动国家科技成果转移转化示范区建设发展的通知	科技部办公厅
157	关于开展"百城百园"行动的通知	科技部办公厅、财政部办公厅
158	国家制造业创新中心考核评估办法（暂行）	工业和信息化部办公厅
159	中华人民共和国政府采购法实施条例	国务院
160	关于促进首台（套）重大技术装备示范应用的意见	国家发改委

161	关于印发《国家新材料产业资源共享平台建设方案》的通知	工业和信息化部、财政部
162	关于印发《国家科技成果转移转化示范区建设指引》的通知	科技部
163	国家产业创新中心建设工作指引（试行）	国家发展改革委
164	关于开展国家农业科技示范展示基地	农业农村部办公厅
165	国家大学科技园管理办法	科技部、教育部
（六）专业服务		
166	关于加快科技服务业发展的若干意见	国务院
167	关于国家重大科研基础设施和大型科研仪器向社会开放的意见	国务院
168	关于加快构建大众创业万众创新支撑平台的指导意见	国务院
169	关于印发国家技术转移体系建设方案的通知	国务院
170	开放共享管理办法	科技部、发展改革委、财政部
171	国家科技资源共享服务平台管理办法	科技部、财政部
172	关于加强国家重点实验室建设发展的若干意见	科技部、财政部
173	国家新一代人工智能开放创新平台建设工作指引	科技部
174	关于促进新型研发机构发展的指导意见	科技部
175	关于新时代服务业高质量发展的指导意见	国家发展改革委、市场监管总局
176	高校知识产权信息服务中心建设实施办法	国家知识产权局办公室、教育部办公厅
177	关于新形势下加快建设知识产权信息公共服务体系的若干意见	国家知识产权局
178	关于国家农业科技创新联盟建设的指导意见	农业农村部办公厅
179	高校科技创新服务"一带一路"倡议行动计划	教育部
180	关于建立交通运输重大科技创新成果库的通知	交通运输部办公厅
（七）企业承接		
181	中华人民共和国中小企业促进法（2017年修订）	全国人大常委会
182	中华人民共和国外商投资法实施条例	国务院
183	保障中小企业款项支付条例	国务院
184	关于营造更好发展环境支持民营企业改革发展的意见	中共中央、国务院
185	关于进一步促进中小企业发展的若干意见	国务院
186	关于促进企业技术改造的指导意见	国务院

187	关于扩大对外开放积极利用外资若干措施的通知	国务院
188	关于进一步提高上市公司质量的意见	国务院
189	关于促进中小企业健康发展的指导意见	中共中央办公厅、国务院办公厅
190	关于强化企业技术创新主体地位 全面提升企业创新能力的意见	国务院办公厅
191	关于进一步优化营商环境 更好服务市场主体的实施意见	国务院办公厅
192	关于进一步做好稳外贸稳外资工作的意见	国务院办公厅
193	关于进一步推进中央企业创新发展的意见	科技部、国资委
194	科技型中小企业评价办法	科技部、财政部、国家税务总局
195	关于新时期支持科技型中小企业加快创新发展的若干政策措施	科技部
196	关于开展社会服务领域双创带动就业示范工作的通知	国家发展改革委办公厅
197	于推动高新技术企业认定管理与服务便利化的通知	科技部火炬中心

（八）表彰奖励

198	国家科学技术奖励条例	国务院

七、纪律监督

199	中国共产党党员领导干部廉洁从政若干准则	中共中央
200	关于进一步规范党政领导干部在企业兼职（任职）问题的意见	中共中央组织部
201	关于充分发挥检察职能依法保障和促进科技创新的意见	最高人民检察院
202	关于充分发挥审判职能作用 为深化科技体制改革和加快国家创新体系建设提供司法保障的意见	最高人民法院
203	关于审计工作更好地服务于创新型国家和世界科技强国建设的意见	审计署
204	科学技术保密规定	科技部、国家保密局
205	科学技术活动违规行为处理暂行规定	科技部
206	关于进一步加强科研诚信建设的若干意见	中共中央办公厅、国务院办公厅

总体来看，2015—2021年间科技成果转化政策的发布数量平稳增加，整体呈现波动上升的趋势，并在2017年达到了一个小高峰。根据对206项政策内容进行分析，并结合我国科技创新发展情况，本章将有关科技成果转化的政策设定为与科技成果转化、成果权益、机构建设、考核评价、转化促进、技术交易等有关内容，涉及政府、高等院校与科研院所、科技企业等相关主体及其活动，这些都与科技成果转化政策密切相关。

一、综合政策

从政策演变过程来看，我国已经初步形成科技创新成果转化的政策体系，并且其内容逐步完善和明确。科技成果转化综合政策主要包括《中华人民共和国促进科技成果转化法》《中华人民共和国科学技术进步法》、国务院《关于大力推进大众创业万众创新若干政策措施的意见》、国务院办公厅《关于推动国防科技工业军民融合深度发展的意见》、科技部《关于印发〈关于技术市场发展的若干意见〉的通知》等。以下详述两个文件在成果转化方面的规定。

2020年4月9日，中共中央、国务院印发《关于构建更加完善的要素市场化配置体制机制的意见》。明确了要素市场制度建设的方向及重点改革任务，围绕土地、劳动力、资本、技术和数据要素，就扩大要素市场化配置范围、促进要素自主有序流动、加快要素价格市场化改革等做出了部署。

2021年12月7日，教育部、国家知识产权局、科技部发布《关于提升高等学校专利质量促进转化运用的若干意见》（教科技〔2020〕1号）。明确以坚持质量优先、突出转化导向、强化政策引导为原则，推动高校知识产权全流程管理体系更加完善，并与高校科技创新体系、科技成果转化体系有机融合，全面提升高校专利创造质量、运用效益、管理水平和服务能力。重点强调高校专利工作要回归保护创新创业的初心，要融入科技创新的全过程，要立足高校是科技成果重要供给侧的特点。

二、成果权益

科技权益相关政策主要是为深化科技成果使用权、处置权和收益权改革，进一步激发科研人员创新热情，促进科技成果转化为目标的相关政策。如人力资源社会保障部、财政部、科技部《关于事业单位科研人员职务科技成果转化现金奖励纳入绩效工资管理有关问题的通知》（人社部发〔2021〕14号）；科技部、财政部、教育部、中科院、自然科学基金委等五部门《关于开展减轻青年科研人员负担专项行动的通知》（国科发政〔2020〕280号）；《科技部关于印发〈赋予科研人员职务科技成果所有权或长期使用权试点单位名单〉的通知》（国科发区〔2020〕273号）；科技部等9部门印发《赋予科研人员职务科技成果所有权或长期使用权试点实施方案》的通知（国科发区〔2020〕128号）；《人力资源社会保障部关于进一步支持和鼓励事业单位科研人员创新创业的指导意见》（人社部发〔2019〕137号）；科技部等6部门印发《关于扩大高校和科研院所科研相关自主权的若干意见》的通知（国科发政〔2019〕260号）；《人力资源社会保障部关于支持和鼓励事业单位专业技术人员创新创业的指导意见》（人社部规〔2017〕4号）；中共中央办公厅、国务院办公厅印发的《关于实行以增加知识价值为导向分配政策的若干意见》（厅字〔2016〕35号）等。

根据对以上政策文本进行分析，其相关规定主要包括以下内容：

一是支持和鼓励事业单位专业技术人员创新创业。主要措施包括事业单位选派专业技术人员到企业挂职工作或者参与项目合作；专业技术人员兼职创新或者在职创办企业；专业技术人员离岗创办企业；允许科研人员和教师依法依规适度兼职兼薪，如高校教师从事多点教学获得合法收入，或从事兼职工作获得合法收入。

二是支持和鼓励事业单位设置创新型岗位。事业单位可根据创新工作需要设置开展科技项目开发、科技成果推广和转化、科研社会服务等工作的岗位。高校和科研院所可根据国家有关规定和开展科研活动需要，自主聘用工作人员，自主设置岗位，切实下放职称评审权限，完善人员管理方式。

三是加强科技成果产权对科研人员的长期激励，落实以增加知识价值为导向的收入分配政策。赋予科研人员职务科技成果所有权和职务科技成果长期使用权；将事业单位科研人员职务科技成转化现金奖励纳入绩效工资管理；完善绩效工资分配方式，加大绩效工资分配向科研人员倾斜力度，强化绩效工资对科技创新的激励作用。逐步提高科研人员收入水平，鼓励科研人员通过科技成果转化获得合理收入；发挥财政科研项目资金的激励引导作用，完善股权激励等相关税收政策。

四是扩大科研机构、高校收入分配自主权。引导科研机构、高校实行体现自身特点的分配办法；完善适应高校教学岗位特点的内部激励机制；落实科研机构、高校在岗位设置、人员聘用、绩效工资分配、项目经费管理等方面自主权；重视科研机构、高校中长期目标考核。

三、机构建设

机构建设相关政策包括《国家市场监督管理总局科技成果转化基地认定办法》的通知（国市监科财〔2020〕91号）；《教育部关于印发〈高等学校科技成果转化和技术转移基地认定暂行办法〉的通知》（教技〔2018〕7号）、《教育部、科技部关于加强高等学校科技成果转移转化工作的若干意见》（教技〔2016〕3号）等。2020年5月13日，《科技部、教育部印发关于进一步推进高等学校专业化技术转移机构建设发展的实施意见》（国科发区〔2020〕133号）。提出高校技术转移机构高质量建设和专业化发展的实施意见，将技术转移机构建设发展作为推动高校科技成果转化工作的主要抓手和重要载体，核心是让专业的人干专业的事，发挥技术经理人的专业优势，为科技成果转移转化活动提供全链条、综合性、专业化服务。这些政策文件主要提出了以下方面的具体任务：

一是建立高等学校科技成果转化和技术转移基地，打造一批体系健全、机制创新、市场导向的高校科技成果转化和技术转移平台。结合实际开展体制机制探索，形成一批可复制、可推广的经验做法，促进高校科技成果转移转化能力明显提升，各具特色的高校科技成果转移转化体系逐步建立和完善。

二是全面强化高校科技成果转移转化能力建设，进一步完善高校科技成果转化体系。通过加强技术转移机构建设，在健全高校科技成果转化管理和流程、明确成果转化职能、完善激励机制、建立专业化人员队伍、提升专业服务能力等方面形成完整工作体系，推动高校更加重视科技成果转化工作，建立长效机制，提升高校服务经济社会发展的能力。

三是在市场监管部门建设和认定一批科技成果转化基地，形成一批可复制、可推广的经验做法，发挥示范和引领作用，调动技术机构和科研人员开展科技成果转化的积极性，更好地促进市场监管科技成果转化应用。

四、考核评价

考核评价相关政策包括科技部印发《关于破除科技评价中"唯论文"不良导向的若干措施（试行）》的通知（国科发监〔2020〕37号）；教育部、科技部印发《关于规范高等学校SCI论文相关指标使用树立正确评价导向的若干意见》的通知（教科技〔2020〕2号）；人力资源社会保障部、科技部《关于深化自然科学研究人员职称制度改革的指导意见》（人社部发〔2019〕40号）；中共中央办公厅、国务院办公厅印发了《关于分类推进人才评价机制改革的指导意见》（中办发〔2018〕6号）；科技部、教育部、人力资源社会保障部、中科院、工程院《关于开展清理"唯论文、唯职称、唯学历、唯奖项"专项行动》的通知（国科发政〔2018〕210号）；中共中央办公厅 国务院办公厅印发《关于深化职称制度改革的意见》的通知（中办发〔2016〕77号）等。

通过分析以上政策文本，其目的是要把科研人员的注意力从发论文转到出实绩上来，把科技评价的重点从数量转到质量上来，为科研人员减轻负担、摆脱"唯论文、唯职称、唯学历、唯奖项"的枷锁，建立符合自然科学研究人员职业特点的职称制度，注重标志性成果的质量、贡献和影响，切实为科研人员营造风清气正、追求卓越的创新生态。

《关于破除科技评价中"唯论文"不良导向的若干措施（试行）》的通知（国科发监〔2020〕

37号）（以下简称《若干措施》）措施主要包括：

一是强化分类考核评价导向。对基础研究类科技活动推行论文评价代表作制度，其中国内科技期刊论文原则上不少于1/3。对应用研究和技术开发类活动不把论文作为主要评价依据和考核指标。同时，要适当提高对高质量成果的考核评价权重。

二是分类提出科技活动的评价重点和要求。如国家科技计划项目（课题）突出创新质量和综合绩效，国家科技创新基地突出支撑服务能力，中央级科研事业单位绩效评价突出使命完成情况，国家科技奖励评审突出成果质量和贡献，创新人才推进计划人才评选突出科学精神、能力和业绩等。同时，对推行论文代表作的设定数量上限，引导科技人员更加关注论文质量，不以数量论英雄。

三是提出相关配套措施。破除"唯论文"导向的关键一招，是要避免论文与资源配置和利益简单挂钩。《若干措施》提出，要加强论文发表支出管理，不允许使用国家科技计划项目专项资金奖励论文发表，不允许将论文发表数量、影响因子等与奖励奖金挂钩。同时，要打造中国高质量科技期刊，完善学术期刊预警机制，强化监督检查等。

《关于深化自然科学研究人员职称制度改革的指导意见》（人社部发〔2019〕40号）坚持问题导向、需求导向，聚焦突出问题，在完善评价标准、创新评价机制、促进与用人制度有效衔接等方面提出针对性改革举措：

在完善评价标准方面，坚持德才兼备、以德为先。突出评价自然科学研究人员的科学精神和职业道德，对科研不端行为实行"零容忍"。根据不同类型科研活动特点，将自然科学研究人员分为从事基础研究、从事应用研究和从事科技咨询与科技管理服务的人员三类，分类制定评价标准，实行分类评价。破除"四唯"倾向，淡化学历要求，学历不再是否决项，不具备相应学历可以通过同行专家推荐进行破格申报；淡化论文要求，推行代表作制度，改变片面将论文、著作数量与职称评审直接挂钩的做法，注重成果的质量、贡献、影响；不把奖项、荣誉性称号作为限制性条件。

在创新评价机制方面，建立健全同行专家评议机制，引入市场评价和社会评价，发挥多元评价主体作用。对特殊人才打破常规，采取特殊方式进行评价。打破户籍、地域、身份等制约，确保民办机构自然科学研究人员在职称评审方面享有平等待遇，保障离岗创业或兼职科研人员评审权利。建立绿色通道，对取得重大基础研究和原创性、颠覆性、关键共性技术突破的，作出重大贡献的自然科学研究人员，可直接申报评审副研究员、研究员职称。

进一步下放职称评审权限，逐步将自然科学研究人员高级职称评审权下放到市地或符合条件的科研单位，充分发挥科研单位在职称评审中的主导作用。加强职称评审信息化建设，减少各类申报表格和纸质证明材料，科研项目、人才支持计划等申报材料中与职称相关的内容，可作为职称评审的参考，为自然科学研究人员职称评审"减负"。

五、转化促进

科技成果转化促进相关政策可以分为财政资金、税收政策、科技金融、知识产权、空间载体、市场拓展、专业服务、企业承接、表彰奖励等方面。本节对财政资金、税收政策、科技金融、知识产权方面的政策文本进行分析。

财政资金方面，主要政策有中共中央办公厅和国务院办公厅发布的《关于进一步完善中央财政科研项目资金管理等政策的若干意见》、科技部财政部发展改革委发布的《中央财政科技计划（专项、基金等）绩效评估规范（试行）》、科技部和财政部《关于进一步优化国家重点研发计划项目和资金管理的通知》等。相关政策主要针对改革措施落实不到位、科研项目资金管理不够完善等问题，旨在进一步完善中央财政科研项目资金管理和评估，提高科技计划的实施效果和财政资金使用效率。其主要措施包括改进中央财政科研项目资金管理、完善中央高校和科研院所基本建设项目管理、研仪器设备采购管理以及差旅会议管理、规范中央财政科技计划（专项、基金等）绩效评估活动等。

税收政策方面，主要政策有财政部、国家税务总局《关于个人非货币性资产投资有关个人所得税政策的通知》；财政部、国家税务总局《关于将国家自主创新示范区有关税收试点政策推广到全国范围实施的通知》；财政部、国家税务总局《关于全面推开营业税改征增值税试点的通知》；财政部、国家税务总局《关于完善股权激励和技术入股有关所得税政策的通知》；财政部、税务总局、科技部《关于科技人员取得职务科技成果转化现金奖励有关个人所得税政策的通知》；财政部、税务总局、科技部、国资委《关于转制科研院所科技人员取得职务科技成果转化现金奖励有关个人所得税政策的通知》等。相关政策规定了对技术成果投资入股实施选择性税收优惠政策，对上市公司股票期权和限制性股票和股权奖励适当延长纳税期限对符合条件的非上市公司股票期权、股权期权、限制性股票和股权奖励实行递延纳税政策，对技术转让所得企业所得税免征或减半征收等。

科技金融方面，主要政策有财政部、科技部《关于印发〈国家科技成果转化引导基金管理暂行办法〉的通知》；科技部、财政部《关于印发〈国家科技成果转化引导基金设立创业投资子基金管理暂行办法〉的通知》；中国银保监会《关于进一步落实小微企业金融服务监管政策的通知》；中国人民银行、银保监会、发展改革委、工业和信息化部、财政部、市场监管总局、证监会、外汇局《关于进一步强化中小微企业金融服务的指导意见》等。科技金融政策在引导金融资源向科技领域合理配置过程中起到不可或缺的调控作用，是促进科技成果转化和推动产业转型升级的重要举措。近年来，我国不断完善金融支持创新体系，强化金融对科技创新的支撑作用，推动金融体系更好适应科技创新的需求。科技金融方面建立了多部门的协调机制，由科技部牵头，联合财政、金融、人民银行、银保监局等部门建立了协调联动工作机制，结合各自职责，明确任务分工，共同推进科技金融发展。

知识产权方面，主要政策有《中共中央办公厅、国务院办公厅关于印发〈关于强化知识产权保护的意见〉的通知》；《国务院关于新形势下加快知识产权强国建设的若干意见》；《国务院办公厅关于印发〈知识产权对外转让有关工作办法（试行）〉的通知》；《全国人民代表大会常务委员会关于在北京、上海、广州设立知识产权法院的决定》；关于实施专利转化专项计划助力中小企业创新发展的通知等。其主要政策措施包括完善科技成果评价机制、重视科技成果评价服务标准化、探索知识产权权益分配改革、推动开展知识产权转化运用、扩大科研机构和高校知识产权处置自主权、健全职务发明制度、完善知识产权保护制度等。

六、技术交易

科技成果技术交易方面的政策有《财政部、教育部关于印发〈国家科技成果转化引导基金管理暂行办法〉的通知》（财教〔2021〕176号）；《科技部、财政部关于印发〈国家科技成果转化引导基金贷款风险补偿管理暂行办法〉的通知》（国科发资〔2015〕417号）；《科技部、财政部关于印发〈国家科技成果转化引导基金设立创业投资子基金管理暂行办法〉的通知》（国科发财〔2014〕229号）等。

《国家科技成果转化引导基金管理暂行办法》（财教〔2021〕176号）自2022年1月1日起施行，办法明确提出鼓励创新创业载体参与设立子基金，转化基金将通过引导社会资本和创新创业载体的融合，加快科技成果转化。办法同时将旧版办法中有关贷款风险补偿、绩效奖励的支持方式删去，说明国家科技成果转化引导基金的运作更加市场化，专注采用股权投资的方式支持科技成果转化。

科技部、财政部《关于印发国家科技成果转化引导基金贷款风险补偿管理暂行办法的通知》（国科发资〔2015〕417号）的出台，旨在引导银行加大对科技型中小企业的信贷支持力度，建立绿色信贷通道，降低企业融资成本，将进一步缓解企业的"融资难、融资贵"问题，形成促进科技成果转化的"创业投资+银行信贷"融资链条。该办法规定，科技成果转化贷款是指合作银行向科技型中小企业发放的用于转化科技成果的一年期及以上的贷款，贷款资金主要用于转化国家科技成果转化项目库中的科技成果。地方科技部门应将转化科技成果的科技型中小企业信息收集整理，向合作银行推荐。合作银行根据公布的科技成果转化贷款实施条件和要求，自主审贷。为加强对科技成果转化贷款的管理，一是省级科技部门、财政部门要对合作银行在本地区发放的符合科技成果转化贷款的项目进行确认；二是合作银行总行应对各地区发放的科技成果转化贷款加强审核，如实报送科技成果转化贷款项目，不得弄虚作假，骗取贷款风险补偿资金。

第二节　河北省层面

科技成果转化政策主要包括河北省为加强科技与经济紧密结合、加快推动科技成果转化为现实生产力，以书面形式正式颁布的各种法规性文件。从政策发布主体和制定方式来看，河北省的科技发文工作主力单位是河北省人民政府办公厅，在检索到的2015—2022年河北省40份关于科技成果转化的政策性文件中，河北省人民政府单独发布的就已经达到了16项之多，其作为参与单位发布的共22项；河北省科学技术厅单独发文或作为第一发文单位颁布的政策有15项；其余3项由河北省人力资源社会保障厅、河北省市场监督管理局、河北省住房和城乡建设厅单独发布。

河北省市对科技成果转化的支持政策汇编（更新至2022年8月）		
序号	文件名称	发文字号	发文机构
1	河北省科学技术奖励办法实施细则	冀科成市规〔2022〕1号	河北省科学技术厅
2	河北省合作共建科技平台示范基地申报工作指引	冀科平〔2022〕6号	河北省科学技术厅
3	河北省重大科技成果转化行动实施方案	冀科创领〔2021〕2号	河北省科学技术厅
4	河北省新型研发机构管理办法	冀科平规〔2021〕1号	河北省科学技术厅、河北省财政厅
5	关于大力推进科技创新工作的若干措施	冀办〔2021〕28号	中共河北省委办公厅、河北省人民政府办公厅
6	河北省科技创新"十四五"规划	冀政办字〔2021〕141号	河北省人民政府办公厅
7	河北省市场监管"十四五"规划	冀市监发〔2021〕144号	河北省市场监督管理局
8	河北省促进科技成果转化和产业化资金使用实施细则（暂行）	冀科成市函〔2020〕65号	河北省科学技术厅
9	河北省技术转移机构管理办法	冀科成市规〔2020〕1号	河北省科学技术厅
10	关于疫情防控期间提供便利化合同认定登记和成果登记服务的通知	冀科成市函〔2020〕4号	河北省科学技术厅
11	关于深化要素市场化配置改革的实施意见	冀发〔2020〕11号	中共河北省委、河北省人民政府
12	关于深化"放管服"改革优化科研管理若干政策措施	冀政字〔2019〕4号	河北省人民政府

13	中国（河北）自由贸易试验区管理办法	河北省人民政府令〔2019〕9号	河北省人民政府
14	关于推动创新创业高质量发展打造"双创"升级版若干政策措施	冀政字〔2019〕13号	河北省人民政府
15	关于推行终身职业技能培训制度加快技能强省建设的实施意见	冀政字〔2019〕17号	河北省人民政府
16	河北省县域科技创新跃升计划（2019—2025年）	冀政办字〔2019〕9号	河北省人民政府办公厅
17	关于印发河北省推动科技服务业高质量发展实施方案（2019—2022年）的通知	冀政办字〔2019〕11号	河北省人民政府办公厅
18	河北省人民政府办公厅关于加快5G发展的意见	冀政办字〔2019〕54号	河北省人民政府办公厅
19	关于进一步促进科技成果转化和产业化的若干措施	冀科成市〔2019〕21号	河北省科学技术厅、河北省教育厅、河北省财政厅、河北省人力资源和社会保障厅
20	关于进一步加强技术合同认定登记工作的通知	冀科成市函〔2019〕35号	河北省科学技术厅
21	关于进一步提升技术合同认定登记服务质量的通知	冀科成市函〔2019〕42号	河北省科学技术厅
22	关于启动新版技术合同认定登记证明的通知	冀科成市函〔2019〕54号	河北省科学技术厅
23	河北省技术转移体系建设实施方案	冀政发〔2018〕5号	河北省人民政府
24	河北省科技创新三年行动计划（2018—2020年）	冀政发〔2018〕6号	河北省人民政府
25	促进县域经济高质量发展十条财政政策	冀政字〔2018〕50号	河北省人民政府
26	河北省旅游高质量发展规划（2018—2025年）	冀政字〔2018〕57号	河北省人民政府
27	关于印发《河北省推进绿色建筑发展工作方案》的通知	冀建科〔2018〕22号	河北省住房和城乡建设厅
28	支持中央驻冀科研院所科技成果转化的若干措施（试行）	冀科成市〔2017〕15号	河北省科学技术厅
29	关于落实以增加知识价值为导向分配政策的实施意见	冀办字〔2017〕26号	中共河北省委办公厅、河北省人民政府办公厅
30	河北·京南国家科技成果转移转化示范区建设实施方案（2017—2020年）	冀政办字〔2017〕100号	河北省人民政府办公厅
31	河北省促进科技成果转移转化行动计划（2016—2020年）	冀政办发〔2016〕28号	河北省人民政府办公厅
32	关于加快科技创新建设创新型河北的决定	冀发〔2016〕29号	中共河北省委、河北省人民政府

33	河北省技术转移机构工作指引	冀科成市函〔2016〕16号	河北省科学技术厅
34	中国（河北）博士后成果转化基地管理办法	冀人社发〔2016〕59号	河北省人力资源和社会保障厅
35	关于深入实施创新驱动发展战略推进产业转型升级的意见	冀发〔2015〕2号	中共河北省委、河北省人民政府
36	河北省技术合同认定登记机构确认及绩效评价办法（试行）	冀科成市〔2015〕6号	河北省科学技术厅
37	关于深化科技体制改革加快推进创新发展的实施意见	冀发〔2015〕14号	中共河北省委、河北省人民政府
38	河北省促进高等学校和科研院所科技成果转化暂行办法实施细则	冀科政〔2015〕20号	河北省科学技术厅等
39	河北省促进高等学校和科研院所科技成果转化暂行办法	冀政〔2014〕118号	河北省人民政府
40	关于推动企业增加研发投入提升企业技术创新能力的实施意见	冀政办〔2014〕2号	河北省人民政府办公厅

借鉴有关学者对科技政策分类的研究，将河北省发布的40项科技成果转化政策内容分为人才、财税金融、科技成果转化法律责任与制度建设、科技成果信息汇交与科技中介服务、产业集群发展、科技成果转化基地六个维度。

从人才维度来看，一是鼓励科省内高校、院所科技人员离岗创业，健全职务成果产权制度。二是加强技术转移人才培养，包括建设技术转移人才培养基地和实训基地，开设评估评价等成果转化课程，开展技术经纪人培训，加快培养技术转移领军人才，畅通职业发展通道，鼓励退休专业技术人员从事技术转移服务等措施。三是支持培养引进高层次创新创业人才，鼓励高层次人才到河北创新创业。

从财税金融维度来看，一是优化科技人员成果转化收益分配机制，以及实施科技成果转化的科技人员享受的个人所得税税收优惠政策。二是设立重大科技成果转化专项，重大科技成果转化项目优先获得创新资金、三项经费、风险投资基金支持。三是政府协助有重大科技成果转化项目的企业获得资金支持和扩展融资渠道。四是各级政府投入的资金按照一定比例用于科技成果的转化。五是健全科技金融服务体系，建立省科技金融服务平台，为科技型企业融资、上市提供一站式、个性化服务。六是完善科技成果转化多元化投融资机制，支持创立科技成果转化基金，试行混合所有制基金管理模式。

从科技成果法律责任与制度建设维度来看。一是对于阻碍科技成果转化工作者，县以上政府责令改正，情转严重者给予处分。二是从业人员泄露单位技术秘密或擅自转让对单位造成经济损失需承担民事责任。三是中介服务组织提供虚假证明的责令改正，没收非法所得，构成犯罪的，依法追究刑事责任。四是单位未按照规定给予科技工作者奖励的，工作者可以向县级以上政府提出调解申请，调解不成可向法院起诉。

从科技成果信息交汇与科技中介服务维度来看。一是加快科技中介服务体系建设，构建覆盖全省的技术交易机构网络。二是政府和相关部门培训和指导中介服务组织。三是各级人民政府支持中介服务机构促进科技成果交易，对其合法收益进行法律保护。四是县级以上人民政府完善技术市场，加强对其监督管理。五是聚焦科技中介服务平台重点领域的高端发展。六是促进创新平台服务升级，引导专业化、精细化发展。七是鼓励建设新型科技服务平台，提高科技中介的服务水平和质量。八是鼓励科技中介为科技成果提供跨平台、跨领域的新型交易模式。九是鼓励国际科技中介在河北设立分支机构或开展合作。

从产业集群发展维度来看。一是鼓励产、学、研相结合促进经济建设和社会发展。二是鼓励加大新技术、多产业的融合应用，探索一站式集成服务。三是推动建立一体化的京津冀技术市场，把京津作为我省技术转移的策源地和重要源头，建立京津冀技术转移联盟，构建全链条、多要素的线上线下协作网络。

从科技成果转化基地维度来看。一是推动建设中国（河北）博士后成果转化基地。二是支持省和有条件设区市可以建立与产业特点对应的孵化器。三是支持高等院校、科研院所、企业建立科技成果转化试验基地。四是政府设立中间试验、示范基地建设专用资金，加强中试熟化平台建设。五是省人民政府组织建设的科技成果转化示范基地，享有土地使用权的优惠政策。六是各级人民政府给予农业科技成果示范的土地以保障，并给予资金支持。七是加快推进重大科技成果转化基地建设，形成"京津研发，河北转化"的模式，鼓励建设技术示范推广基地。八是打造国际化技术转移中心，在石家庄市建设"展示、交易、转化、服务"四位一体的国际化科技成果展示交易中心。

第三节 市场监管层面

十八大以来，经过质检科技工作者的不懈努力，质检技术机构不断壮大，技术装备水平显著提升，人才队伍进一步优化，质检创新成果突出，创新文化氛围更加浓厚，科研创新能力明显提高，科研投入和科技成果大幅增长。

一、加快科技成果转化的政策措施

党中央、国务院高度重视科技成果转化工作，制定了一系列加快科技成果转移、转化的政策措施。为了推进这些政策在国家市场监督管理总局系统的落实、落地，结合我国市场监管工作实际和发展需求，制定或联合制定了《市场监管总局关于印发〈市场监管科研成果奖管理办法〉〈国家市场监督管理总局科技成果登记办法〉和〈国家市场监督管理总局科技成果转化基地认定办法〉的通知》（国市监科财〔2020〕91号），《国家市场监管重点实验室管理暂行办法》《国家市场监管技术创新中心管理暂行办法》（国市监科财〔2020〕7号）；《食品药品监管总局、科技部关于加强和促进食品药品科技创新工作的指导意见》（食药监科〔2018〕14号），《质检总局关于促进科技成果转化的指导意见》（国质检科〔2017〕140号），《国家食品药品监督管理总局关于促进科技成果转化的意见》（食药监科〔2017〕71号），《质检总局关于加强检验检测公共技术服务进一步支持中小微企业健康发展的指导意见》（国质检科〔2017〕177号），《科技部、质检总局、国家标准委关于在国家科技计划专项实施中加强技术标准研制工作的指导意见》（国科发资〔2016〕301号）等制度，推动科技成果转化。

二、科技成果登记

为了加强和规范国家市场监督管理总局科技成果登记工作，及时、准确和完整地统计科技成果，服务成果转化、成果奖励和科技决策，制定发布了《国家市场监督管理总局科技成果登记办法》，完善科技成果登记工作机制，不断规范和优化工作流程。办法中的科技成果是指通过科技计划产生的市场监管科技创新成果，包括：市场监管总局组织推荐的中央财政科技计划（专项、基金等）项目/课题所产生的科技成果；市场监管总局科技计划项目、技术保障专项项目所产生的科技成果；市场监管部门技术机构承担的其他科技计划项目所产生的科技成果等。

三、科技成果转化基地

2013年，国家质量监督检验检疫总局印发《国家质检科技成果转化推广基地管理办法（暂行）》，依托技术机构建设科技成果转化推广基地。在机构改革前共建设和认定了15家科技成果转化推广基地，如中国计量科学研究院、上海质检院、江苏省计量院、浙江省特种设备检测研究院等。各个基地在单位绩效考核、个人职称评定、奖金激励等方面进行了探索，在激励科技成果转化方面取得了初步成效。

2020年6月，国家市场监督管理总局印发《国家市场监督管理总局科技成果转化基地认定办法》，依托市场监管系统技术机构，将基地作为促进科技成果转化和技术转移的重要平台，在市场监管部门建设和认定一批科技成果转化基地，形成一批可复制、可推广的经验做法，发挥示范和引领作用，调动技术机构和科研人员开展科技成果转化的积极性，更好地促进市场监管科技成果转化应用。该办法对成果转化基地认定工作的基本原则、组织管理与职责、成果转化基地的主要任务、申请条件与认定程序、管理和考核等内容做出了规定。

四、重点实验室和技术创新中心

2020年1月，国家市场监督管理总局印发了《国家市场监管重点实验室管理暂行办法》和《国家市场监管技术创新中心管理暂行办法》。

《国家市场监管重点实验室管理暂行办法》规定，重点实验室应当结合自身特点，推动科技成果的转化，加强与产业界的联系与合作。应加强知识产权保护，对重点实验室完成的专著、论文、软件、数据库等研究成果均应署重点实验室名称，专利、技术成果转让、申报奖励按国家有关规定办理。

《国家市场监管技术创新中心管理暂行办法》规定，技术创新中心是国家市场监管科技创新体系的重要组成部分，是以协同创新等方式开展技术研究、推动科技成果转化、提供技术服务、聚集和培养优秀科技人才、开展技术交流与合作的重要平台，是落实国家各项科技发展政策的高地。建设技术创新技术中心应具备的基本条件包括：研究实力强，在本领域有代表性，并具备一定的科技成果转化经验；具有较强的应用示范、技术服务和成果转移转化能力。对技术创新中心的运行做出如下要求：一是技术创新中心应建立多渠道筹措研究与管理经费的机制，鼓励技术创新中心与相关企业或机构合作开展技术研发、成果转化等活动。二是技术创新中心主任应为本领域高水平的学术带头人，具有较强的组织管理和成果转化能力。三是技术委员会是技术创新中心的技术指导机构，主要职责是：审议技术创新中心的研究目标、研究方向，参与技术创新中心重要学术活动，为技术创新中心开展技术研发、成果转化提供技术咨询。

五、科研成果奖励

为完善市场监管技术创新体系，调动市场监管科研人员的积极性和创造性，加大科研攻关力度，推进科技成果转化，提升市场监管科技创新水平，促进市场监管事业发展，制定了《市场监管科研成果奖管理办法》，设立了"市场监管科研成果奖"。该办法对市场监管科研成果奖的组织机构、评审范围和标准、推荐和受理、评审、异议处理、批准和授奖、监督管理等内容做出了明确规定。

第四节 各省市层面法规

为全面地反映各省市对科技成果转化的重视程度，现将部分省市法规体系中有关奖励的规定摘录如下，使读者对全国范围的情况有直观地了解。

一、《北京市促进科技成果转化条例》相关规定

政府设立的研发机构、高等院校可以按照下列标准对完成、转化该项科技成果做出重要贡献的人员给予奖励和报酬：

（一）将职务科技成果转让、许可给他人实施的，从该项科技成果转让净收入或者许可净收入中提取不低于百分之七十的比例；

（二）利用职务科技成果作价投资的，从该项科技成果形成的股份或者出资比例中提取不低于百分之七十的比例；

（三）将职务科技成果自行实施转化或者与他人合作实施转化的，在实施转化成功投产后，从开始盈利的年度起连续五年内，每年从实施转化该项科技成果的营业利润中提取不低于百分之五的比例。五年奖励期限满后依据其他法律法规应当继续给予奖励或者报酬的，从其规定。

前款所称净收入，是指转让、许可收入扣除本次交易发生的相关税金、维护该科技成果的费用及交易过程中的评估、鉴定、谈判等直接成本后的余额。

政府设立的研发机构、高等院校及国有企业依照本条例规定对完成、转化职务科技成果做出重要贡献的人员给予奖励和报酬的支出计入当年本单位工资总额，但不受当年本单位工资总额和绩效工资总量限制、不纳入本单位工资总额基数。

二、《天津市促进科技成果转化条例》相关规定

职务科技成果转化后，科技成果完成单位应当按照本单位的规定或者与科技人员的约定，对完成、转化该项科技成果做出重要贡献的人员给予奖励和报酬。单位未规定、也未与科技人员约定的，按照下列标准执行：

（一）将该项职务科技成果转让、许可给他人实施的，从转让、许可收入扣除相关税费、科技成果维护费、交易过程中的评估费、鉴定费等直接费用后的净收入中，提取不低于百分之五十的比例；

（二）以该项职务科技成果作价投资的，从作价投资取得的股份或者出资比例中，提取不低于百分之五十的比例；

（三）将该项职务科技成果自行实施或者与他人合作实施的，应当在实施转化成功投产后连续三至五年，每年从实施该项科技成果的营业利润中，提取不低于百分之五的比例。

科技成果完成单位在前款规定比例的基础上，根据科技成果转化实际情况，可以自主提高奖励和报酬比例。

三、《河北省促进科技成果转化条例》相关规定

第四十二条　国家设立的研究开发机构、高等院校获得的职务科技成果，除涉及国防、国家安全、国家利益、重大社会公共利益的外，其使用、处置和收益的权利归属科技成果完成单位，转化收入全部留归科技成果完成单位，纳入单位预算，不上缴国库，在对完成、转化职务科技成果做出重要贡献的人员给予奖励和报酬后，主要用于本单位科学技术研究开发与成果转化等相关工作，并对技术转移机构的运行和发展给予保障。

探索科技成果产权制度改革，可以通过奖励等办法将部分股权、知识产权等让渡给科研人员。

第四十三条　国家设立的研究开发机构、高等院校取得的科技成果转化资产处置收益为科研事业收入，应当纳入部门预算管理和单位统一会计核算。

（一）所有权转让的。依据处置合同或成果变更登记证明和收入原始单据，核销科技成果无形资产账面余值，资产处置收入计入科研事业收入。

（二）使用权许可的。依据处置合同和收入原始单据，资产处置收入计入科研事业收入。

（三）作价入股的。依据处置合同和股权价格，核销科技成果无形资产账面余值，计入长期投资，股权红利计入其他收入。

（四）科技成果转化资产处置过程中发生的直接费用，计入科研事业支出。

第四十四条　科技成果完成单位与其他单位或者个人合作实施科技成果转化的，应当依法签订合同，在合同中约定科技成果权益的归属。合同中未约定但转化中形成新科技成果的，新科技成果归合作各方共有，各方都有实施的权利，转让该成果应当经合作各方同意，各方在同等条件下享有优先受让权。

第四十五条　在职务科技成果转化后，科技成果完成单位应当按照国家和本省有关规定、本单位的有关奖励制度或者与相关人员签订的协议，对完成、转化科技成果做出重要贡献的人员采取收益分成、股权奖励、期权奖励等方式给予奖励和报酬。单位制定相关的奖励和报酬规定时，应当听取本单位科技人员的意见，并在本单位予以公开。

第四十六条　国家设立的研究开发机构、高等院校在职务科技成果转化后，应当将不低于百分之七十的现金收益或者股权，用于对完成、转化科技成果做出重要贡献的集体和个人的奖励、报酬。对研发和成果转化做出主要贡献人员的奖励份额不低于奖励总额的百分之五十。

前款中的现金收益是指以所有权转让或使用权许可方式进行科技成果转化获得的收入扣除对科技成果所进行的后续试验、开发、应用、推广和资产处置过程中发生的直接费用后折合为现金的收益。股权是指以作价入股方式进行科技成果转化获得的股权。

第四十七条　对于担任领导职务的科技人员获得科技成果转化奖励的，实施分类管理。

国家设立的研究开发机构、高等院校等事业单位及其所属具有独立法人资格单位，作为科技成果的主要完成人或者对科技成果转化做出重要贡献的正职领导（不包含内设机构），可以依法获得现金奖励，原则上不得获取股权激励。

前款事业单位中作为科技成果的主要完成人或者对科技成果转化做出重要贡献的其他担任领导职务的科技人员，可以依法获得现金、股份或者出资比例等奖励和报酬。

对担任领导职务的科技人员的科技成果转化收益分配实行公开公示制度，不得利用职权侵占他人科技成果转化收益。

第四十八条　允许国有及国有控股企业在科技成果转化实现盈利后，连续三至五年每

年提取当年不高于百分之三十的转化利润，用于奖励核心研发人员、团队成员及有重大贡献的科技管理人员。

第四十九条 国有企业、事业单位按照规定对完成、转化职务科技成果做出重要贡献的人员给予奖励和报酬的支出计入当年本单位工资总额，但不受当年本单位工资总额限制、不纳入本单位工资总额基数。

第五十条 对完成、转化科技成果做出重要贡献人员的奖励和报酬支付期限，应当在科技成果完成单位的有关奖励制度中规定或者与相关人员签订的协议中约定。法律、法规另有规定的，从其规定。

科技成果完成单位未规定、也未与科技人员约定奖励和报酬的支付期限时，以转让、许可等方式转化科技成果取得现金收入的，科技成果完成单位应当在现金到账之日起六十日内完成对成果完成人和重要贡献人员的现金奖励。以作价入股方式转化科技成果取得股权的，应当在股权登记或变更时，完成对成果完成人或重要贡献人员的股权奖励。

四、《山西省促进科技成果转化条例》相关规定

科技成果完成单位未规定、也未与研发团队、科技人员约定奖励和报酬的方式和数额的，按照下列标准对完成和转化职务科技成果做出重要贡献的人员给予奖励和报酬：

（一）以技术转让或者许可方式转化职务科技成果的，应当从技术转让或者许可所取得的净收入中提取不低于百分之七十的比例；

（二）以科技成果作价投资实施转化的，应当从作价投资取得的股份或者出资比例中提取不低于百分之七十的比例；

（三）将该项职务科技成果自行实施或者与他人合作实施的，应当在实施转化成功投产后连续五年，每年从实施该项科技成果的营业利润中提取不低于百分之十的比例。

五、《内蒙古自治区促进科技成果转化条例》相关规定

研究开发机构、高等院校等事业单位将成果转移转化所获收益用于奖励对完成、转化职务科技成果做出重要贡献的人员，有合同约定的，按合同约定执行。合同未约定的，按照下列标准执行：

（一）以技术转让或者许可方式转化职务科技成果的，应当从技术转让或者许可所取得的净收入中提取不低于百分之七十的比例用于奖励；

（二）以职务科技成果作价投资实施转化的，应当从作价投资取得的股份或者出资比例中提取不低于百分之七十的比例用于奖励；

（三）自行实施或者与他人合作实施职务科技成果的，在实施转化成功投产后五年内，可以每年从实施该项科技成果的营业利润中提取不低于百分之十的比例用于奖励；

（四）承担科技成果转化的技术转移机构工作人员和管理人员获得奖励的份额不低于奖励总额的百分之五。

前款所称净收入是指技术合同的实际成交额扣除交易的直接成本和税金后的余值，其中前期项目研发投入不列入成本。

第三十三条 研究开发机构、高等院校等事业单位在科技成果转化过程中，可以奖励科技成果完成人一定比例的科技成果权属份额，取得科技成果权属份额的科技成果完成人不再参与该项科技成果转化后单位所获收益的分配。科技成果完成人要求按照第三十二条第一款第一、二、三项规定获取奖励的除外。

第三十四条 利用自治区财政性资金设立的研究开发机构改制为企业的，对完成、转

化职务科技成果做出重要贡献的人员的奖励，按照有关企业的规定执行。

对科技人员开展技术开发、技术咨询、技术服务等活动给予的奖励，可以按照第三十二条执行。

研究开发机构、高等院校等事业单位依照本条例对完成、转化职务科技成果做出重要贡献的人员给予奖励的支出，以及对科技人员开展技术开发、技术咨询、技术服务等活动给予奖励的支出，计入当年本单位工资总额，不纳入本单位绩效工资总额。

第三十五条 对完成、转化职务科技成果做出重要贡献人员的奖励支付期限，应当在科技成果完成单位的有关奖励制度中规定或者与相关人员签订的协议中约定。

科技成果完成单位未在奖励制度中规定奖励支付期限，也未与相关人员签订协议约定的，科技成果完成单位应当在取得科技成果转化收入之日起六个月内进行奖励；以作价投资方式转化科技成果的，应当在股权登记或者变更时完成股权奖励。法律、法规另有规定的，从其规定。

六、《辽宁省人民政府关于进一步促进科技成果转化和技术转移的意见》相关规定

高等院校、科研院所制定转化科技成果收益分配制度时，要按照规定充分听取本单位科技人员的意见，并在本单位公开相关制度。依法对职务科技成果完成人和为成果在本省转化做出重要贡献的其他人员给予奖励时，按照以下规定执行：

1. 以技术转让或者许可方式在本省转化职务科技成果的，应当从技术转让或者许可所取得的净收入中提取不低于70%的比例用于奖励。

2. 以科技成果作价投资在本省实施转化的，应当从作价投资取得的股份或者出资比例中提取不低于70%的比例用于奖励。

3. 在研究开发和科技成果在本省转化中做出主要贡献的人员，获得奖励的份额不低于奖励总额的70%。

4. 对科技人员在本省科技成果转化工作中开展技术开发、技术咨询、技术服务等活动给予的奖励，可按照促进科技成果转化法和本规定执行。

七、《吉林省促进科技成果转化条例》相关规定

第二十六条 对在科技成果转化工作中，做出突出贡献的组织和个人，由各级人民政府或者有关部门、单位按照有关规定给予表彰或者奖励；产生显著效益的，予以重奖。

第二十七条 省外以及国外组织和个人的科技成果在我省实施转化的，享受我省科技成果转化方面的优惠待遇。

第二十八条 职务科技成果转让后，转让单位应当从转让该科技成果所取得的净收入中提取不低于20%的奖金奖励给对完成该项目科技成果做出重要贡献的人员。

科技成果转化投产成功后，接受转让科技成果的单位应当连续3～5年从实施该科技成果新增留利中提取不低5%的奖金，奖励给对转化该项科技成果做出重要贡献的人员。

采用股份形式的企业实施转化的，可以用不低于科技成果入股作价金额20%的股份给予奖励，持股人依据其所持股份分享收益。

第二十九条 在科技成果转化过程中，取得重大经济效益和社会效益的项目，可以申报吉林省科学技术进步奖，并逐步提高吉林省科学技术进步奖中转化类科技成果的授奖比例。

从事应用性研究开发的科技人员晋升专业技术职务任职资格时，应当将其科技成果转

化工作的业绩作为必要条件。业绩突出的,可以不受学历、资历和专业技术职务岗位数额等条件的限制,破格参加相应的专业技术职务任职资格的评审。

优先推荐在科技成果转化工作中取得显著成绩的科技人员,申报国家有突出贡献的中青年科学、技术、管理专家和享受政府特殊津贴以及吉林省有突出贡献的中青年专业技术人才。

八、《黑龙江省促进科技成果转化条例》相关规定

职务科技成果转化后,科技成果完成单位应当按照本单位规定或者与科技人员约定的奖励、报酬的方式和数额,对完成、转化该项科技成果做出重要贡献的人员给予奖励和报酬。无规定且未与科技人员约定奖励、报酬的方式和数额的,按照下列标准给予奖励和报酬:

(一)将该项职务科技成果转让、许可给他人实施的,从该项科技成果转让净收入或者许可净收入中提取不低于百分之七十的比例。

(二)利用该项职务科技成果作价投资的,从该项科技成果形成的股份或者出资比例中提取不低于百分之七十的比例。

(三)将该项职务科技成果自行实施或者与他人合作实施的,应当在实施转化成功投产后连续五年,每年从实施该项科技成果的营业利润中提取不低于百分之五的比例。

(四)在科技成果转化工作中开展技术开发、技术服务、技术咨询的,从技术合同净收入中提取不低于百分之七十的比例。

九、《上海市促进科技成果转化条例》相关规定

职务科技成果转化后,科技成果完成单位应当按照规定或者与科技人员的约定,对完成、转化科技成果做出重要贡献的人员给予奖励和报酬。

科技成果完成单位未规定、也未与科技人员约定奖励和报酬方式和数额的,按照《中华人民共和国促进科技成果转化法》的规定执行。

研发机构、高等院校转化科技成果所获得的收入全部留归本单位。允许研发机构、高等院校按照以下标准,规定或者与科技人员约定奖励和报酬:

(一)将职务科技成果转让、许可给他人实施的,可以从该项科技成果转让净收入或者许可净收入中提取不低于百分之七十的比例。

(二)按照本条例第十条第一项、第二项的规定,利用职务科技成果作价投资的,可以从该项科技成果形成的股份或者出资比例中提取不低于百分之七十的比例。

(三)将职务科技成果自行实施或者与他人合作实施的,在实施转化成功投产后,可以从开始盈利的年度起连续五年,每年从实施该项科技成果产生的营业利润中提取不低于百分之五的比例。奖励期满后依据其他法律法规应当继续给予奖励或者报酬的,从其规定。

前款第一项所称的职务科技成果转让、许可净收入,是指转让、许可收入扣除相关税费、单位维护该科技成果的费用,以及交易过程中的评估、鉴定等直接费用后的余额。

研发机构、高等院校转化科技成果所获得的收入,在对完成、转化科技成果做出重要贡献的人员给予奖励和报酬后,主要用于科学技术研发与成果转化等相关工作,并提取一定比例用于支持本单位科技成果转化专门机构的运行和发展。

研发机构、高等院校依照本条例规定,对完成、转化职务科技成果做出重要贡献的人

员给予奖励和报酬的支出，纳入单位收入分配管理，但不纳入当年本单位绩效工资总量。

国有企业依照本条例规定，对完成、转化职务科技成果做出重要贡献的人员给予奖励和报酬的支出，计入当年本单位工资总额，但不受当年本单位工资总额限制、不纳入本单位工资总额基数。

十、《江苏省促进科技成果转化条例》相关规定

第十三条 科技成果持有者可以科技成果作价投资、折算股份或者出资比例的形式进行科技成果转化。以高新技术成果向有限责任公司或者非公司制企业出资入股，其作价金额在公司或者企业注册资本的比例可达百分之三十五，另有约定的除外。

第二十一条 科技人员在完成本职工作的前提下，经单位同意，可以到其他单位兼职从事研究开发和成果转化活动。国有科研单位、高等院校的科技人员可以离岗创办高新技术企业或者到其他高新技术企业转化科技成果。实行竞争上岗的科研单位、高等院校应当允许离岗人员在单位规定的期限内（一般为二年）回原单位平等竞争上岗。

科技人员兼职或者离岗期间的工资待遇和医疗、意外伤害等各种保险，由科研单位、高等院校按照国家有关规定，与用人单位和兼职或者离岗人员签订书面协议予以确定。

兼职或者离岗的科技人员不得侵害本单位或者原单位的技术经济权益。高等院校有教学任务的科技人员兼职不得妨碍教学工作。

第二十二条 主要由政府资助的应用性研究项目，其研究成果应当在成果完成后一年内实施转化；一年内未实施转化的，可以由科技成果完成人和参加人在不变更职务科技成果权属的前提下，根据与本单位协议进行该项科技成果的转化，并享有协议约定的权益，也可以由项目下达部门责成项目承担单位向社会公开转让。

第二十三条 法人或者其他组织实施其职务科技成果的，应当在项目成功投产后，连续三至五年内从其实施该项职务科技成果的销售额中提取不低于百分之零点五的金额，奖励给职务科技成果的完成人和为成果转化做出重要贡献的其他人员。采用股份形式的企业，也可以用不低于该项职务科技成果入股作价金额百分之二十的股份，奖励给职务科技成果完成人和为成果转化做出重要贡献的有关人员，持股人按所持股份享受收益，其中，奖励给职务科技成果完成人的股份不得低于所奖励股份的百分之五十。

法人或者其他组织许可他人或者以技术转让方式提供给他人实施其职务科技成果的，应当从其所取得的使用费或者转让费中提取不低于百分之二十的金额，奖励给职务科技成果的完成人和为成果转化做出重要贡献的其他人员。

第二十四条 采用股份形式的企业对其骨干科技人员可以采取股权激励措施。

十一、《浙江省促进科技成果转化条例》（修正文本）相关规定

第三十六条 政府设立的研究开发机构、高等院校可以将科技成果作价投资或者作为注册资本，享有相应的资产权利，承担相应责任，并指定所属专业部门统一管理科技成果作价形成的资产。

第三十七条 政府设立的研究开发机构、高等院校依法对完成、转化职务科技成果做出重要贡献的人员给予奖励时，按照下列规定执行：

（一）以技术转让或者许可方式转化职务科技成果的，应当从技术转让或者许可所取得的净收入中提取不低于百分之七十的比例用于奖励。

（二）以职务科技成果作价投资实施转化的，应当从作价投资取得的股份或者出资比例中提取不低于百分之七十的比例用于奖励。

（三）自行实施或者与他人合作实施职务科技成果的，在实施转化成功投产后五年内，可以每年从实施该项科技成果的营业利润中提取不低于百分之十的比例用于奖励。

政府设立的研究开发机构、高等院校对完成、转化职务科技成果的主要贡献人员获得奖励的份额不低于奖励总额的百分之七十，承担科技成果转化的技术转移机构工作人员和管理人员获得奖励的份额不低于奖励总额的百分之五。

政府设立的研究开发机构、高等院校可以在科技成果转化过程中，奖励科技成果完成人一定比例的科技成果权属份额，取得科技成果权属份额的科技成果完成人不再参与该项科技成果转化后单位所获收益的分配。科技成果完成人要求按照前两款规定获取奖励的除外。

本条第一款所称净收入是指技术合同的实际成交额扣除成本和税金支出后的余值，其中研究开发科技成果所用财政资金不列入成本。

政府设立的研究开发机构改制为企业的，对完成、转化职务科技成果做出重要贡献的人员的奖励，按照有关企业的规定执行。

本条例实施前制定的地方性法规对完成、转化职务科技成果做出重要贡献的人员的奖励规定与本条不一致的，按照本条规定执行。

第三十八条　政府设立的研究开发机构、高等院校持有的科技成果，在不变更权属的前提下，科技成果完成人可以根据与本单位的协议实施该项科技成果。单位对科技成果完成人实施科技成果转化活动应当予以支持。

政府设立的研究开发机构、高等院校对其持有的科技成果的转化，未与科技成果完成人签订实施协议，且在专利授权后或者其他科技成果登记备案后超过一年未组织实施、转让或者作价投资的，科技成果完成人可以自行实施或者与他人合作实施该项科技成果，所得收益归科技成果完成人所有。

第三十九条　国有企业事业单位依照本条例规定对完成、转化职务科技成果做出重要贡献的人员给予奖励的支出计入当年本单位工资总额，但不受本单位绩效工资总额限制、不纳入本单位绩效工资总额基数。奖励情况应当在所在单位公示，公示时间不少于十五日。

第四十条　对完成、转化职务科技成果做出重要贡献人员的奖励支付期限，应当在科技成果完成单位的有关奖励制度中规定或者与相关人员签订的协议中约定。

科技成果完成单位未在奖励制度中规定奖励支付期限，也未与相关人员签订协议约定的，科技成果完成单位应当在取得科技成果转化收入之日起六个月内进行奖励；以作价投资方式转化科技成果的，应当在股权登记或者变更时完成股权奖励。法律、法规另有规定的，从其规定。

第四十一条　政府设立的研究开发机构、高等院校以市场委托或者政府采购方式取得的技术开发以及在科技成果转化工作中开展的技术咨询、技术服务、技术培训等技术活动收入，纳入单位财务管理，按照协议约定扣除经费支出后，可以根据本单位规定对完成项目的科技人员给予奖励。

前款规定的奖励支出计入当年本单位工资总额，但不受本单位绩效工资总额限制、不纳入本单位绩效工资总额基数。

第四十二条　研究开发机构、高等院校等事业单位及其所属具有独立法人资格的单位负责人，是职务科技成果主要完成人或者对职务科技成果转化做出直接重要贡献的，可以按照有关规定获取奖励和报酬。

十二、《安徽省促进科技成果转化条例》相关规定

政府设立的研究开发机构、高等院校未规定、也未与科技人员约定实施科技成果转化的奖励和报酬的方式和数额的,按照下列标准对完成、转化职务科技成果做出重要贡献的人员给予奖励和报酬:

(一)将职务科技成果转让、许可给他人实施的,从该项科技成果转让净收入或者许可净收入中提取不低于百分之七十的比例。

(二)将职务科技成果作价投资的,从该项科技成果形成的股份或者出资比例中提取不低于百分之七十的比例。

(三)将职务科技成果自行实施或者与他人合作实施的,应当在实施转化成功投产后连续三至五年,每年从实施该项成果产生的营业利润中提取不低于百分之五的比例。

第十一章 质检领域科研项目技术分析与成果转化案例

案例1 煤炭高效节能剂节能效率检测技术研究

立项时间：2017年10月，研究时间：2018年1月—12月。该项目是某技术中心提出并实施的质量技术监督重点科研项目，目的是依托GBT 16155—2005《民用水暖煤炉热性能试验方法》，研制计算机控制智能化综合试验装置，科学、准确检测煤炭高效节能剂节能效率。

一、立项情况

（一）立项背景

2017年，我国经济逐步进入发展新常态，在全社会加快推进节能减排，大力实施碧水蓝天工程过程中，有效控制和减少燃煤污染，已经成为治污除霾的重点工作和关键措施。在当时的市场环境下，中小型燃煤锅炉由于缺少可靠高效的环保处理技术，成为环保整治工作的焦点和难点。为显著加快治理小型燃煤锅炉造成的污染进度，确保北京周边大气环境明显改善，以良好的环境条件迎接冬奥会召开，国家加大政策约束和指导，逐步开始在京津冀雾霾污染核心区域实施气代煤、电代煤"双代工程"进行减排降霾。与此同时，如何科学使用燃煤减少污染，也一直是国家各级部门和科技工作者始终面对并致力解决的技术课题。从煤炭开始在经济生活中大规模使用，到现在大型规模化煤炭使用企业已经具备燃煤环保处理的良好清洁利用，证明没有不清洁的能源，只是缺少更清洁的技术。

在国家大力倡导和解决燃煤造成的大气污染过程中，主渠道是大范围禁用普通燃煤，改用气代煤、电代煤，但是对于偏远地区和天然气、电力紧张地区，仍然需要使用一定数量的燃煤。除去政策倾斜全力推广洁净型煤使用外，为改善中小型燃煤锅炉的高耗能和高污染问题，通过在燃煤环节使用添加固硫剂、节能剂来改善燃烧效果，提高能效、节能减排，也不失为在常规领域科学环保使用燃煤的重要发展方向。其中，河北某节煤剂制造有限公司生产的环保型煤炭高效节能剂，通过在邯郸地区民用锅炉中一定范围试验推广使用，取得了较好的节能减排效果，部分产品通过与普通燃煤混合，在典型锅炉中燃烧使用情况显示，不仅环保排烟状况明显改善，而且燃煤使用量降低了约50%，既有经济效益、又有社会效益，引起了当地政府和河北省科技主管部门的高度重视。

对于一般检验机构而言，由于燃煤持续燃烧效率的检测方法依据GB/T 16155—2005《民用水暖煤炉热性能试验方法》，通过检测水暖煤炉的热性能进行测算。但是该方法不适用于燃煤与节能剂混合物的热值检测，难以通过直接检测的技术方法得出科学、准确的节能数据，因此急需研究一种较为科学、严谨的检测试验方法解决这一技术难题，为科学佐证相关节能产品的节能减排效果，提供详实可靠的技术手段。

（二）立项目的

煤炭高效节能剂节煤效率检测方法研究，以煤炭高效节能剂和民用燃煤采暖炉为试验研究对象，通过进行燃烧试验和节能效果检测研究，确定煤炭节能剂产品节能效率的检测方法，检测得出较为准确的节能效率，为推广煤炭节能剂产品，有力促进节能减排工作提供技术支持和科学指导。

（三）研究内容

煤炭高效节能剂节煤效率检测方法研究，将在现行普通民用锅炉产品热效率检测标准GB/T 16155—2005《民用水暖煤炉热性能试验方法》的基础上，通过试验改进，梳理分析燃煤节能剂的节能原理，完成适用于燃煤节能剂节能数据检测技术的研究。

（1）提出一种科学明确的燃煤节能剂节能数据检测技术方法。

（2）集成试制一套试验检测装置。

（3）重点检测指标：燃煤节能剂使用后热能利用增加值、燃煤热能利用提高率或燃煤消耗降低率。

（四）技术路线

（1）按照GB/T 16155—2005《民用水暖煤炉热性能试验方法》对燃煤节能剂燃烧试验进行基础性检测，初步确定燃煤节能剂作用原理和节能效果。

（2）研究燃煤节能剂适用炉具的结构要求、配套机具，确定燃煤节能剂节能数据的采集方法和检测技术，集成试制一台适用于燃煤节能剂燃烧试验热性能数据采集的试验检测装置。

（3）运用计算机技术，实现对燃煤节能剂燃烧试验中数据采集检测，检测计算出燃煤节能剂主要技术指标：燃煤节能剂使用后的热能利用增加值，燃煤热能利用提高率或燃煤消耗降低率。

（五）项目创新点

突破现有检测方法标准无法检测煤液混合物热性能的技术难题，提出一种科学明确的燃煤节能剂节能数据检测方法，较为准确的检出燃煤节能剂主要应用技术指标：燃煤节能剂的热能利用增加值，燃煤热能利用提高率或燃煤消耗降低率。

（六）项目目标

主要以某环保型煤炭高效节能剂和民用采暖炉、风机锅炉为试验对象，通过试验检测，梳理分析燃煤节能剂的节能原理，完成适用于燃煤节能剂节能数据检测技术的研究，确定煤炭节能剂产品节能效率的检测方法，检测得出较为准确的节能效率，为推广煤炭节能剂产品，有力促进节能减排工作提供技术支持和科学指导。

（七）技术指标

（1）检测得出节煤（能）剂对单位质量煤炭燃烧时间、供热总量的量化影响，分析节煤（能）剂的节能或节煤原理。

（2）试制一套检测装置，实现全过程检测、记录、生成和对比使用节煤（能）剂与否，煤炭燃烧时间、供热温度和供热总量的数值。

（3）重点检测指标：使用节煤（能）剂后，燃煤热能利用增加值、燃煤供热能效的提高率或燃煤消耗的降低率。

（八）成果推广优势与用途

1. 经济效益和社会效益分析

煤炭高效节能剂节煤效率检测技术研究，提出一种科学明确的燃煤节能剂节能数据检测方法，检测确定燃煤节能剂使用后的热能利用增加值、燃煤供热能效的提高率或燃煤消耗的降低率等关键检测指标，明确验证燃煤节能剂节能减排效果的科学性和准确性，为大范围广泛推广煤炭节能剂产品，促进节能减排工作提供可靠的技术支持和有力的科学指导。

由于我国的燃煤节能剂产品尚处于起步阶段，为降低燃煤成本，符合环保要求，达到节能减排标准，各地政府和企业用户急需质量可靠的节煤剂、节能剂类产品用于生产生活。因此，本研究完成和通过鉴定后，第一，将为全国各地质量监管、节能管理部门，以及节能剂产品质量检测机构，提供一种科学、准确的试验装置和检测技术，拓展该领域市场规模。第二，通过对燃煤节能剂的热性能增加值、燃煤能效的提高率、燃煤消耗的降低率等参数进行准确检测，将大大带动节能剂产品的生产销售，如果燃煤消耗率确实能够降低50%，预计将加快撬动节能剂市场销售，显著降低燃煤使用成本。第三，煤炭高效节能剂节煤效率检测技术研究，将进一步带动燃煤节能剂产品的研究和推广，带动燃煤处理技术和使用方式的改进提高，具有较好的经济效益和社会效益。

2. 推广方式

煤炭高效节能剂节煤效率检测技术研究成果，主要通过检测装置销售和燃煤节能剂检测技术讲座的方式进行推广。待成熟后，计划采用标准化方式，通过制订和发布实施检测标准方式加快技术推广。

二、研发过程

（一）主要研究内容和应达到的目标

1. 项目总目标

通过进行燃烧试验和节能效果检测研究，集成试制一套适用于燃煤节能剂燃烧试验热性能数据采集的试验检测装置。运用计算机技术，实现对燃煤节能剂燃烧试验中的热性能数据采集检测，检测计算出燃煤节能剂主要技术指标：燃煤节能剂使用后的热能利用增加值、燃煤热能利用提高率或燃煤消耗降低率。

2. 主要研究内容

依托GB/T 16155—2005《民用水暖煤炉热性能试验方法》规定的民用煤炉热性能试验测试系统和检测方法，试验分析其不适于进行节能剂应用燃烧和热性能检测方面的问题原因，改进测试系统结构与燃烧试验方式，梳理分析燃煤节能剂的节能原理，研究适用于添加节能剂的燃煤混合物热性能试验检测方法，试制相应的试验检测装置，实现对燃煤节能剂节能效率的科学准确检测。

3. 技术指标

检测出节煤（能）剂对单位质量煤炭燃烧时间、供热总量的量化影响，分析节煤（能）剂的节能或节煤原理；试制一套检测装置，实现全过程检测、记录、生成和对比使用节煤（能）剂与否煤炭燃烧时间、供热温度和供热总量的数值；重点检测指标：使用节煤（能）剂后，燃煤热能利用增加值、燃煤供热能效的提高率或燃煤消耗的降低率。

4. 考核方式

试制一套适用于煤炭高效节能剂节能效率检测的试验检测装置，提出一种科学明确的燃煤节能剂节能数据检测技术方法，能够科学准确检测出燃煤节能剂使用后热能利用增加值、燃煤热能利用的提高率或燃煤消耗的降低率。

5．最终成果形式

研究燃煤节能剂节能数据检测技术方法，制成煤炭高效节能剂节能效率检测的试验检测装置，利用该试验检测装置能够进行添加节煤（能）剂的燃煤混合物热性能试验和供热性能数据检测，检测得出燃煤节能剂使用后热能利用的增加值、燃煤热能利用的提高率或燃煤消耗的降低率。

6．成果验收方式

研究完成的煤炭高效节能剂节能效率试验检测装置达到计量部门检定符合国家标准精度要求，研究项目实现的科学技术要点和新颖创新通过权威机构查新，项目研究通过下达部门组织的成果鉴定并在省级科技部门取得成果登记。

（二）关键技术及解决途径

1．项目研究技术方案

一是分析总结GB/T 16155—2005《民用水暖煤炉热性能试验方法》规定的水暖煤炉热性能测试系统和试验方法的核心特点，研究其不能检测煤炭节能剂节能效果的问题原因。

二是根据取得的3种节煤剂产品（煤炭高效节能剂、脱硫助燃剂、清灰除渣助燃剂，包装见图1）特点，着重研究试验节能剂以液态水溶液煤泥方式燃烧，充分发挥其节能效果，针对性提出对比燃煤中添加节能剂前后进行热性能试验的检测方法。

图1 3种节能剂试验外包装照片

三是设计改进GB/T 16155—2005规定的测试系统，试制适用节能剂热性能试验的封闭式循环水暖测试系统，目的是实现计算机控制全程在线检测供热性能数据，对比检测节能剂的节能效率。

四是通过大量对比试验和数据检测，确定和验证燃煤炉中添加节能剂前后的热性能试验检测方法，实现对水暖煤炉热性能和煤炭节能剂节能效率的准确检测，实现试验数据实时采集、记录、计算及储存。

五是对照课题目标任务，试制装置实现对热性能试验全过程检测、记录、计算、储存燃烧时间、供热温度和供热总量的数据处理技术能力，对比使用节煤剂前后，燃煤热能利用率的增加值，检测确定燃煤供热能效的提高率或燃煤消耗的降低率。数据分析验证使用煤炭节能剂的节能原理。

2．技术路线

（1）按照GB/T 16155—2005《民用水暖煤炉热性能试验方法》对燃煤节能剂燃烧试验进行基础性检测，初步确定燃煤节能剂作用原理和节能效果。

（2）研究燃煤节能剂适用炉具的结构要求、配套机具，确定燃煤节能剂节能数据的采集方法和检测技术，集成试制一台适用于燃煤节能剂进行燃烧试验，检测和采集热性能数据的试验装置。

（3）运用计算机技术，实现燃煤节能剂燃烧试验的数据检测和采集，检测并计算出燃煤节能剂主要节能效率技术指标：燃煤节能剂使用后的热能利用增加值、燃煤热能利用的提高率或燃煤消耗的降低率。

（4）结合不同节煤（能）剂特点，在同等燃烧条件下，同等数量的洁净型煤，无论是液态节煤剂还是粉末或颗粒助燃剂，作为节煤（能）剂均按干态添加燃烧和湿态混合燃烧两种添加燃烧方式，通过大量试验对使用节能剂前后以及不同节能剂之间燃烧试验的供热量变化进行检测，总结分析节能剂的节能原理和节能效率。

3．关键技术及技术难点分析

（1）热性能燃烧试验和测试系统进出水温差。

GB/T 16155—2005《民用水暖煤炉热性能试验方法》规定了民用水暖煤炉热性能试验方法，采用温度计、进出水管路、开关阀门、限流阀门与煤炉组成测试系统（图2）。

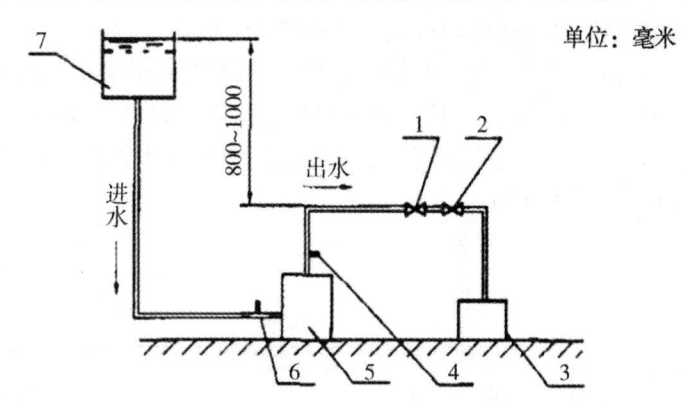

1—开关阀门； 2—限流阀门； 3—水桶； 4—温度计；
5—煤炉； 6—温度计； 7—高位水箱。

图2 GB/T 16155—005测试系统示意图

GB/T 16155—2005规定的热性能试验的煤炉燃烧和试验程序：

以质量上好的燃煤为燃料，使煤炉燃烧后进入并保持稳定采暖供热状态，通过90min，燃烧一定量燃煤，以炉体将常温进水加热至75~80℃热水放出称量，然后继续加热新进常温水的水暖换热方式，累计称量计算放出的加热水量，测得煤炉通过水暖热交换产生的额定供热量，达到检测水暖煤炉热性能的目的。

上述试验方法中的稳定采暖供热状态即为我们日常所说的旺烧状态，试验检测过程具有煤炉燃烧温度高、速度快和进出水温差大（约55℃）、换热率高的特点，主要用于检测水暖煤炉的热效率。同时，标准规定：

额定供热量试验需要多次重复进行，直到两次试验结果的热效率差值小于5%时，试验结果有效。因此一般重复进行3~4次热性能试验。

燃煤节能剂主要采用节能剂水溶液与燃煤混合成煤泥方式加入煤炉燃烧，明显降低燃烧速度、强度和温度，并显著延长了燃烧时间，通过减缓燃煤燃烧速度以及理化反应增加发热量两种途径，增加燃烧和热交换时间，最终实现增加煤炉供热总量，从而体现增热作用，发挥节能效果。燃烧特点可以概括为低温闷烧层燃。

（2）GB/T 16155—2005规定试验方法不适用添加节能剂燃煤。

按照GB/T 16155—2005规定的试验方法，液态节能剂加入燃煤混合成煤泥进行燃烧，一方面如果按照旺烧方式，煤泥中的节能剂和水分将快速蒸发，基本上发挥不出节能作用，自然也测不出节能效果。另一方面，加入煤泥后，炉温必然显著降低，如果进水温度仍然以常温加入，炉温会进一步降低而无法保持煤炉稳定燃烧，甚至因为炉膛温度过低可能导致炉火熄灭。再者，由于煤泥的燃烧缓慢、强度降低、时间延长，出水温度达到75~80℃时间很长，特别是开始放水后煤炉也需要较长时间才能将新进的室温水加热到75~80℃，仍按90min内炉体将常温进水加热至75~80℃热水出水的累计加热水量检测，明显不能完整测得煤炉的实际供热量，甚至无法进行持续燃烧试验。很明显，燃煤加入液态节能剂以煤泥方式进行闷烧的燃烧过程，如果沿用GB/T 16155—2005规定的稳定供热状态旺烧试验方法，既不适用煤炭节能剂要求的湿态混合燃烧方式，也不能全面、完整、准确地检测煤炭节能剂使用后煤炉的热性能数据，无法实现对煤炭节能剂节能效率进行科学检测。

通常情况下，对节能剂节能效率检测，一般是选用24h燃烧周期，使用一台煤炉，分别采用普通燃煤和加入节能剂的燃煤两种方式，按照各自适合的方法，尽量加热更多的水量，计量最终实际供热量的差值，比较节能剂的供热量增加值，计算出节能增效的比率。由于操作周期长、过程误差大，因此也不能保证检测数据科学准确。

(3) 适用添加节能剂燃煤的热性能试验方法和测试系统。

参照GB/T 16155—2005的热性能试验测试原理，项目组提出适用于低温闷烧及热交换同步进行的试验检测装置，为便于系统控制、对比试验和数据检测、计算、储存，以计算机控制平台为核心，使用变频水泵、流量计、温度变送器、散热器、进出循环水管路与采暖炉连接，构成两路独立的封闭式循环水暖测试系统（图3）。

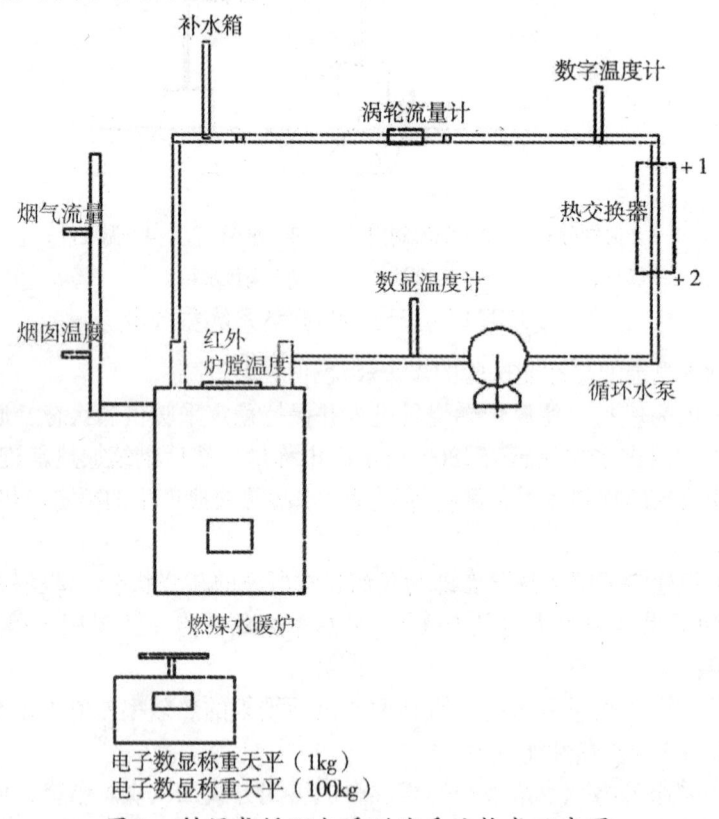

图3 封闭式循环水暖测试系统构成示意图

双路测试系统由一台计算机统一控制，能够分别独立运行或同步运行，全程在线采集、记录、计算、储存两路测试系统的进出水温度、循环水瞬时流量与累计流量、循环水累计热量、烟气温度等数据，实时绘制试验时间、循环水温度和流量关系曲线，全过程完整、精确、及时地检测和采集全部水暖供热数据，保证了闷烧状态下，供热量通过测试系统封闭循环被及时采集、计算，并通过对比检测煤炭高效节能剂使用前后的水暖热性能数据，实现对节能剂节能效率的试验和检测。

4. 解决的技术方法和途径

（1）技术方法。

试验检测装置在GB/T 16155—2005《民用水暖煤炉热性能试验方法》的测试系统原理基础上，将原有的进水管常温进水—煤炉加热—热水管高温出水—测量累计的加热水量这一间断式进出水模式，改为通过封闭式循环水暖测试系统，由控制水泵提供可调驱动力，让循环水在进水管—采暖炉—出水管—散热器—进水管构成的封闭式水暖测试系统中不断循环进行加热—散热过程，并通过流量计、温度变送器全程在线采集、记录、计算、储存两路测试系统的进出水温度、循环水瞬时流量与累计流量、循环水累计热量、烟气温度等热性能数据，并且可以通过调节控制水泵流量，将循环水系统的进出水温差保持在一定范围，当进出水温度差小于设定值时，表明煤炉的供热输出能力趋于衰竭，燃煤无法继续加热系统中的循环水，即可终止热性能采集。采用封闭式循环水暖测试系统，一方面能够完整检测燃煤在水暖煤炉中燃烧产生的热性能，另一方面能够全面对比燃煤炉中添加节能剂前后的热性能数据变化，从而实现对煤炭节能剂节能效率的准确检测。

试验装置主要由两部分组成：

一是双路封闭式循环水暖测试系统，由控制水泵、流量计、温度变送器、散热器、进出循环水管路与采暖炉连接组成，主体部分（控制水泵、流量计、温度变送器、散热器）装载于移动小车上，将系统与采暖炉分离后，测试系统可实现移动方式。（图4、图5）

图4　1#试验回路　　　　图5　2#试验回路

二是计算机控制平台，运用PLC技术全程在线采集、记录、计算、储存两路测试系统的进出水温度、循环水瞬时流量与累计流量、循环水累计热量、烟气温度等数据，实时绘制试验时间、循环水温度和流量关系曲线。试验过程中，当运行数据突破设定参数极限时，测试系统会触发报警，提醒检测人员确定试验结束。（图6至图9）

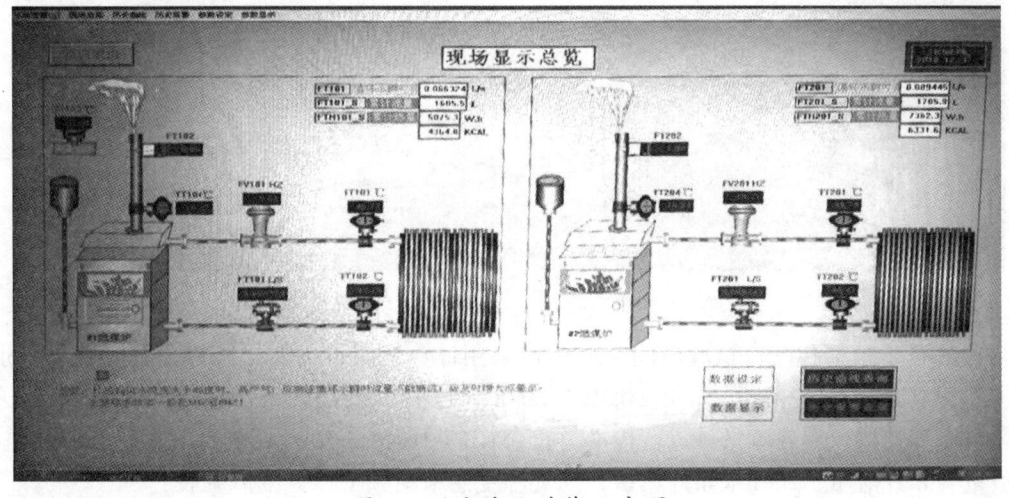

图6　测试系统总览示意图

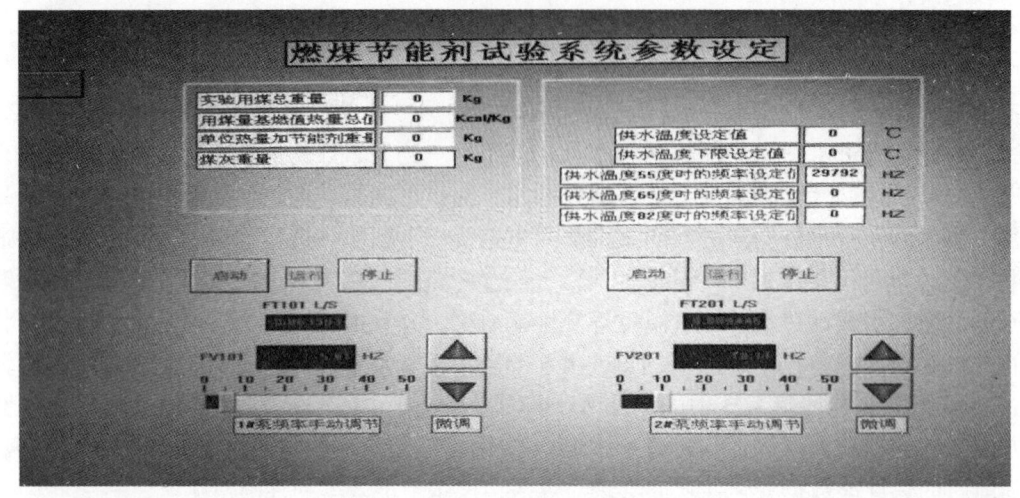

图7　测试系统参数设定界面

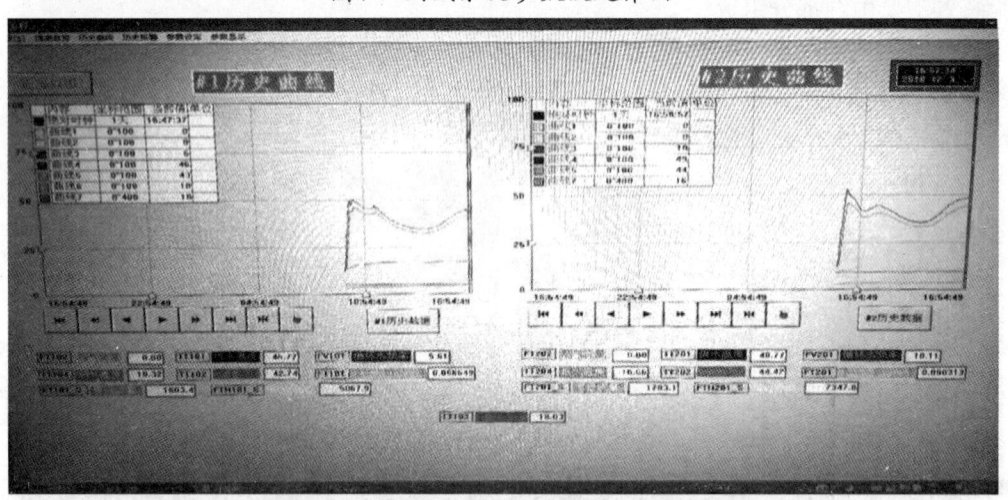

图8　测试系统试验运行数据及曲线

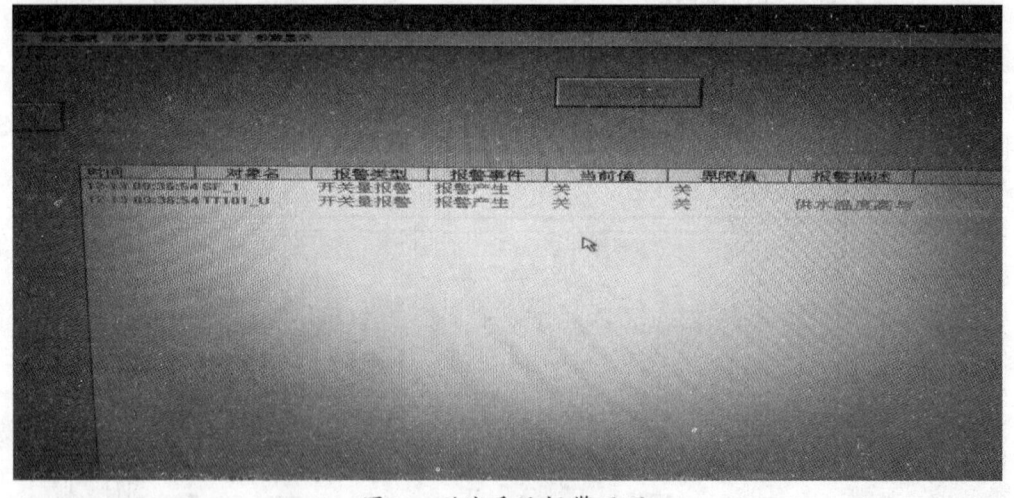

图9　测试系统报警画面

本装置的技术指标包括：试验时间计时单位采用计算机时钟为1s，燃煤磅秤感量0.005kg，温度变送器精度0.2%，涡轮流量计精度±0.5%。2018年12月，委托某计量机构，对测试系统的进出水和环境温度变速器、涡轮流量计进行校准，符合GB/T 16155—2005规定要求。进出水温度、循环水瞬时流量与累计流量、循环水累计热量、烟气温度的采集频率和分度值见表1。

表1　煤炭高效节能剂节能效率试验检测装置参数精度

参数名称	温度（℃）	瞬时流量（L/s）	累计流量（L/s）	累计热量（W·h/kcal）
分度值	0.1	0.001	0.001	0.1

可以看出，依据GB/T 16155—2005《民用水暖煤炉热性能试验方法》规定的测试系统组成和基本原理，通过研制封闭式循环水暖测试系统、增加对照管路、计算机调控试验流量与温差参数和全程采集、计算、储存热性能数据这一技术方法，实现了清晰、准确检测水暖煤炉热性能和煤炭节能剂节能效率的课题目标，体现了检测的科学严谨。

（2）解决途径。

试制完成煤炭高效节能剂节能效率试验检测装置，通过采用洁净型煤在小型民用水暖煤炉中进行热性能燃烧试验，检测煤炉中添加节能剂前后的燃煤供热数据变化，实现对水暖煤炉热性能和煤炭节能剂节能效率的准确检测。为研究试验节能剂节能效率的检测方法途径，概括起来经历了三个阶段：

参数设定和有关说明：流量0.2~0.25m³/h，数据采集频率：1次/s；采集供热数据开始时间：系统供热温度值达到32℃（代表煤炉已经点着并进入燃烧状态）；采集供热数据结束时间：系统进出水温差≤2.5~3℃（代表煤炉对外供热能力趋于衰竭，燃烧已经进入尾期）。考虑仍有部分余热可以发出，一般结合煤炉的具体燃烧状态和燃烧速度，适当进行尾期供热补偿计算，不再继续进行采集试验。如加计：瞬时流量×2.5℃×3600s的补偿热量（表示未燃尽燃煤供热量）。

节能剂添加燃烧方式为干态添加燃烧和湿态混合燃烧。

干态添加燃烧。煤炭节能剂产品以粉末施撒或混合方式添加到煤中，或者以喷淋方式喷洒到煤的表面，如果按照煤炭自然干烧方式进行燃烧，这种干烧方式试验采集的供热量对比数据，没有明显的节能效果。我们分析主要原因一是产品有效成分挥发快，二是没有明显改变煤炭燃烧过程，难以体现节能作用。

湿态混合燃烧。各种节能剂产品以水溶液和煤混合成煤泥的湿态加入煤炉进行燃烧，这种闷烧缓燃方式由于明显减少了烟气热损失并延长了燃烧时间，因此普遍具有一定的节能效果，普通球状洁净型煤和自来水以3∶1（质量比）混合成煤泥后，热性能试验检测的供热量会增加约10%；添加同样比例的节能剂水溶液混合成煤泥后，不同节能剂热性能试验的供热量会比自来水煤泥燃烧增加约10%~25%，其中尤以河北某节煤剂制造有限公司生产的环保型煤炭高效节能剂节能效率最为显著，最高增加值达到35%左右。操作方式：供水温度大于35℃时，清零。当供水温度大于52℃后封火。封火采用添加了节能剂水溶液或水的煤泥加入煤炉。煤泥混合比：3kg煤球与1kg节能剂水溶液，即质量比3∶1。节能剂水溶液配比：节能剂与水1∶80（质量比）。实际操作中：#1炉，不放节能剂，使用煤球与自来水按3∶1（质量比）与煤混合成煤泥进行封火操作。#2炉，使用煤球与节能剂水溶液按3∶1（质量比）与煤混合成煤泥进行封火操作。实验过程为封火闷烧缓燃实验。当燃烧至供回水温差小于3℃时实验结束。

一是单台煤炉对比试验：

A 试验燃煤直接燃烧。

按照GB/T 16155—2005规定的木柴生火和洁净型煤燃烧，研究水暖煤炉热性能规律，确定较佳供火燃烧条件。每小时添加1kg洁净型煤，实现燃煤充分燃烧，达到较为稳定的供热状态。检测供热过程进出水温度、循环水瞬时流量与累计流量、循环水累计热量等数据，实时绘制试验时间、循环水温度和流量关系曲线，确定煤炉燃烧的累计供热量。试验数据见表2。

表2　单台煤炉洁净型煤燃烧试验测试系统采集数据

试验时间	试验时长(h)	加煤总量(kg)	进水温度(℃)	出水温度(℃)	温差范围(℃)	瞬时流量(L/s)	累计流量(L/s)	累计热量(L/s)
2018-9-28	5	6	低49.5 高87.1	低46.0 高80.08	低2.5 高7	0.063	1103	6344
2018-9-29	5.4	6	低47.96 高92.16	低46.49 高84.19	低1.5 高8	0.065	1167	6367

B试验添加节煤剂燃烧。

在确定直接燃烧程序后，采用同一台煤炉，同样按照GB/T 16155—2005《民用水暖煤炉热性能试验方法》规定的木柴生火，以同等数量洁净型煤燃烧添加一定比例煤炭高效节煤剂作为燃料，但仍保持煤球干烧状态，以相同的燃烧条件进行燃烧试验，再次检测节能剂燃煤混合物供热整个过程的进出水温度、循环水瞬时流量与累计流量、循环水累计热量等数据，实时绘制试验时间、循环水温度和流量关系曲线，确定煤炉燃烧的累计供热量。同一台煤炉、同样数量洁净型煤，两次燃烧供热的差值就是添加节能剂后发挥的节能效果，以累计供热量增加值除以原有的基础累计供热值，即可测出燃煤热能利用提高率。试验数据见表3。

表3　单台煤炉洁净型煤与添加节能剂煤球燃烧对比试验测试系统采集数据

试验时间	试验时长(h)	加煤总量(kg)	进水温度(℃)	出水温度(℃)	温差范围(℃)	瞬时流量(L/s)	累计流量(L/s)	累计流量(L/s)
2018-9-30	5.5	6	低47.5 高95.0	低45.5 高81.8	低2 高13.2	0.065	1165	6543
2018-10-10	4.5	6	低51.9 高86.9	低50.2 高78.47	低1.7 高8.41	0.068	1106	6391

由于单台试验两次燃烧的时间不同，环境条件不尽相同，人员操作手法也会存在差异，更重要的是，两种燃烧条件，可能既不是节能剂发挥最佳效果的方式，相应的不用节能剂的方式也不具相应的可比性。因此，这种方式存在不够严谨客观且缺乏对比性的明显缺陷。

二是双台煤炉平行试验：

为消除煤炉之间的工况差异，项目组专门使用了同一厂家、同一规格型号的民用水暖煤炉，同时复制一套完全相同的封闭式循环水暖测试系统。于是，可以同时在两台煤炉中进行是否添加节能剂的供热平行试验。

C添加节能剂与同等湿态燃煤对比燃烧试验。

预燃：使用相同底火（约0.85kg引火木柴，4kg洁净型煤），对两台煤炉生火启燃，同时将两路测试调整到相同的运行参数（循环水流量0.2~0.3m³/h）。待两台煤炉的燃烧状态和两个测试系统的运行数据总体同步一致后，准备进行节能剂对比燃烧试验。测试系统采集的供水温度大于32℃系统清零，开始供热量采集记录。

对比燃烧试验改为两台煤炉均加入相同煤泥闷烧，1#炉使用普通水煤泥，2#炉使用节能剂水煤泥。这样两台煤炉的燃烧工况基本上完全相同，也科学模拟了水暖煤炉闷烧取暖的实际使用情况，测得的供热量增加值和热能利用提高率具有客观科学性。数据见表4。

表4　两台煤炉水煤泥和节能剂煤泥燃烧对比试验测试系统采集数据

试验条件	试验时长（h）	加煤总量（kg）	进水温度（℃）	出水温度（℃）	温差范围（℃）	瞬时流量（L/s）	累计流量（L/s）	累计热量（W·h/kcal）
1#水煤泥	9.5	7	低42.02 高45.92	低39.48 高42.12	低2.54 高3.8	0.068	2218	7130
2#节能剂煤泥	11.5	7	低40.58 高48.89	低37.60 高44.53	低2.98 高4.36	0.088	2986	10718
1#节能剂煤泥	11.5	7	低46.58 高56.96	低44.01 高52.27	低2.57 高4.69	0.07	2735	9563
2#水煤泥	9.5	7	低48.45 高64.84	低43.55 高58.37	低4.9 高6.47	0.088	2655	7853

上述数据可以看出，添加节能剂水溶液的煤泥明显比水煤泥的燃烧时间延长约2h，这一点从测试系统采集的实验曲线也可明显看出和佐证。见图10和图11。

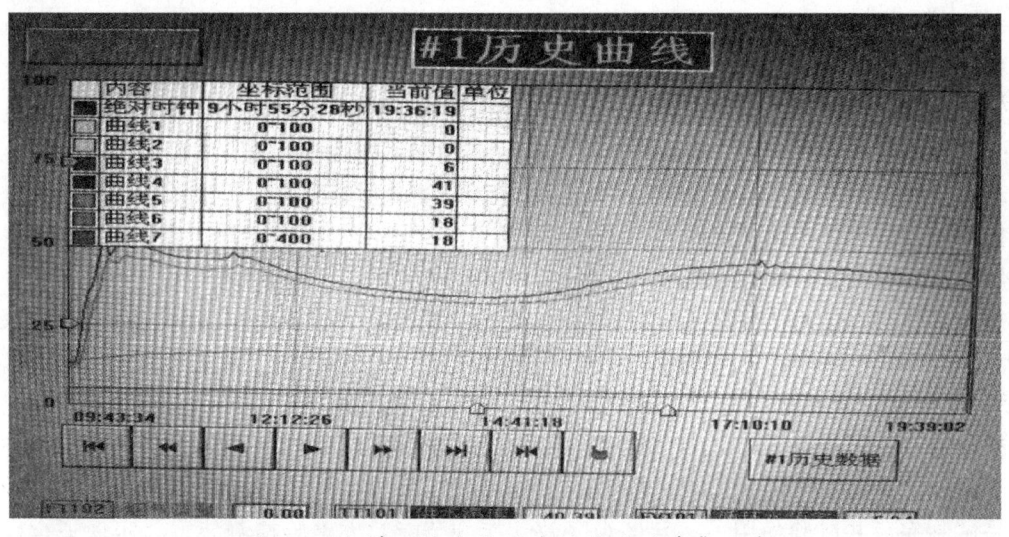

图10　水煤泥燃烧热性能供热试验采集曲线

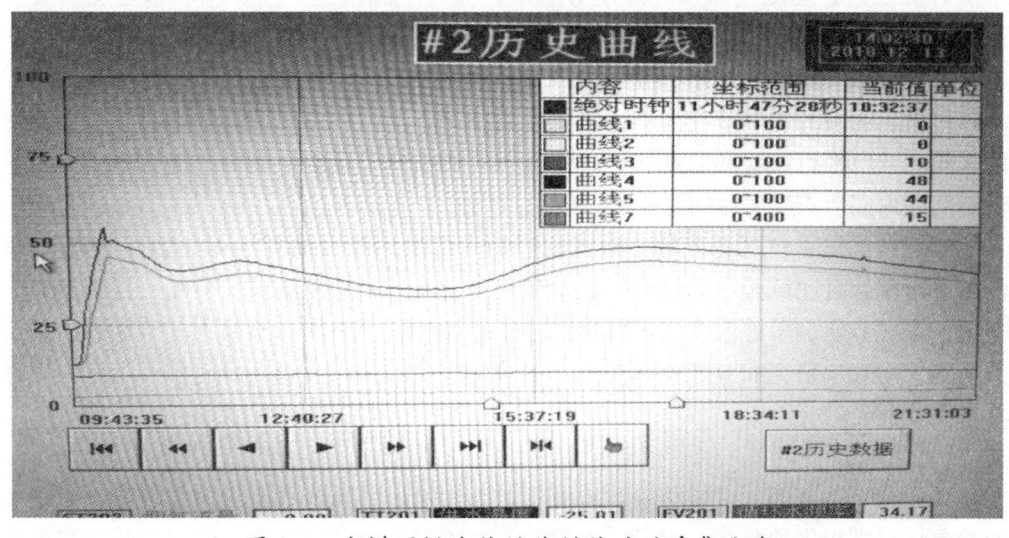

图11　水煤泥燃烧热性能供热试验采集曲线

三是双台煤炉交叉试验：

分析上述试验，添加同等数量节煤剂和洁净型煤，两台煤炉之间也具有一定的增加值可比性，即交叉试验的对比性。按照表4数据，交叉计算最大节能率达到了50%，最小21.8%；而两台煤炉自比试验的节能率均在35%左右。另外两种助燃剂的试验对比数据见表5。

表5　单台煤炉水煤泥和助燃剂水煤泥燃烧对比试验测试系统采集数据

试验条件 1#炉	试验时长 （h）	加煤总量 （kg）	进水温度 （℃）	出水温度 （℃）	温差范围 （℃）	瞬时流量 （L/s）	累计流量 （L/s）	累计热量 （W·h/kcal）
2018-12-11 水煤泥	8.5	6	低35.4 高40.2	低32.6 高37.1	低2.8 高3.1	0.06	1770	7118
2018-12-13 朗洁煤泥	9.5	6	低38.8 高41.0	低35.5 高37.0	低3.3 高4.0	0.06	1955	8390
2018-12-13 智兴源煤泥	11.5	6	低35.4 高46.7	低32.4 高41.4	低3.0 高5.4	0.06	2300	9211

计算节能率分别为：17.87%，29.4%。

5．技术创新点

本研究主要用于采暖炉热性能试验和煤炭高效节能剂节能效率检测，其新颖性在于：①计算机控制移动式双路封闭式循环水暖煤炉热性能测试系统，实现单路独立运行或双路同步运行。②全程在线采集、记录、计算、储存和追溯查询两路测试系统的进出水温度、瞬时流量、累计流量、累计热量、烟气温度等数据，实时绘制时间、温度、流量变化曲线。③能够调节测试系统运行参数，对民用暖炉全部供热温度范围（40~85℃）运行状态和不同燃料条件，进行单台自比试验、双台平行试验和双台交叉试验热性能试验检测，检测出燃炉较佳运行工况参数和煤炭节能剂节能效率。

6．主要的研究成果

本课题研究并试制的煤炭高效节能剂节能效率试验检测装置达到了预期的技术目标，完成了研究任务，实现了预设的检测技术功能和指标。

一是试制完成并试验使用了一套煤炭高效节能剂节能效率试验检测装置，实现了全程在线采集、记录、计算、储存两路测试气温度等数据，实时绘制试验时间、循环水温度和流量关系曲线，全部数据可追溯查询。

二是解决了GB/T 16155—2005标准规定试验方法无法检测煤炭节能剂节能效率的问题，提出并试验了一种科学、明确的燃煤节能剂节能数据检测技术方法，利用在燃煤炉中添加节能剂前后进行单台对比试验、双台平行试验和双台交叉试验多种模式检测出煤炭节能剂节能效率，分析验证了使用煤炭节能剂和煤混合成煤泥后闷烧缓燃、低温层燃的节能原理。

三是能够调节测试系统运行参数，对民用暖炉全部供热温度范围（40~85℃）运行状态和不同燃料条件，进行单台自比试验、双台平行试验和双台交叉试验热性能试验检测，检测出燃炉较佳运行工况参数、煤炭节能剂节能效率，用科学数据指导煤炉科学使用和判断不同节能剂质量优劣，对于加强节能剂使用效果研究和节能效率检测、加快优质高效煤炭节能剂研究推广、有力促进节能减排工作具有重要意义。

7．需改进的问题

受实验条件和时间所限，试验检测装置没有对烟气排出的热量与变化以及节能剂对烟气排放环保指标的改善情况进行详细研究，实际上煤炭节能剂不仅主要通过减少烟气热量排放损失实现节能效果，而且本身确实具有减少烟尘和污染物排放的作用与效果。项目组原计划进一步进行研究，通过优化试验检测装置用于民用水暖煤炉和节能剂检测，更好发挥本研究的社会效益和经济效益，更加全面地促进煤炭节能剂在燃煤、生物质等各种常规能源中的研究推广和广泛使用，从根本上改进日常能源的节能环保效果，为推动能源产业的技术进步做出贡献。但是由于受到严禁使用普通散煤用于中小型燃煤锅炉的政策限制，难以继续开展相关试验和技术研究。

需要说明的是：在开展项目研究和编制报告过程中，项目组注意到该科研课题涉及的GB/T 16155—2005《民用水暖煤炉热性能试验方法》于2018年9月1日，被GB/T 16155—2018《民用水暖煤炉性能试验方法》替代。根据GB/T 16155—2018前言，与GB/T 1615—2005相比，GB/T 16155—2018的主要技术变化为：对炊事火力强度试验方法进行了简化，增加了"大气污染物排放检测"。具体到水暖煤炉的热性能试验方法，仍沿用炉具稳定供热状态进行试验，修改内容为：炉具调整到稳定供热状态后，记录煤层位置、燃烧状况等，准备开始热性能试验。然后开始试验，加入经计量的煤炭，维持稳定供热状态。试验期间记录水温和出水量，热性能试验时间不少于3h，直到煤层位置、燃烧状况与开始时刻一致，则试验结束。

从新标准上述规定可以看出，GB/T 16155—2005规定的水暖煤炉热性能试验方法核心内容"煤炉稳定供热状态"得到了完全保留，只是试验开始、结束时间采用人为感官判断，额度供热量计算公式按照单位时间完全相同，热效率计算公式仅以稳定供热状态的试验周期为研究对象。鉴于新版标准规定的水暖煤炉热性能试验方法原理和操作与GB/T 16155—2005相同，我们在工作报告、技术报告中未提及新版标准，仍以立项时的GB/T 16155—2005为技术依据，研究成果也同样适用于GB/T 16155—2018。

三、成果鉴定

（一）简要技术说明及主要技术性能指标

1. 任务来源

本研究是某技术中心提出并实施的质量技术监督重点科研项目，目的是依托GB/T 16155—2005《民用水暖煤炉热性能试验方法》，研制计算机控制智能化综合试验装置，科学、准确检测煤炭高效节能剂节能效率。

2. 应用领域和技术原理

本研究应用于水暖煤炉热性能测试和煤炭节能剂节能效率检测。技术原理：使用封闭式循环水暖测试系统，由变频水泵调节循环流量，让循环水在进水管—采暖炉—出水管—散热器—进水管构成的封闭式水暖测试系统中不断循环加热—散热过程，通过全程在线采集、记录、计算、储存双路测试系统的进出水温度、循环水瞬时流量与累计流量、循环水累计热量、烟气温度等热性能数据，当进出水温度差小于设定值时，表明煤炉的供热输出趋于衰竭，无法继续加热系统中的循环水，即可终止热性能采集。对比燃煤炉中添加节能剂前后的热性能数据变化，检测煤炭节能剂节能效率。

3. 性能指标

本研究装置全程在线采集、记录、计算、储存和追溯查询双路测试系统进出水温度、循环水瞬时流量与累计流量、累计供热量、烟气温度等数据，实时绘制试验时间、温度、流量曲线，通过检测煤炭高效节能剂加入燃煤使用后热性能数据，测得供热量增加值和节能剂节能效率。温度精度0.2%，流量精度±0.5%，符合GB/T 16155—2005要求。

4. 与国内外同类技术比较

GB/T 16155—2005规定了民用水暖煤炉热性能试验方法，采用温度计、进出水管路、开关阀门、限流阀门与煤炉组成测试系统，通过燃煤燃料，使煤炉快速进入并保持稳定采暖供热状态，通过90min内，燃烧一定量燃煤，称量将常温进水加热至75~80℃热水放出后的累计数量，测得煤炉额定供热量和热效率，并规定两次试验结果的热效率差值小于5%时，试验结果有效，试验结束。该方法要求的稳定采暖供热状态即煤炉旺烧状态，燃烧温度高、速度快和进出水温差大（约55℃）、换热率高，主要用于检测水暖煤炉热效率。煤炭节能剂采用水溶液和煤混合成煤泥加入煤炉燃烧，通过降低燃烧速度、强度和温度，延长燃烧和热交换时间，进而减少燃煤烟气热损失并通过燃煤充分燃烧增加实际供热量，发挥节能增热效果。节能剂混合液和煤混合后的闷烧缓燃、低温层燃方式，采用GB/T 16155—2005试验方法无法检测出煤炭节能剂的节能效率。

根据某科学技术情报研究院出具的《科技查新报告》，本研究制成的计算机控制双路封闭式循环水暖煤炉热性能测试系统，可单路独立运行或双路同步运行，全程在线采集、记录、计算、储存和追溯查询测试系统的进出水温度、循环水瞬时流量与累计流量、累计热量、烟气温度等数据，实时绘制试验时间、温度、流量曲线，能够调节水暖煤炉节能运行，利用是否添加节能剂混合液与燃煤混合燃烧的单台自比试验、双台平行试验和双台交叉试验多种模式检测煤炭节能剂节能效率。

5．成果的创造性、先进性

（1）计算机控制移动式双路封闭式循环水暖煤炉热性能测试系统，实现单路独立运行或双路同步运行。

（2）全程在线采集、记录、计算、储存和追溯查询两路测试系统的进出水温度、瞬时流量、累计流量、累计热量、烟气温度等数据，实时绘制时间、温度、流量变化曲线。

（3）能够调节测试系统运行参数，对民用暖炉全部供热温度范围（40~85℃）运行状态和不同燃料条件，进行单台自比试验、双台平行试验和双台交叉试验热性能试验检测，检测出燃炉较佳运行工况参数和煤炭节能剂节能效率，总结验证了煤炭节能剂闷烧缓燃、低温层燃的节能原理。

6．作用意义（直接经济效益和社会意义）

本研究解决了GB/T 16155—2005试验方法无法检测煤炭节能剂节能效率问题，提出并实现了一种科学准确检测民用水暖煤炉热性能和燃煤节能剂节能效率检测方法，数据客观、科学准确，对加强节能剂节能效果研究、指导民用煤炉科学使用、高效煤炭节能剂研究推广、促进节能减排工作具有重要意义。通过节约能源和科学使用，实现良好节能减排社会效益。

（二）推广应用前景与措施

本研究试制的试验检测装置主要用于民用采暖炉热性能试验和煤炭高效节能剂节能效率检测。

（1）可直接用于民用采暖炉热性能试验，与GB/T 16155—2005试验方法相比，由于采用了双路封闭式循环水暖煤炉热性能测试系统，在同等实验室条件下可同时检测2台燃炉，检测效率提高100%，全程在线采集、记录、计算、储存和追溯查询两路测试系统的进出水温度、瞬时流量、累计流量、累计热量、烟气温度等数据，实时绘制时间、温度、流量变化曲线，而且可以根据数据变化更加稳定可靠地进行燃烧试验，明显减少了试验的重复性，显著提高了检测数据科学精准水平和检测效率。按照每年检测30批次采暖炉热性能试验，综合节约试验成本可达50%以上，价值不低于10万元。

（2）实现对煤、生物质燃炉最佳运行状态进行检测。由于封闭式循环水暖煤炉热性能测试系统对热负荷系统进行了相对固定，从而可以在燃炉全部供热温度范围40~85℃进行热性能试验。通过不同供热温度下热效率供热曲线对比，检测煤炉较佳运行工况参数，更加科学检测民用采暖炉热效率。为降低燃炉供热温度，减少烟气排放损失，节约燃煤和节能使用采暖燃炉，提供了科学指导。

（3）实现对煤炭节能剂等节能产品节能效果的检测能力，填补目前无法准确检测节能剂节能效率的空白。预计每年可开展节能剂节能效率检测20批次，增加直接收入12万元以上。计划加紧开展煤炭高效节能剂的推广使用，采用在洁净型煤生产销售单位配送销售节能剂的方式，快速推进节能剂产品使用，每年按照10000t吨燃煤使用高效煤炭节能剂计算，可以达到节煤25%~30%，价值约250万。

存在问题：受实验条件和时间所限，试验检测装置没有对烟气排出热量与变化以及节能剂对烟气排放环保指标的改善情况进行详细研究，实际上煤炭节能剂不仅可以通过减少烟气热量排放损失实现节能效果，而且确实能够实现减少烟尘和污染物排放的作用效果。

改进意见：进一步研究一体化试验检测装置，用于民用水暖煤炉热性能和节能剂节能效率检测，促进煤炭节能剂在燃煤、生物质等各种常规能源中的研究推广和广泛使用。

鉴定委员会专家测试报告：经对煤炭高效节能剂节能效率试验检测装置进行现场测试。该装置计算机可独立调节变频水泵，控制移动式双路封闭式循环水暖煤炉热性能测试系统循环水流量，在水暖煤炉燃烧过程中，试验时间设定后，全程在线采集、记录、计算、储存和追溯查询测试系统的进出水温度、循环水瞬时流量与累计流量、循环水累计热量、烟气温度等数据，实时绘制试验时间、温度、流量曲线，并且全部数据和曲线具有复现查询功能，具备低温层燃方式煤炉燃烧单台自比试验、双台平行试验和双台交叉试验，检测煤炭节能剂使用前后煤炭燃烧时间、供热温度和供热总量。

该装置的温度测试示值0.1℃，精度0.2%，流量示值为0.001L/s，精度±0.5%。

（三）鉴定意见

鉴定委员会专家听取了项目组的工作报告、技术报告、效益分析报告，审阅了相关技术文件，考察了测试现场，经过质询、答辩和认真讨论，形成以下鉴定意见：

（1）项目组提交的鉴定资料完整、规范，符合鉴定要求。

（2）研制了煤炭高效节能效率检测装置，可实现全程在线采集、记录、计算、储存两路测试系统的进出水温度、循环水瞬时流量与累计流量、循环水累计热量、烟气温度等数据，自动实时绘制试验时间、温度、流量曲线，可复现查询，达到了预期技术指标。

（3）该项目采用在燃煤中添加节能剂前后进行煤炉燃烧单台自比试验、双台平行试验和双台交叉试验多种模式检测煤炭节能剂节能效率，测得燃煤节能剂使用后热能利用增加值，经数据分析，得出节能剂对煤炭燃烧时间、供热温度和供热总量的量化影响，分析了节能原理。

（4）该项目完成了项目任务合同约定的各项技术指标，经费使用规范、合理。

综上所述，该项目采用信息自动采集及调控系统，提供了煤炭节能剂节能效率检测装置及方法，该成果具有创新性，应用前景广阔，社会效益明显，达到国内领先水平。

建议：进一步研发一体化试验检测装置。

四、项目技术分析与成果转化探究

（一）项目研究的客观需求

随着我国经济社会进入高耗能时代，特别是伴随全球能源价格高企状况持续不衰，导致能源成本和环境污染在国民经济发展中表现出的问题日益突出，如何节能降耗实现绿色发展，始终吸引工业企业、能源行业和政府部门高度关注。煤炭作为传统能源产品和工业原料，在我国钢铁、发电、建材、供热和生活用煤等领域有着巨大的应用市场。尽管随着新能源时代到来和新技术的不断突破，煤制油、煤制气逐步进入产业化运行和规模化应用，但是基于成熟、稳定的传统能源工业技术体系，一段时期内，燃煤需求仍然是我国能源安全的主要保障。因此，如何提高煤炭使用效率实现节约资源、节约成本，节能降耗、提高效益，一直是工业和民用煤炭应用领域的关注焦点和技术热点，除了通过改进工艺、优化设备、精确控制等关键技术达到工业领域的节煤降耗目标，在民用燃煤领域，通过开发、推广和应用节煤剂或煤炭节能剂产品，不失为一种更加直接有效、立竿见影的研发方向和技术手段。其实国家大力推广的洁净型煤，不只是为了实现加快环保污染治理，洁净型煤的生产工艺和燃烧方式，还能节煤20%，配以型煤专用炉具节煤率可达30%。因此，节煤剂、节能剂产品是否真的节煤、节能，依据什么原理实现能源节约，如何清楚、明白、准确地检测其节能效率，自然引起相关企业、应用单位和检验技术机构的关注，因此该项目的提出、立项和政策支持实施，具有明确的研究价值和真实的客观需求。

（二）相关检测标准和试验技术方法的短板与不足

立项之初，研发负责人遇到了某煤炭高效节能剂的发明人，在独立推广其节能剂产品过程中，虽然通过中小型燃煤锅炉以及家用生活采暖两用炉具实际使用，证明该节能剂以混水煤浆方式，与块煤、散煤、烟煤、煤矸石以及洁净型煤进行添加燃烧，均能够取得烟气洁净、燃时延长、节煤明显的良好状况，但是如何采用质量检测方式验证节能剂的节能数据和节能效果，发明人跑遍了华北多地的质检机构和科技部门，始终没有找到可行的检测方法和技术手段。

究其原因，煤炭本身的能源品质是以其发热量、热值这一检测指标作为技术参数，来衡量煤炭燃烧时能够产生的热值，基本检验方法就是称取一定量的煤炭，烘干后磨粉，在特定燃烧器中点燃进行完全燃烧，通过热量计等热能检测装置测算得出单位质量（或体积）的煤完全燃烧时所放出的热量，其实质是检测燃料燃烧的化学能，也是表示包括油品、生物质在内各种燃料质量的一种重要指标。燃烧实验过程中，为了避免水分对燃料的质量造成影响，进而造成发热量检测结果失去准确性，均采用烘干后干态称量煤炭并干态燃烧的方式进行。

如果对节能剂采用混水煤浆的方式称量，按照煤炭发热量试验方法燃烧检测，不仅单位燃料样品因为添加了大量水分而大幅增重，而且由于其充分和完全燃烧时间显著拉长，热量计也无法测出其完全燃烧的准确热量。非常明显，单位混合煤浆的质量增加、发热量减少，直观显示单位燃料的发热量明显降低，根本检测不出节能剂的节能效果。

通过分析煤炭节能剂的实际使用方法和燃烧条件，主研人关注到燃煤锅炉热效率的检验标准，考虑煤炭高效节能剂试验的可行性和精细化，我们对GB/T 16155—2005《民用水暖煤炉热性能试验方法》如何检测节能剂的节能效率进行了深入研究。

GB/T 16155—2005《民用水暖煤炉热性能试验方法》规定的内容包括：

1 范围

本标准规定了民用水暖煤炉的热性能试验方法。

本标准适用于以型煤为燃料的民用水暖煤炉。具有炊事功能的民用水暖煤炉应参照执行。

6.1 热性能试验

6.1.1 将高位水箱和炉体充满水，并记录进水温度t_{j1}。试验期间高位水箱的水位基本保持不变。

6.1.2 点火并记下引火物起燃时刻T_1，开始试验。

6.1.3 炉体水温升到75℃时，开启开关阀门向水桶内防水。同时，观察出水温度变化情况，调节限流阀门，控制出水温度在75~85℃。当出水温度低于75℃时，关闭开关阀门停止防水。防水期间，每隔2min记一次出水温度，计量此次出水量和出水温度。重复这一过程。

6.1.4 试验期间，每隔10min记录一次进水温度。

6.1.5 将煤炉调整至采暖稳定供热状态，按6.1.3、6.1.4过程，开始进行90min的额定供热量试验（试验10min后，不允许再进行任何调整）。计算此阶段总出水量G_{n2}、平均出水温度t_{n2}和平均进水温度t_{j2}，技术额定供热量试验。

6.1.6 重复6.1.3、6.1.4过程，当水套温度在10min内不能回升至75℃时，结束采暖部分试验，计算全过程的总出水量G_{n3}、平均出水温度t_{n3}及平均进水温度t_{j3}。

6.1.7 结束采暖试验时测量水套的容水量 G_{n1} 及温度 t_{n1}。

6.1.8 对有鼓风机的民用水暖煤炉需记录用电量 E。

GB/T 16155-2018《民用水暖煤炉热性能试验方法》规定的内容包括：

1 范围

本标准规定了民用水暖煤炉的热性能和大气污染物排放检测方法。

本标准适用于以型煤、洗选煤等洁净煤为燃料，额定供热量小于50kW，额定工作压力为常压，循环系统高度不超过10m，出口水温不高于85℃的民用水暖煤炉。具有炊事功能的民用水暖煤炉可参照执行。

4.2 热性能试验步骤

4.2.1 开始热性能试验，记录此时刻 T_1。为维持稳定供热状态，试验期间可添加经计量的煤炭。

4.2.2 试验期间，随时记录出水量，并每5min记录一次出水温度，每10min记录一次进水温度。

4.2.3 民用水暖煤炉热性能试验时间不少于3h。

4.2.4 热性能试验结束时，炉具的煤层位置与燃烧状况应与试验开始时保持一致，记录结束时刻 T_2。

4.2.5 统计试验期间燃煤用量 B、总出水量 G_z、总出水平均温度 t_{cp} 和总进水平均温度 t_{jp}。

4.2.6 有风机的民用水暖煤炉需记录风机功率 E。

4.2.7 热性能试验结束后，具有炊事功能的民用水暖煤炉应进行炊事火力强度试验。

从该科研项目前面的分析中，可以看出GB/T 16155规定的热性能试验考核的是煤炉的热交换能力，所以需要煤炉中的煤炭进入充分燃烧，正如考核一辆汽车的高速行驶工况，按照满负荷状态运行。而煤炭节能剂的作用是控制煤炭的燃烧状态，在保证热交换前提下尽量缓慢燃烧，如同汽车的节油比赛，只要能行驶，油门踩的越低越好，以实现节能效果。也正因为这个不同燃烧原理，才推动了该科研项目的立项实施。

需要进一步说明的是，在项目实施试验过程中，由于国家环保政策要求，燃烧试验全部采用洁净型煤进行，由于洁净型煤本身的产品一致性更好，因此项目对煤炭节能剂测得的节能效率数据更加准确可靠。如果节煤（能）剂用于燃烧性能较差的散煤、烟煤和掺杂部分煤矸石的低等次煤，其环保、节能效果应该更加充分的体现。

（三）成果转化推荐方向和领域

该科研项目研究完成后，技术人员尝试进行了成果转化，主要做了以下工作：

一是联系采用独立燃煤锅炉供热的单位、采用燃煤取暖的偏远地区以及有关洁净型煤生产销售单位，加大煤炭节能剂的推广应用，同时进一步进行燃煤节能剂实际应用研究，摸索规模化推广燃煤节能剂的可行路径，发挥更多节能环保成效。

二是试图运用研究成果，建立节能剂产品节能效率检验方法标准，以此为基础推进检验装置推广应用。

但是受制于环境条件变化和燃煤使用限制等政策调整约束，没有取得实质性进展。主要不利因素和客观原因包括：

一是为加快治理雾霾和环境污染早日实现天蓝地绿，国家大范围取缔普通燃煤在生活、供暖领域使用，代之以政府补贴洁净型煤推广和煤改电、煤改气双代工程，基本消除生活取暖用煤的消费市场。

二是对于集中大量使用燃煤的火力发电和供热站场，由于该类锅炉对煤炭燃烧方式存在固有要求，现有燃煤节能剂不适用大型锅炉燃烧条件，自然无法取得节能成效，也就不具备相关领域推广前景。

三是受消费用煤市场严重萎缩影响,燃煤节能剂的研发生产失去了必要的市场需求支撑,产业出现快速下滑。受上述多重不利因素制约和影响,该研究成果前期没有取得转化应用的突破口。

四是煤炉采暖市场急剧萎缩,大量民用采暖煤炉生产企业生产停滞,相应的检验检测需求快速消失,试验装置推广遇阻。

目前,受世界地缘事件影响,全球性能源危机再次出现并逐步加剧,特别是今冬明春国际天然气和煤炭价格已基本确定处于历史性高位,煤炭等传统能源使用显著增加。受此影响,部分燃煤节能剂将面临新的国际、国内市场机遇,可能为该研究成果在节能效率检测和节能剂产品推广技术研究方面,提供一定的转化可能。

案例2　用干粉喷射质量曲线代替灭火试验检验手提贮压式干粉灭火器灭火性能的研究

立项时间：2007年5月，研究时间：2007年5月至2009年12月。该项目是某技术机构提出并实施的质检重点科研项目，目的是依托GB 4351.1—2005《手提式灭火器》，研制用"灭火器干粉喷射质量曲线符合性检查"方式代替B类火灭火试验，检验灭火器灭火性能的新方法。

一、立项情况

（一）立项背景

手提贮压式干粉灭火器是国内外最广泛使用的消防器材，灭火性能作为灭火器的核心质量要求，一直以来都采用灭火试验的方式进行检验检验。按照现行GB 4351.1—2005《手提式灭火器 第1部分：性能和结构要求》的规定，通常进行B类火（对油盘中车用汽油的燃烧火进行灭火）灭火试验来检验灭火器的灭火性能。依据该标准的前言，ISO 7165《消防手提式灭火器性能和结构要求》（1999年英文版）规定的检验方法与此基本相同。

根据常年进行灭火试验情况，课题组发现该方法在实际操作中存在以下问题：①试验进行时，每次着火模型以及环境条件存在一定差别；②从事灭火试验的检验人员没有统一规范的岗位技术资格，不同检验人员的能力与经验不同，同一检验人员的自身状态不同；③着火试验污染大、危险性强。以MFZ/ABC4灭火器为例，每具灭火器B类火试验约使用37L车用汽油进行燃烧，一个检验需进行2~3次灭火试验，造成灭火试验能耗高、污染大、危险多，操作费时、费力。上述问题导致灭火性能检验具有主观因素影响大、偶然性因素多、成本高、效率低以及检验结果较难复现等缺点。

在倡导节能环保和低碳经济发展模式下，有必要探索寻找一种以客观、安全、科学、环保方式，准确、有效地检验灭火性能的方法。

（二）项目概况

本研究通过对某检验机构多年积累的手提贮压式干粉灭火器灭火试验数据进行统计、分析和计算，利用试制成功的干粉喷射过程采集记录装置实现了对干粉灭火器喷射质量曲线的采集绘制，创造性提出了用"灭火器干粉喷射质量曲线符合性检查"方式代替B类火灭火试验，检验灭火器灭火性能的方法。

本研究以MFZ/ABC4灭火器的B类火灭火试验为研究对象，研究内容包括：提出并验证干粉灭火剂喷射量与灭火时间之间存在着"干粉喷射质量曲线"关系；试制能够采集并绘制干粉喷射质量曲线的装置；在数据统计、分析的基础上，编制MFZ/ABC4灭火器的成功灭B类火的干粉喷射质量曲线，提出"用灭火器干粉喷射质量曲线符合性检查"的方式可以代替B类火灭火试验检验灭火性能的新方法。

（三）研究内容和目标

鉴于MFZ/ABC4灭火器是目前生产量最大、配备最广的灭火器，本研究以MFZ/ABC4灭火器的B类火灭火试验为研究对象。GB 4351.1—2005规定的内容包括：

5.1 规格

b）干粉灭火器为1kg、2kg、3kg、4kg、5kg、6kg、8kg、9kg、12kg。

6 技术要求

6.1.2 灭火器的灭火剂充装总量误差应符合表1的规定。

表1

灭火器类型	灭火剂量	允许误差
干粉	1kg	±5%
	1~3kg	±3%
	>3kg	±2%

…………

6.3.2 灭B类火的灭火器在20℃时的最小有效喷射距离应符合表6的规定。

表6

灭火器类型	灭火剂量	最小喷射距离/m
干粉	1kg	3.0
	2kg	3.0
	3kg	3.5
	4kg	3.5
	5kg	3.5
	6kg	4.0
	8kg	4.5
	≥9kg	5.0

6.6 灭火性能

6.6.1 灭A类火的性能

灭A类火的灭火器其灭火性能以级别表示。它的级别代号由数字和字母A组成，数字表示级别数，字母A表示火的类型。

灭火器灭A类火的性能，不应小于表7的规定。

表7

级别代号	干粉/kg
1A	≤2
2A	3~4
3A	5~6
4A	>6~≤9
6A	>9

6.6.2 灭B类火的性能

灭B类火的灭火器其灭火性能以级别表示。它的级别代号由数字和字母B组成，数字表示级别数，字母A表示火的类型。

灭火器20℃时灭B类火的性能，不应小于表8的规定。灭火器在最低使用温度时灭B类火的性能，可比20℃时灭火性能降低两个级别。

表8

级别代号	干粉/kg
21B	1~2
34B	3
55B	4
89B	5~6
144B	>6

MFZ/ABC4灭火器B类火的灭火等级为55B，灭火器的最小喷射时间为9s。

具体的灭火试验内容包括：

试验模型：在一个沿口直径1480±1mm、内部深度150±5mm、壁厚2.5mm的钢板制圆形油盘中放入55L的油水混合液体，其中水为1/3，车用汽油为2/3。

试验条件：B类火灭火试验可在室外进行，但风速不应大于3.0m/s。当下雨、下雪或下冰雹时不应进行试验。试验时，油盘底部应与地面齐平，当油盘底部有加强筋时，必须使油盘底部不暴露于大气中。试验前将灭火器放置在20℃±5℃环境中保持24h或以上，试验时取出。灭火试验可有专人操作。操作者可穿戴透明面罩、隔辐射热的防护服和手套。

试验步骤：在油盘中加入规定的水和车用汽油。为防止油盘底部变形，可加入补充的水，以便底部全部被水覆盖，但盘内水深不应大于50mm，不应小于15mm。点燃汽油后，预燃60s。预燃结束后即开始灭火。在灭火过程中，灭火器可以连续喷射或间歇喷射，但操作者不得踏上或踏入油盘进行灭火。

试验评定：火焰熄灭后1min内不出现复燃，且盘内还有剩余汽油，则灭火成功。灭火试验应进行3次，其中2次灭火成功，则为该灭火器达到此灭火级别。若连续2次灭火成功，第3次可以免试。

干粉灭火器的灭火原理是：通过预先贮存在灭火器内氮气的压力驱动干粉灭火剂从喷射口喷出，利用干粉喷射流把火焰推出着火试验的油盘，并用干粉迅速覆盖油水混合物的表面，隔断燃烧链，待火焰面被全部切断和覆盖后，使燃烧面熄灭。

本研究通过对技术机构多年开展的B类火灭火试验情况进行总结，认为干粉灭火剂喷射量与灭火时间之间应存在必然的规律，这一规律性从本质上决定了干粉灭火器的灭火性能。为此，本研究创造性提出了"干粉灭火器喷射质量曲线"的概念，并把"绘制MFZ/ABC4灭火器的B类火干粉喷射有效灭火质量曲线"和"实现用灭火器干粉喷射质量曲线符合性检查代替B类火灭火试验检验灭火性能"确定为研究的技术内容和目标要求。

（四）技术路线

本研究认为干粉灭火器灭火时存在下面两个极限喷射方式：最小均匀喷射流量P_0和最大均匀流量P_1。当干粉喷射流量小于P_0时，尽管喷射时间较长，但因干粉喷射流强度不够，不足以阻断燃烧连、压灭火焰而无法实现灭火成功；能够灭火的干粉喷射最大均匀流量P_1，即当干粉喷射流量大于P_1时，虽然喷射流强度够大，但因喷射流流量过大，干粉总量释放过快，最后剩余部分火焰时干粉已经用尽，而同样无法实现灭火成功。

在此基础上，总体的技术路线确定为：对多年的灭火试验数据进行统计和分析，确定经验数据中的最快灭火时间和最慢灭火时间并加以修正，就可得出干粉喷射的有效灭火范围，进而得出灭火器的干粉喷射有效灭火质量曲线。

在喷射曲线采集方式上，确定：以质量计量的方式对喷射过程进行全程采集，通过通信接口把质量数据实时传入计算机，进行存储和曲线绘制。其中喷射过程采集装置是关键技术研究内容，具有重要地位。

二、项目实施

本研究认为，在灭火器结构和 ABC 干粉灭火剂有效成分含量相对固定的前提下，灭火剂喷射量与灭火时间存在着内在的关系，我们定义为"干粉喷射质量曲线"，这一曲线的形式从本质上决定着灭火器是否具有相应的灭火性能。分析干粉灭火原理，我们确定手提贮压式干粉灭火器灭火效果决定于干粉喷射流量的变化规律。因此，寻找和采集记录干粉喷射规律就成为本研究的核心技术要求。

由于干粉灭火器喷射的是不稳定的短时干粉气流，因此，直接对干粉流量进行研究，具有很大的技术难度。鉴于有效喷射时间是标准规定的灭火器重要参数，而喷射过程中灭火剂的质量是一个可以测量的动态参数，因此我们确定了以灭火器总质量与喷射时间关系的总体设计理念。

确定了总体设计理念后，我们首先对我院多年的干粉灭火器灭 B 类火的检验数据进行统计、分析。确定 ABC 干粉灭火剂有效成分的含量在 47%~50% 之间的 MFZ/ABC4 灭火器为研究对象，对灭火试验成功的灭火器喷射时间进行统计，找出最短灭火时间和最长灭火时间，从而大致确定成功灭 B 类火的干粉喷射最小和最大均匀流量的曲线范围。再结合 GB 4351.1—2005 规定的 MFZ/ABC4 灭火器的相关技术参数，对干粉的喷射量进行计算和修正。

（一）编制工艺方案

（1）灭火喷射流量的确定：本研究认为，除去喷射的初始和终结阶段，干粉喷射的主要阶段其流量水平是基本均匀的。因此，通过对技术机构多年的干粉灭火器灭 B 类火的检验数据中灭火器喷射时间且灭火试验成功的灭火器进行统计，找出最短灭火时间和最长灭火时间，从而大致确定成功灭 B 类火的干粉喷射最小和最大均匀流量的曲线范围。当然，这需要通过干粉喷射质量曲线采集装置进行验证。

（2）灭火喷射极限流量的修正：由于灭火试验中，未对灭火器的干粉喷射量进行准确计量，因而需要结合 GB 4351.1—2005 规定的 MFZ/ABC4 灭火器的相关技术参数，对干粉的喷射量进行计算和修正。

（3）喷射过程采集装置：关键点是如何消除灭火器开启和喷射的作用力对数据采集的影响，最大程度准确采集到喷射过程中干粉的实时质量，从而绘制出实际的干粉喷射质量曲线。喷射过程采集装置包括：空气压缩机、带有灭火器固定架和开启机构的电子计重装置，以及通过实时测试、记录装置总质量绘制干粉喷射质量曲线的计算机系统。

（二）方案实施

1. 成功灭火干粉喷射时间的确定

通过对技术机构 MFZ/ABC4 灭火器灭 B 类火的检验数据统计发现，实际喷射时间范围为：14s 至 18s，成功灭 B 类火的喷射时间范围为：11s 至 15s。ABC 干粉的喷射剩余率通常在 3%~10% 范围内（GB 4351.1—2005 规定喷射剩余率不应大于 15%）。由于以灭火实效为判定原则，上述试验中成功灭火的喷射时间未考虑干粉剩余率的影响。

2. 对成功灭火时间与干粉喷射量关系的修正

灭火剂一般是由专业企业生产销售，再由灭火器生产和维修企业装配到灭火器中的。我院检验的MFZ/ABC4灭火器，ABC干粉灭火剂有效成分的含量标识在：46~50±3%之间，实测结果均在47%~50%之间。在灭火剂成分相对固定的前提下，可以确定灭火成功的关键因素是灭火剂喷出量的多少。结合国家标准GB 4351.1—2005中"灭火剂充装量误差为±2%、喷射剩余率不大于15%"的规定，经计算，本研究认为能够成功灭B类火的干粉喷射量应至少为3.2kg左右，即灭火剂额定充装量的80%上下，考虑喷射损失后，实际灭火的干粉喷施量应在2.6kg左右。进一步折算后，本研究提出MFZ/ABC4灭火器的灭火剂能够灭火的干粉喷射最短时间约为9s（对应的干粉喷射量为2.7kg），最长喷射时间为16s（对应的干粉喷射量为4kg），有效灭火的其他喷射时间还应考虑剩余率影响下的干粉绝对喷射量应不低于3.33kg。

3. 干粉喷射过程采集装置的试验

在喷射过程采集装置研制中，最终确定：灭火器开启机构采用电磁控制的气缸机构，喷射架与电子秤托盘采用固定连接，并加装了喷射管的可调节固定装置。在开发完成计算机数据传输与测试系统后，进行了干粉喷射过程采集装置试验，取得了预期试验效果，验证了理论研究内容，第一次用计算机记录绘制出干粉喷射质量曲线，证明了研究概念的客观存在和整体研究取得成功。

（三）通过成果查新

2009年11月17日，课题组委托某科学技术情报研究院对"用干粉喷射质量曲线代替灭火试验检验手提贮压式干粉灭火器灭火性能的研究"进行成果查新，查新点包括：提出手提贮压式干粉灭火器的干粉喷射质量曲线的概念；绘制出MFZ/ABC4灭火器B类火干粉喷射有效灭火质量曲线；提供了用"灭火器干粉喷射质量曲线符合性检查"检验灭火性能的方法。

2009年11月25日，《科技查新报告》认定该研究的查新点在国内文献中未见报道。

（四）通过干粉喷射过程采集装置计量检定

2009年11月24日某计量监督机构发《检定证书》准予研发装置所用电子计重装置用于Ⅲ级使用。装置的实际使用精度为1g。符合GB 4351.1—2005规定称量仪器的误差应小于被测灭火器总质量的千分之五精度要求。

（五）研发取得的主要技术成果

1. MFZ/ABC4灭火器成功灭B类火干粉喷射质量曲线

通过对开展检验的MFZ/ABC4灭火器灭B类火的检验数据统计、分析、计算和修正，本研究认为能够成功灭B类火的干粉喷射量应至少为3.2kg左右，即灭火剂额定充装量的80%上下，考虑喷射损失后，实际灭火的干粉喷施量应在2.6kg左右。进一步折算后，本研究提出MFZ/ABC4灭火器的灭火剂能够灭火的干粉喷射最短时间约为9s（对应的干粉喷射量为2.7kg），最长喷射时间为16s（对应的干粉喷射量为4kg），有效灭火的其他喷射时间还应考虑剩余率影响下的干粉绝对喷射量应不低于3.33kg。综合上述数据，编制出了MFZ/ABC4灭火器（ABC干粉灭火剂有效成分的含量为47%~50%）成功灭B类火干粉喷射质量曲线（见图1）。

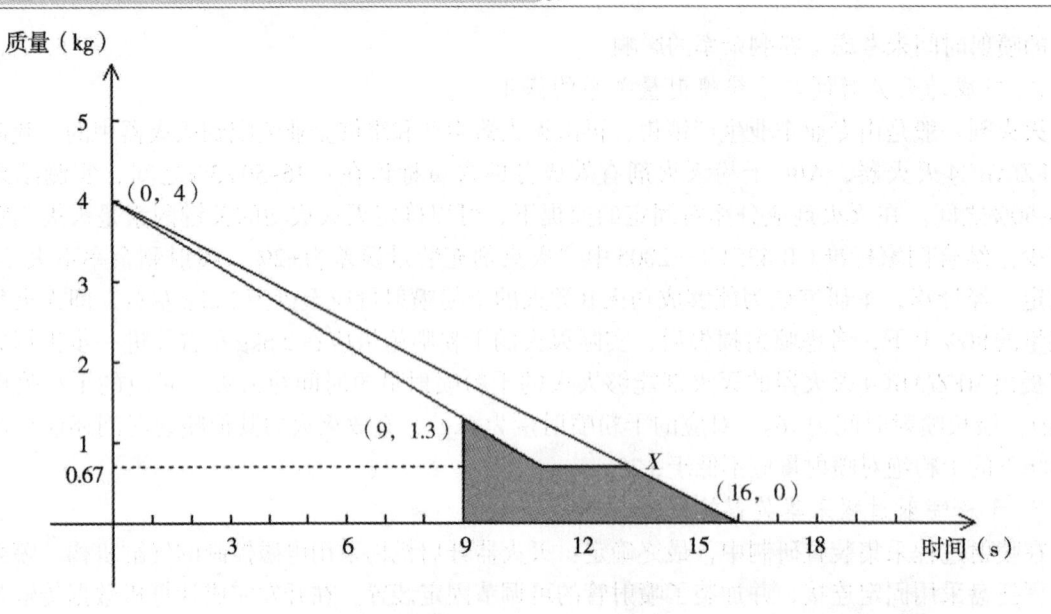

图1 MFZ/ABC4灭火器的干粉喷射质量曲线

（0s，4kg）代表灭火器喷射开始前的初始状态，（9s，1.3kg）代表灭火器最短灭火时间的灭火试验结束点，（16s，0kg）代表灭火器最长灭火时间灭火试验结束点，0.67 kg横线代表干粉绝对喷射量应不低于3.33kg。上述点、线连接组成的绿色部分即为MFZ/ABC4灭火器（ABC干粉灭火剂有效成分的含量为47%~50%）成功灭B类火干粉喷射质量曲线，解析图形的含义就是：MFZ/ABC4灭火器开始喷射后，其干粉喷射质量曲线沿狭长的三角形区域内向下延伸，至其喷射结束时，曲线终点能够落入绿色区域范围内，即表明该灭火器的喷射性能具有成功实现灭B类火的灭火性能。

2．干粉灭火器喷射过程采集装置

该研究成功研发的干粉灭火器喷射过程采集装置（图2），可以对总质量不超过13kg的手提贮压式干粉灭火器进行喷射过程质量曲线的采集、记录和绘制。通过对MFZ/ABC4灭火器喷射质量曲线的绘制和比对，可以实现以"用灭火器干粉喷射质量曲线符合性检查代替B类火灭火试验检验灭火性能"的研究目标。

图2 手提贮压式干粉灭火器干粉喷射过程采集装置

三、项目鉴定

（一）成果的创造性、先进性

该研究以MFZ/ABC4灭火器的B类火灭火试验为对象，创造性提出了干粉灭火器干粉喷射质量曲线的概念，在大量灭火试验的基础上分析绘制出MFZ/ABC4灭火器B类火干粉喷射有效灭火质量曲线。先进性表现在：试制出干粉灭火器喷射质量曲线采集、记录、绘制装置，实现了自动控制灭火器干粉喷射和采集、记录、绘制干粉喷射质量曲线，提供了的用"灭火器干粉喷射质量曲线符合性检查"检验灭火器灭火性能的新方法。与此同时，实现了对干粉灭火器喷射过程的检验数据的复现和查询功能。

（二）直接经济效益和社会意义

该研究如能获得标准化部门的批准，将开创灭火器灭火性能的全新检验方法，消除大量的试验消耗和环境污染，带来巨大的社会意义。直接经济效益主要体现在：以目前检验机构年检验约250个批次计算，年节约综合费用（燃料费、场地使用费、污染处理）15万元。与此同时，新的检验方法适合灭火器、灭火剂生产企业用于质量控制等目的的自备检验能力建设，该方法的广泛推广将大大提高灭火性能检验的科学性、公正性和准确性，并带来巨大的社会综合效益。

（三）推广应用前景与措施

手提贮压式干粉灭火器是国内外最广泛使用的消防器材，灭火性能是灭火器的核心质量要求。该研究的推广应用基于以下特点：一是免除了灭火性能的灭火试验，大幅节约相应的试验成本，实现了以安全、环保的方式检验灭火器的灭火性能；二是消除了人为主观因素在检验中的影响，通过自动控制灭火器干粉喷射和采集、记录、绘制干粉喷射质量曲线，以检验操作的标准化，实现了客观、科学、公正的检验方式；三是减少了灭火试验环节，在进行喷射试验的同时即可完成相关数据的采集记录，大大提高检验效率，实现了高效的检验方式。

该研究属于对原有检验方法的突破性创新，在进一步优化干粉灭火器喷射质量曲线采集、记录、绘制装置的软硬件技术基础上，我们将加快本研究的测量方法标准化工作，尽快启动新检验方法的申报审批程序，争取早日服务于检验工作，发挥出应有的社会经济综合效益。

（四）专家测试报告

测试组受鉴定委员会委托，对干粉灭火器喷射质量曲线采集、记录、绘制装置进行了现场测试。该装置的质量测试精度示值为1g，灭火器开启机构采用电磁阀控制的气缸开关，灭火器自动开启后干粉喷射质量曲线通过计算机实时绘制，并直接显示总的初始质量、最终质量和干粉喷射质量，并且具有复现查询功能，显示精度为：计时0.001s，质量1g。

（五）鉴定意见

该研究提出的"干粉喷射质量曲线"概念是科学的，试制的干粉灭火器喷射质量曲线采集装置实现了对干粉灭火器的自动开启和干粉喷射质量曲线地自动采集、记录和绘制，试验数据准确、可靠并能复现查询，达到了预期技术指标。装置精度符合GB 4351.1—2005的规定要求。

该研究编制的MFZ/ABC4灭火器的B类火干粉喷射有效灭火质量曲线（ABC干粉灭火剂有效成分含量47%~50%），具有重大技术创新特征，提供了用"灭火器干粉喷射质量曲线符合性检查"方式代替B类火灭火试验进行灭火性能检验的新方法，是对科学、高效检验方式的重要研究和突破，具有显著的社会效益和经济效益。

综上所述，该研究是成功的，解决了现有灭火性能检验方法存在的主观影响大、偶然因素多、成本高、效率低以及检验结果难复现等诸多问题，创新提出了科学、高效、安全、环保地检验灭火器喷射性能和灭火性能新方法。该研究填补了国内空白，科学意义重大，社会经济效益显著，应用前景广阔，整体技术达国内领先水平。

（六）存在问题及改进意见

（1）研究的MFZ/ABC4灭火器的B类火干粉喷射有效灭火质量曲线，是在研究单位现有灭火试验的数据统计基础上编制的，还应通过国家级消防专业检验机构进行充分论证、精确计算和严密编制，增强本研究的权威性和科学技术水平。

（2）建议在完成上述改进意见后，尽快将该研究申报国家标准化主管部门，力争早日成为标准认可的检验方法。

四、项目技术分析与成果转化探究

用干粉喷射质量曲线代替灭火试验检验手提贮压式干粉灭火器灭火性能的研究是对现有检验方法的突破和创新。手提贮压式干粉灭火器干粉喷射质量曲线采集装置的样机运行，标志着干粉喷射质量曲线不仅客观存在而且是可以采集和记录的。鉴于该研究在国内的首创地位，进一步确立了课题的先进性，扩大了技术机构在灭火器产品质量检验方面的能力优势和技术储备。

在研究取得初步成功的基础上，课题组进一步优化设计，计划对整体装置集成为计算机平台化操作和控制方式，为拓展研究成果能够成为国家标准认可的检验方法创造坚实的条件。力争早日把"干粉喷射质量曲线"作为代替灭火试验检验手提贮压式干粉灭火器灭火性能的标准方法，发挥本研究的社会效益和经济效益，也为灭火器产品质量检验技术的进步做出贡献。

案例3　手提式灭火器干粉喷射时间和距离综合检测试验装置的研究

立项时间：2015年5月，研究时间：2015年5月至2016年12月。该项目是某技术机构提出并实施的质检重点科研项目，目的是依托 GB 4351.1—2005《手提式灭火器》，研制研究一种新的试验方法和装置，满足精确测量干粉喷射时间、喷射滞后时间和喷射距离的标准要求。

一、立项情况

（一）立项背景

手提式干粉灭火器广泛用于扑救易燃、可燃液体、气体以及带电设备和固体类物质的初起火灾，是国家机关、团体、企事业单位以及各类社会公共场所必备的通用消防器材。

GB 4351.1—2005《手提式灭火器》规定手提式灭火器的主要喷射性能参数包括喷射时间、喷射滞后时间和喷射距离。按照该标准规定，有效喷射时间是指手提式灭火器在控制阀完全开启状态下，自灭火剂从喷嘴开始喷出至喷射流的气态点出现的这段时间；喷射滞后时间：灭火器的控制阀门开启或达到相应的开启状态时，至灭火剂从喷嘴开始喷出的时间；喷射距离是指灭火器喷射了50%的灭火剂量时，喷射流的最远点至灭火器喷嘴之间的距离。

GB 4351.1—2005《前言》显示，GB 4351.1—2005规定的手提式灭火器喷射时间、喷射滞后时间和喷射距离试验方法，与 ISO 7165《消防手提式灭火器性能和结构要求》（1999英文版）一致。标准本身没有明确进行灭火器喷射实验需要的具体试验装置，但是从操作程序的要求和检验机构的实践来看，通常采用的试验方法均以手工试验和人工观察、手动计时方式测定上述参数。鉴于人工实际操作不仅试验环境恶劣、劳动强度大、资源浪费多、环境污染严重，而且存在人为主观因素多、无法精确测量和不确定性大的系统性方法缺陷。部分机构开始着手探索客观、准确、科学、可靠的检验方法。

采用计算机技术实现试验过程的自动操作控制和数据采集已经成为试验技术的发展趋势。将已经成熟的自动化技术组合、转化、集成、创新成为具备新的综合性能的成套试验设备，不仅可以大幅提高试验效率，降低人为因素对检验结果不确定性的影响，同时能够实现客观、精确、科学、可靠的检验技术要求。

项目主持人前期完成了《用干粉喷射质量曲线代替灭火试验检验手提贮压式干粉灭火器灭火性能的研究》，实现了对灭火剂喷射质量与喷射时间的精确测量，采集绘出了灭火剂喷射质量曲线，填补了国内空白，达到国内领先水平。也为进一步促进采用质量曲线方法检验手提贮压式灭火器喷射性能的研究打下了基础。因此，申请研究一种综合检测试验装置，以全程记录灭火器喷射过程中，干粉喷射时间和喷射距离的实时数据，达到精确检测干粉喷射时间、喷射滞后时间和喷射距离的标准要求。

（二）目标任务

研制采用计算机控制的干粉灭火器控制阀自动开启与关闭装置、喷射流图像采集装置和灭火剂喷射质量曲线记录装置智能组合而成的手提式灭火器干粉喷射时间、喷射滞后时间和喷射距离的综合检测试验装置。

曲线采集装置，研制由计算机联动控制的灭火器以开闭时间为控制参数的控制阀自动开启与关闭装置、具有6m量程的激光触发测距装置或图像识别装置，最终组合成为综合检测试验装置。

主要技术路线：使用计算机控制的机、电、图像融合技术，连续实时测量灭火器喷射过程的时间、质量、距离参数。

项目的技术关键、难点与创新点：

技术关键：一是研制可以通过程序设定开启、关闭时间点对灭火器控制阀进行自动开关的操作装置，二是对灭火剂喷射距离进行实时测量记录的图像测距装置。

技术难点：将灭火器喷射过程中连续实时测量的时间、质量、距离参数采集集成到计算机中，汇出同一时间坐标下的质量、距离变化曲线，可实现对任意时间点的多参数数据读取。

创新点：利用机、电、图像融合技术，实现灭火器喷射过程的时间、质量、距离无缝隙连续测量、变化曲线绘制和任一点参数读取。

主要技术指标：试验装置将实现手提式灭火器喷射过程中，灭火器启闭的计算机控制，喷射时间、喷射滞后时间和喷射距离的自动精密测量和数据储存，实现灭火器喷射试验的全过程记录与再现，测试精度全部达到GB 4351.1—2005《手提式灭火器》的要求。

经济指标：明显改善试验作业环境，显著提高灭火器干粉喷射时间、喷射滞后时间和喷射距离检测的客观性、科学性和准确性。

专利或成果：该研究项目拟申请国家发明专利1项。

（三）项目前景及成果推广方式

该装置的研制，将实现手提式灭火器喷射性能的自动化精密检测，在明显改善试验作业环境的同时，大幅提高灭火器干粉喷射时间、喷射滞后时间和喷射距离检测的精确性和可靠性，进而提高检验结果判定的客观性、科学性和准确性。通过鉴定后，综合检测试验装置可以面向灭火器生产、维修和质量检验单位推广，以加强其灭火器喷射性能的质量检验能力，为提高和保证灭火器质量提供可靠的标准化试验数据，具有良好的经济效益和社会效益。

二、项目实施

（一）关键技术分析

该研究的关键技术及技术难点，一是灭火剂喷射质量检测方式，二是喷射距离的数据采集方式。关键技术体现在：带有计重功能的灭火器固定和喷射控制装置，必须克服灭火器喷射时喷射流反作用力对灭火剂质量记录的影响；喷射流图像必须转变为可采集测量方式，便于进行数据判定。

由于灭火器喷射时，灭火剂喷射质量是一个必须实时采集的动态变化数据，但又无法直接检测喷出的灭火剂质量。与此同时，喷射流图像虽然可以直接拍摄采集，但是图像本身需要具有数据记录属性，才能检测确定喷射距离。

（二）技术方案

把整个装置划分为喷射控制与灭火剂喷射质量测控单元和喷射距离图像测控反馈单元，通过计算机联动控制实现全部数据的同步采集、记录和分析，在同一时间条件下，利用灭火剂喷射质量数据、喷射距离数据进行综合对照，确定灭火器喷射时间、喷射滞后时间、喷射距离。

首先，把灭火剂喷射质量经过转换，即以灭火器喷射控制台总质量为检测对象，将喷射过程中灭火剂喷出后剩余的控制台质量进行实时检测，然后与原有总质量数据对比，检测出灭火剂喷射质量。

其次，灭火剂喷射流会产生很大的反作用力，影响对灭火器控制台总质量的准确检测，因此，必须最大程度减小这一影响。将带有计重功能的灭火器固定和喷射控制台，制成整体刚度强，并且连同固定与控制机构全部纳入计重范围，进行全质量检测。

最后，对于喷射流图像，我们利用灰度图像采集技术，将喷射流转换为可计算数据进行采集记录。在实施过程中，由于喷射流会带动干粉灭火剂迅速动态雾化和快速扩散，导致计算机无法分辨喷射流与扩散雾团，难以清晰、准确地采集动态喷射流视频图像，更谈不上图像长度数据的计算。为此，我们将标准要求的最小喷射距离作为标尺，采集喷射流前端与最小喷射距离的对比图像，通过查询灭火剂量喷射50%时间点对应的喷射流图像，确定喷射距离是否满足标准要求。

（三）技术路线

以MFZ/ABC4灭火器为试验对象，运用计算机控制的机、电、图像融合技术，研制灭火器喷射启闭的计算机控制装置和喷射距离参数测量的计算机采集装置，重点是研发实时采集记录灭火剂喷射距离的图像数据装置，将灭火器喷射过程中连续实时测量的时间、质量、距离参数集成到计算机中，实现灭火器喷射过程中喷射滞后时间、喷射时间、灭火剂质量、喷射距离等参数的准确测量。

（四）研究步骤

一是研究灭火器喷射控制台，重点是解决计算机控制灭火器喷射启闭和灭火剂喷射质量自动检测采集。

二是研究灭火剂喷射距离图像采集装置，重点是解决灭火剂喷射流的数字化数据采集传输。

三是研究数据集成计算和有关数据关系曲线自动绘制软件，实现灭火器喷射过程中喷射滞后时间、喷射时间、灭火剂质量、喷射距离等参数同步采集。

四是在同步时间条件下，利用灭火剂喷射质量数据、喷射距离数据进行综合对照，确定灭火器喷射时间、喷射滞后时间、最小喷射距离。

（五）主要过程

本研究以MFZ/ABC4灭火器为研究试验对象，在以往取得成果基础上，继续研究在具有称重功能的灭火器喷射控制台上，运用计算机控制的机、电、时间、图像综合数据采集及计算技术，研制测量灭火器喷射过程中时间、质量、距离参数的智能化装置。

首先研究计重喷射控制台。利用机电一体化技术，使用驱动气缸实现灭火器的夹紧固定和触发启闭，实现控制灭火器功能。控制台以灭火器喷射控制装置整体总质量为检测对象，将喷射过程中灭火剂喷出后剩余的装置质量进行实时检测，然后与原有总质量数据对比，通过数据转换检测出灭火剂喷射质量。主要任务是解决灭火器喷射时喷射流对称重支架的巨大反作用力。为尽可能减小反作用力影响，我们将带有计重功能的灭火器固定和控制装置，制成整体刚度很强的整体，连同固定与控制机构全部纳入计重范围，是反作用力成为装置的内力，进行全质量检测从而消除影响。

其次是研究确定喷射距离图像的采集方式。我们初期设想是采用光栅识别测试技术，通过研究喷射流对光栅强度影响，测出灭火剂喷射流的长度变化，进而转换成喷射距离。但是由于喷射流具有持续性，因此无法分辨实时喷射流的远点到底在哪里。接着，我们考虑通过数字摄像技术将喷射流图像转变为可测量计算方式，利用计算机读出喷射流的长度，进而检测出喷射距离，但是仍然没有论证成功。

最后，我们把重点放在了检验目的——最小喷射距离是否合格，利用灰度视频采集技术，直接对最小喷射距离位置的喷射流图像视频进行采集，基本达到了研究目的。

在数据设置和采集计算方面，经过反复测试调整，我们通过调节测试频率，利用喷射质量变化终止差值设定控制气缸关闭点，当质量变化率小于设定值时，试验控制装置关闭，试验结束。由于天平的感知量和响应频率尚不能满足上述设计，最终未能实现。

在结合研究申报发明专利过程中，我们发现公安部上海消防研究所刚刚于2015年9月16日获得了《灭火器喷射数据采集与处理装置及其工作方法》国家发明专利授权，授权公告号CN103063456B。经过研究，该专利重点解决的是喷射质量和喷射时间、喷射压力数据采集课题。我们结合以往研究成果，把"MFZ/ABC4灭火器的B类火干粉喷射有效灭火质量曲线"成果植入研究内容，赋予本研究装置同步自动采集绘制MFZ/ABC4灭火器的灭火剂喷射质量与喷射时间关系曲线功能，实现了用灭火器干粉喷射质量曲线与"MFZ/ABC4灭火器的B类火干粉喷射有效灭火质量曲线"直接进行符合性对比检查，从而代替B类火灭火试验检验灭火性能的研究内容和目标要求，并以此为主要创新点申请了《手提贮压式干粉灭火器灭火性能检测方法及其实施装置》国家发明专利。

（六）科技查新

科学技术要点：本装置用于MFZ/ABC4灭火器喷射性能试验，装置组成包括三部分：一是计重喷射台，通过气缸1把灭火器固定，气缸2控制灭火器启闭喷射，灭火器总重量实时传至计算机；二是灭火剂喷射流图像采集架，利用灰度摄像头和背景板，对喷射流是否超过灭火器最小喷射距离进行自动采集并实时传至计算机；三是集成控制检测台，利用计算机发出信号控制气缸启闭灭火器，采集灭火器喷射时间、灭火剂喷射量和喷射流，自动绘制灭火剂喷射质量——时间曲线。

GB 4351.1—2005《手提式灭火器 第1部分：性能和结构要求》规定，通过实际操作灭火器喷射试验，检测喷射时间和喷射距离。最小喷射距离，检测在灭火剂量喷射50%时，喷射流的最远点与灭火器喷嘴间的距离。灭火性能，通过每次使用1具灭火器对燃烧的火焰进行喷射灭火试验进行检测。如果进行3次试验累计2次灭火成功，则表明该灭火器达到了规定的灭火级别。国际标准ISO 7165—1999规定的检验方法与此基本相同。

本装置通过同步采集喷射时间、喷射剂量和喷射流，实现了科学准确检测喷射时间、喷射剂量，准确确定最小喷射距离。基于干粉喷射质量与喷射时间曲线代表灭火器喷射性能，装置采用所采集数据自动绘制的干粉喷射质量与喷射时间曲线，与MFZ/ABC4干粉灭火器有效灭B类火喷射质量曲线直接对比，进行符合性检查，定性检测灭火器的B类火灭火性能。

本研究主要用于检测灭火器的喷射性能，其新颖性在于：①实现了同步自动采集干粉灭火器喷射质量、喷射时间和喷射距离，可以准确检测灭火剂喷射质量、喷射时间，查询确定最小喷射距离是否符合标准要求。②实现了自动记录绘制干粉喷射质量与喷射时间曲线。③实现了通过采集绘制的干粉喷射质量与喷射时间曲线，与MFZ/ABC4干粉灭火器有效灭B类火喷射质量曲线直接对比，进行符合性检查，定性检测灭火器B类火灭火性能。

查新点：①同步自动采集、检测干粉灭火器喷射时间、灭火剂喷射质量和最小喷射距离；②自动绘制干粉灭火器的灭火剂喷射质量与喷射时间曲线；③采用将采集绘制的干粉喷射质量与喷射时间曲线，与MFZ/ABC4干粉灭火器有效灭B类火喷射质量曲线直接对比，进行符合性检查，定性检测灭火器B类火灭火性能。检索结果：

2017年11月28日查新机构出具《科技查新报告》：

检索结果：

根据本课题的查新要求，使用前页表中关键词、分类号及检索策略，在所列数据库和文献时限内，检索了国内有关文献、数据库和INTERNET网，检出相关文献多篇，选择与本课题接近和代表性文献7篇列于文献附件中，分析如下：

1. 发明名称：手提贮压式干粉灭火器灭火性能检测方法及其实施装置

专利权人：河北省产品质量监督检验院（本课题研究单位）

申请日：2015.12.31，公告号：CN105547726A

摘要：该发明涉及一种手提贮压式干粉灭火器灭火性能检测方法及其实施装置，该发明的测量方法采集的数据只需灭火器的剩余干粉质量和时间的关系，可在实验室环境下进行灭火器的数据收集，没有人为干扰，并且免去了在室外因环境的变化对实验造成的影响并且无污染；同时无需实际设置火源避免消耗其他物品，每次实验只需消耗待检测的灭火器，试验成本低，不会对试验者产生危险，同时也提高了检测效率；实施装置包括称重台、主体框架、下固定装置、固定装置、固定卡以及压把气缸，实施装置设置有固定装置，克服了灭火器喷射时喷射流反作用力对灭火介质质量记录的影响，实现了在灭火器喷射过程中，实时对灭火介质的质量和喷射时间进行记录。

2. 成果名称：用干粉喷射质量曲线代替灭火试验检验灭火器灭火性能的研究

完成单位：河北省产品质量监督检验院（本课题研究单位）

中国科技成果数据库（万方数据），项目年度编号：1000620244

摘要：该研究提出的"干粉喷射质量曲线"概念，试制的干粉灭火器喷射质量曲线采集装置实现了对干粉灭火器的自动开启和干粉喷射质量曲线数据的自动采集、记录和绘制，试验数据准确、可靠并能复现查询，达到了预期技术指标。数据采集装置测试精度符合GB 4351.1—2005的规定要求。

3. 发明名称：新式灭火器喷射性能自动试验装置

申请人：山东省广安消防技术服务中心

申请日：2014.09.28，公开号：CN104280256A

摘要：该发明涉及一种新式灭火器喷射性能自动试验装置。该新式灭火器喷射性能自动试验装置包括固定在地面上的电子秤、支架和电脑PLC控制器，其特征在于：所述的电子秤上设有固定板，固定板通过气管连接空压机，固定板上安装水平气动夹持器，水平气动夹持器连接气缸A，水平气动夹持器内侧设有弹性垫，弹性垫直接接触灭火器，灭火器上部安装气动夹持器，固定板上一侧设有支撑杆，支撑杆顶端安装胶管喷嘴、气动水平夹持器和光电开关，支架顶部设有测量光栅。

4. 题名：灭火器喷射性能试验机。信息来源：深圳市亿威仕流体控制有限公司网址：http://www.ivscn.com。

摘要：系统用于测量灭火器喷射时的喷射距离、有效喷射时间、喷射滞后时间、喷射后剩余率；采用封闭式试验室，通过计算机软件控制，实时录像观察与监控。配备升降台调整不同规格的灭火器，使喷嘴的中心离地面1m，配备辅助测量的干粉收集盘。采用封闭式全自动试验；采用实时录像观察与监控；计算机软件控制；喷射实验室：长10m，宽2m，高2m；门高1.8m，宽0.84m，用硅墙砌成，设有观察室；仪器组成：有喷射实验室，自动控制装置、实时录像观察系统以及控制部分组成；升降台：能调整不同规格的灭火器，使喷嘴的中心离地面1m；有效喷射的时间和喷射滞后的时间，采用自动和监控自动计时；喷射距离之测定：在喷射方向的侧面放置10m长的标尺；干粉的收集盘10个以及凝雾盘10个；称重仪器：用于测量灭火器喷射到50%的重量以及喷射剩余率。

5. 成果名称：《手提式灭火器通用技术条件》标准检测装置

完成单位：公安部上海消防科学研究所

中国科技成果数据库（万方数据），项目年度编号：851656

摘要：该测试装置由环境试验设备、强度试验设备和灭火器等组成。适于手提式灭火器的喷射性能、灭火性能、密封性能、耐压强度、抗震性能、抗腐蚀性能等检测用。经三年多使用和校验证明：其性能符合标准要求，达到日本、联邦德国同类装置水平。

6.题名：手提式灭火器间歇喷射性能试验

信息来源：济南思明特科技有限公司

网址：http://www.simingte.com/stsmhqjxxnsy.htm

摘要：将灭火器按自然数列编号，并分别称量，将奇数编号的灭火器放入灭火器最高使用温度42℃中保持24h或以上，将偶数编号的灭火器放入灭火器最低使用温度±2℃中保持24h或以上；灭火器分别从高低温环境中取出后，在1min内开始间歇喷射，喷射2s，关闭2s，直至喷射结束，并测定每次开启的喷射滞后时间。喷射技术后，再分别称重量，算出喷射剩余率，贮气瓶式灭火器在喷射试验前，贮气瓶可提前6s打开加压。

7.论文标题：基于LabVIEW的灭火器喷射性能测试平台设计

第一作者：吴刚，三峡大学机械与动力学院

期刊源：机电工程技术，2017年04期

摘要：针对灭火器喷射性能测试的要求，以LabVIEW作为软件开发平台，并结合PCI-1711L数据采集卡和PCI-1243U运动控制卡，研制了一个集数据采集和运动控制为一体的测控系统。该系统可以根据不同的测试条件进行不同的测试，实现喷射过程的运动控制、数据采集、状态显示和生成报表等功能。

注：文献1为本课题密切相关文献，其余为本课题一般相关文献。

查新结论：

从检出文献述及的内容看：河北省产品质量监督检验院（本课题研究单位）的发明专利，涉及一种手提贮压式干粉灭火器灭火性能检测方法及其实施装置，实施装置包括称重台、主体框架、下固定装置、固定装置、固定卡以及压把气缸，实施装置设置有固定装置，克服了灭火器喷射时喷射流反作用力对灭火介质质量记录的影响，实现了在灭火器喷射过程中，实时对灭火介质的质量和喷射时间进行记录[1]。河北省产品质量监督检验院（本课题研究单位）的用干粉喷射质量曲线代替灭火试验检验灭火器灭火性能的研究，提出的"干粉喷射质量曲线"概念，试制的干粉灭火器喷射质量曲线采集装置实现了对干粉灭火器的自动开启和干粉喷射质量曲线数据的自动采集、记录和绘制，试验数据准确、可靠并能复现查询，达到了预期技术指标[2]。山东省广安消防技术服务中心的发明专利，涉及一种新式灭火器喷射性能自动试验装置。该新式灭火器喷射性能自动试验装置包括固定在地面上的电子秤、支架和电脑PLC控制器，其特征在于：所述的电子秤上设有固定板，固定板通过气管连接空压机，固定板上安装水平气动夹持器，水平气动夹持器连接气缸A，水平气动夹持器内侧设有弹性垫，弹性垫直接接触灭火器，灭火器上部安装气动夹持器，固定板上一侧设有支撑杆，支撑杆顶端安装胶管喷嘴、气动水平夹持器和光电开关，支架顶部设有测量光栅[3]。深圳市亿威仕流体控制有限公司的灭火器喷射性能试验机，系统用于测量灭火器喷射时的喷射距离、有效喷射时间、喷射滞后时间、喷射后剩余率；采用封闭式试验室，通过计算机软件控制，实时录像观察与监控。配备升降台调整不同规格的灭火器，使喷嘴的中心离地面1m，配备辅助测量的干粉收集盘[4]。

综上所述，国内已有关于灭火器喷射性能自动试验装置的报道。但本课题研发的手提式灭火器干粉喷射时间和距离综合检测试验装置，可同步自动采集、检测干粉灭火器喷射时间、灭火剂喷射质量和最小喷射距离，自动绘制干粉灭火器的灭火剂喷射质量与喷射时间曲线，采用将采集绘制的干粉喷射质量与喷射时间曲线，与MFZ/ABC4干粉灭火器有效灭B类火喷射质量曲线直接对比，进行符合性检查，定性检测灭火器B类火灭火性能。上述特点除本课题研究单位的专利和成果外，在国内文献中未见相同报道。

（七）主要成果

研制成功了一套计算机控制的智能化试验装置，喷射质量最小示值1g，喷射时间计时单位0.001s，符合GB 4351.1—2005中测量精度（称重仪器的误差应小于被测灭火器总质量的千分之五，计时仪表的误差60min内不应大于±0.5s）。实现了全程记录灭火器喷射试验，能够对喷射试验过程数据进行信息查询，准确检测灭火器喷射时间、喷射滞后时间和喷射距离。

以本研究申报的《手提贮压式干粉灭火器灭火性能检测方法及其实施装置》2017年10月10日获得国家发明专利授权，公告号：CN105547726B。

三、项目鉴定

（一）简要技术说明及主要技术性能指标

应用领域和技术原理：本研究应用于手提贮压式灭火器喷射性能的检验。技术原理：采用计算机控制手提式干粉灭火器喷射过程，对干粉喷射质量、喷射时间和喷射距离实时采集，绘制干粉灭火器喷射时间与干粉喷射质量曲线，记录喷射距离图像，实现对喷射性能科学严谨的试验测试，自动测试并显示灭火剂喷射总质量，确定喷射时间、喷射距离。可将干粉喷射质量曲线，与MFZ/ABC4灭火器的B类火干粉喷射有效灭火质量曲线比对，定性确定灭火器喷射性能是否具备B类火灭火性能要求。

性能指标：①准确测试喷射质量、喷射时间、喷射滞后时间、喷射距离，判定是否符合GB 4351.1—2005要求。②记录绘制灭火器干粉喷射质量与喷射时间曲线。其中，干粉灭火器喷射性能试验装置最大量程为总质量25kg，最小示值1g，计时单位0.001s。优于GB 4351.1—2005要求。

与国内外同类技术比较：手提贮压式干粉灭火器是国内外最广泛使用的消防器材，喷射性能是灭火器的主要质量指标。GB 4351.1—2005《手提式灭火器 第1部分：性能和结构要求》规定，通过实际操作灭火器进行喷射试验，确定喷射时间和喷射距离。其中喷射距离作为衡量灭火器喷射流长度的关键质量指标，要求检测在灭火器喷射50%灭火剂质量时，喷射流的最远点即为最小喷射距离。国际标准ISO 7165—1999规定的检验方法与此基本相同。GB 4351.1—2005规定的检验方法为人工喷射、直观判断，无法实现科学、准确检测喷射时间、喷射距离。

本研究采用计算机控制手提式干粉灭火器喷射过程，能够对喷射质量、喷射时间和喷射距离同步实时采集，记录干粉喷射质量、喷射时间和喷射距离图像，实现对喷射性能科学严谨的试验测试，准确检测灭火器喷射总质量、喷射滞后时间、喷射时间和最小喷射距离。根据河北省科学技术情报研究院出具的《科技查新报告》，本课题研发的手提式灭火器干粉喷射时间和距离综合检测试验装置，可同步自动采集、检测干粉灭火器喷射时间、灭火剂喷射质量和最小喷射距离，自动绘制干粉灭火器的灭火剂喷射质量与喷射时间曲线，采用将采集绘制的干粉喷射质量与喷射时间曲线，与MFZ/ABC4干粉灭火器有效灭B类火喷射质量曲线直接对比，进行符合性检查，定性检测灭火器B类火灭火性能。上述特点除本课题研究单位的专利和成果外，在国内文献中未见相同报道。

成果的创造性、先进性：①通过计算机控制手提式干粉灭火器喷射过程，对MFZ/ABC4灭火器喷射质量、喷射时间和喷射距离同步实时采集，准确检测灭火剂喷射质量、喷射时间、喷射滞后时间和最小喷射距离。②自动绘制干粉灭火器干粉喷射质量与喷射时间曲线，自动与MFZ/ABC4干粉灭火器有效灭B类火喷射质量曲线进行对比符合性检查，定性检测灭火器灭火性能。③本研究《手提贮压式干粉灭火器灭火性能检测方法及其实施装置》获得发明专利授权，确立了用"灭火器干粉喷射质量曲线符合性检查"检验灭火器灭火性能的首创性和先进性。

作用意义（直接经济效益和社会意义）：本研究克服了 GB 4351.1—2005 标准检验方法的缺陷，大大提高了检测灭火器喷射性能数据参数的客观性、科学性和准确性，实现了客观、科学、高效、环保检测灭火器喷射性能和灭火性能新方法，可以代替耗能多、危险大、污染高的灭火试验，具有十分突出的社会效益。每年可节约灭火试验综合费用（燃料费、场地使用费、污染处理）15 万元，同时减少新鲜空气消耗和大量污染物排放，实现绿色检验。

（二）推广应用前景与措施

手提贮压式干粉灭火器是国内外最广泛使用的消防器材，喷射性能是灭火器的主要质量要求。本研究的推广应用基于以下特点：①实现了实时采集、准确检测灭火剂喷射质量、喷射时间、喷射滞后时间和最小喷射距离。②通过自动绘制干粉灭火器干粉喷射质量与喷射时间曲线，与 MFZ/ABC4 干粉灭火器有效灭 B 类火喷射质量曲线进行对比符合性检查，代替灭火试验定性检测灭火器灭火性能。

本研究在灭火器产品质量检验和技术研究领域具有良好的推广应用前景。推广范围主要是产品质量检验检测机构，灭火器生产、维修企业。目前装置研制基本成熟，不存在产品技术方面条件限制，主要困难在于取得权威部门认可后，进一步加大宣传推广，充分认识研究成果的先进性、科学性、准确性。

存在的问题主要是对于超细干粉灭火剂喷射流，由于实验室空间和条件所限，存在前端喷射流返流影响的情况，采用灰度图像难以准确识别采集喷射流远点，需进一步研究喷射流快速沉降措施，保证准确采集喷射流远点图像。

改进意见：可增加实验室排风或喷淋等导流除尘措施，保证干粉灭火器喷射流图像远点的准确采集记录，早日服务于检验工作。

（三）测试报告

测试组受鉴定委员会委托，对干粉灭火器喷射质量曲线采集、记录、绘制装置进行了现场测试。该装置的质量测试精度示值为 1g，灭火器开启机构采用电磁阀控制的气缸开关，灭火器自动开启后干粉喷射质量曲线通过计算机实时绘制，并直接显示总的初始质量、最终质量和干粉喷射质量，并且具有复现查询功能，显示精度为：计时 0.001s，质量 1g。

（四）鉴定意见

该研究试制的手提式灭火器干粉喷射时间和距离综合检测试验装置，实现了采用计算机控制手提式干粉灭火器喷射过程，能够对喷射质量、喷射时间和喷射距离同步实时采集，记录干粉喷射质量、喷射时间和喷射距离图像，准确检测灭火器喷射总质量、喷射滞后时间、喷射时间和最小喷射距离。试验数据准确、可靠并能复现查询，达到了预期技术指标。装置精度符合 GB 4351.1—2005 的规定要求。

装置可自动绘制干粉喷射质量与喷射时间曲线，能够同步进行 B 类火干粉喷射有效灭火质量曲线符合性对比检查，代替灭火试验定性检测灭火器灭火性能。该方法是对科学、高效检验方式的重要研究和突破，具有技术可行性和创新性，蕴含着显著的社会效益和经济效益。

该研究获得的《手提贮压式干粉灭火器灭火性能检测方法及其实施装置》国家发明专利授权，确立了用"灭火器干粉喷射质量曲线符合性检查"方法检验灭火性能的首创性和先进性。

综上所述，该研究是成功的，解决了现有喷射性能检验方法存在的主观因素多、检测结果不准确和难复现等诸多问题，创新提出了客观、高效、安全、环保地检测灭火器喷射性能和灭火性能方法。该研究填补了国内空白，科学意义重大，社会经济效益显著，应用前景广阔，整体技术达国内领先水平。

存在问题及改进意见：

一是干粉灭火剂喷射流仍存在扩散反流情况，影响了对喷射流的准确采集。建议采用增加排风或喷淋等导流降尘措施，消除灭火剂返流，提高喷射距离采集精度。

二是建议在完成上述改进意见后，加快装置在灭火器喷射性能检测中的应用和推广，提高灭火器喷射性能检测的客观性、科学性。

四、项目技术分析与成果转化探究

该项目主要研究内容是对前期研究的深化和提高，在研究过程中，项目组着手开始了申请发明专利工作，就是考虑尽早取得技术先机，确保申请技术的全面性，提升授权成功的可能性。前文提到，申请发明专利之初，就遭遇到了挑战，因为2015年9月16日公安部上海消防研究所获得了《灭火器喷射数据采集与处理装置及其工作方法》国家发明专利授权，授权公告号CN103063456B。该专利重点解决的是喷射质量和喷射时间、喷射压力数据采集课题。但是相关内容与我们的课题技术已经产生了交集，对我们进一步申请相关的发明专利造成了困难。

为此，结合以往研究成果，把"MFZ/ABC4灭火器的B类火干粉喷射有效灭火质量曲线"成果植入研究内容，赋予本研究装置更加突出的技术创新。专利申请文书概要如下：

*发明名称：*手提贮压式干粉灭火器灭火性能检测方法及其实施装置

*摘要：*本发明涉及一种手提贮压式干粉灭火器灭火性能检测方法及其实施装置，本发明的测量方法采集的数据只需灭火器的剩余干粉质量和时间的关系，可在实验室环境下进行灭火器的数据收集，没有人为干扰，并且免去了在室外因环境的变化对实验造成的影响并且无污染；同时无需实际设置火源避免消耗其他物品，每次实验只需消耗待检测的灭火器，试验成本低，不会对试验者产生危险，同时也提高了检测效率；实施装置包括称重台、主体框架、下固定装置、固定装置、固定卡以及压把气缸，实施装置设置有固定装置，克服了灭火器喷射时喷射流反作用力对灭火介质质量记录的影响，实现了在灭火器喷射过程中，实时对灭火介质的质量和喷射时间进行记录。

权利要求书：

1.一种手提贮压式干粉灭火器灭火性能检测方法，其特征在于其步骤如下：

①绘制有效灭火质量曲线，所述有效灭火质量曲线的X轴为时间，单位为秒，Y轴为干粉剩余质量，单位为千克；有效灭火质量曲线的合格区域由过程区域A和终点区域B组成，过程区域由$y=4-0.44x$和$y=4-0.25x$两条直线在坐标系的第一象限围合而成，终点区域由$x=9$、$y=0.67$和$y=4-0.25x$三条直线在坐标系的第一象限围合而成。

②将待检测的手提贮压式干粉灭火器放置到数据采集的实施装置上进行测量。

③记录步骤②测得的干粉喷射质量与喷射时间的关系并形成曲线。

④将步骤③形成的坐标与步骤①定义的合格区域进行比较，若步骤③中的曲线过程落在有效灭火质量曲线的过程区域A并且终点落在有效灭火质量曲线的终点区域B即为该灭火器的灭火性能合格，若偏出过程区域A和/或终点区域B的范围即为不合格。

2.根据权利要求1所述的手提贮压式干粉灭火器灭火性能检测方法，其特征在于还包括如下步骤：采用喷射距离影像系统，记录干粉喷射距离与喷射时间的关系，通过步骤③

中测得的干粉喷射质量与喷射时间的关系确定喷射质量为一半时的时间点,从而确定该时间点的喷射距离,若此时的喷射距离大于等于3.5m,则该灭火器合格,若小于3.5m则该灭火器不合格。

3. 一种用于权利要求1或2所述的手提贮压式干粉灭火器灭火性能检测方法的实施装置,其特征在于其包括称重台(2)、设置在称重台(2)上的主体框架(10)、设置在主体框架(10)的侧壁(11)上的下固定装置(13)、对应设置在下固定装置(13)上方的固定装置(6)、用于固定灭火器(8)的喷嘴的固定卡(7)以及设置在固定装置上方的压把气缸(5)。

4. 根据权利要求3所述的实施装置,其特征在于所述固定装置(6)包括外压板(601)、内压板(602)、连杆(603)、固定气缸(604)以及连接板(606);所述内压板(602)固定设置在侧壁(11)的内侧,所述外压板(601)与内压板(602)位置相对应并且可以相互扣合,两个所述连杆(603)一端设置在外压板(601)扣合面的两侧,另一端与连接板(606)固定连接,所述固定气缸(604)设置在侧壁(11)外侧,气缸杆与连接板(606)固定连接,内压板(602)的扣合面上设置有与连杆(603)对应的导向孔。

5. 根据权利要求4所述的实施装置,其特征在于在所述外压板(601)和内压板(602)的扣合面设置有相对应的V型槽(605)。

6. 根据权利要求3所述的实施装置,其特征在于在下固定装置(13)下方还设置有底托(3),所述底托(3)包括托架(301)以及与托架(301)相连接的固定螺杆(302),在所述侧壁(11)上设置有用于固定螺杆(302)滑动的条形孔(12),所述托架(301)和固定螺杆(302)分别设置在侧壁(11)的两侧。

说明书:

手提贮压式干粉灭火器灭火性能检测方法及其实施装置

技术领域:

[0001] 本发明涉及一种手提贮压式干粉灭火器灭火性能检测方法及其实施装置。

背景技术:

[0002] 手提贮压式干粉灭火器作为目前最广泛使用的消防器材,其灭火性能的检验是衡量产品质量的核心技术指标。按照GB 4351.1—2005《手提式灭火器》的标准规定,通过实际的A类火灭火试验(对木条堆成的木垛燃烧火进行灭火)、B类火灭火试验(对油盘中车用汽油的燃烧火进行灭火)检验灭火器的灭火性能。由于每个检验人员试验时的本人状态不同,经验不同,加上试验本身的偶然因素,因此,灭火试验具有较大的主观特性,存在较多的不确定性。为此,标准规定,每类灭火试验进行3次,其中2次灭火成功,则为该灭火器达到规定的灭火级别。业内普遍认可在药剂合格的基础上,灭火器的喷射性能和试验人员的灭火技术对于灭火性能的成功与否各占50%的成分。而且灭火试验成本高、污染大、危险性高。

发明内容:

[0003] 本发明所要解决的技术问题是提供一种操作简单,无人为因素干扰的手提贮压式干粉灭火器灭火性能检测方法及其实施装置。

[0004] 本发明所采用的技术方案是:一种手提贮压式干粉灭火器灭火性能检测方法,其步骤如下:

①绘制有效灭火质量曲线,所述有效灭火质量曲线的X轴为时间,单位为秒,Y轴为干粉剩余质量,单位为kg;有效灭火质量曲线的合格区域由过程区域A和终点区域B组成,过程区域由$y=4-0.44x$和$y=4-0.25x$两条直线在坐标系的第一象限围合而成,终点区

域由 $x=9$、$y=0.67$ 和 $y=4-0.25x$ 三条直线在坐标系的第一象限围合而成。

②将待检测的手提贮压式干粉灭火器放置到数据采集装置上进行测量。

③记录步骤②测得的干粉喷射质量与喷射时间的关系并形成曲线。

④将步骤③形成的坐标与步骤①定义的合格区域进行比较，若步骤③中的曲线过程落在有效灭火质量曲线的过程区域A并且终点落在有效灭火质量曲线的终点区域B即为该灭火器的灭火性能合格，若实测喷射曲线偏出过程区域A和/或喷射结束时终点未在区域B范围内，即为不合格。

[0005] 本发明还包括如下步骤：采用喷射距离影像系统，记录干粉喷射距离与喷射时间的关系，通过步骤③中测得的干粉喷射质量与喷射时间的关系确定喷射质量为一半时的时间点，从而确定该时间点的喷射距离，若此时的喷射距离大于等于3.5m，则该灭火器合格，若小于3.5m则该灭火器不合格。

[0006] 一种手提贮压式干粉灭火器灭火性能检测方法的实施装置，其包括称重台、设置在称重台上的主体框架、设置在主体框架的侧壁上的下固定装置、对应设置在下固定装置上方的固定装置、用于固定灭火器的喷嘴的固定卡以及设置在固定装置上方的压把气缸。

[0007] 本发明所述固定装置包括外压板、内压板、连杆、固定气缸以及连接板；所述内压板固定设置在侧壁的内侧，所述外压板与内压板位置相对应并且可以相互扣合，两个所述连杆一端设置在外压板扣合面的两侧另一端与连接板固定连接，所述固定气缸设置在侧壁外侧，气缸杆与连接板固定连接，内压板的扣合面上设置有与连杆对应的导向孔。

[0008] 本发明在所述外压板和内压板的扣合面设置有相对应的V型槽。

[0009] 本发明在下固定装置下方还设置有底托，所述底托包括托架以及与托架相连接的固定螺杆，在所述侧壁上设置有用于固定螺杆滑动的条形孔，所述托架和固定螺杆分别设置在侧壁的两侧。

[0010] 本发明的积极效果为：本发明的测量方法采集的数据只需灭火器的剩余干粉质量和时间的关系，可在实验室环境下进行灭火器的数据收集，没有人为干扰，并且免去了在室外因环境的变化对实验造成的影响并且无污染；同时无需实际设置火源避免消耗其他物品，每次实验只需消耗待检测的灭火器，试验成本低，不会对试验者产生危险，同时也提高了检测效率。实施装置设置有固定装置，克服了灭火器喷射时喷射流反作用力对灭火介质质量记录的影响，实现了在灭火器喷射过程中，实时对灭火介质的质量和喷射时间进行记录；灭火器开关采用气缸控制，可随意对灭火器进行开启/关闭操作，操作灵敏，误差小；采用实时计重形式，并可根据需要加装数据处理、分析以及打印、显示等输出设备，做到对喷射过程的完全记录和复现检查，并确保测量数据的准确、可靠；本装置可方便移动，且为电控操作方式，人员操作与灭火器喷射可以隔离进行，实现安全无污染的灭火器喷射操作方式。

附图说明略。

具体实施方式：

[0013] 由于干粉灭火器喷射的是不稳定的短时干粉气流，因此，直接对干粉流量进行研究，具有很大的技术难度。鉴于有效喷射时间是标准规定的灭火器重要参数，而喷射过程中灭火剂的质量是一个可以测量的动态参数，因此可以用灭火器总质量与喷射时间关系来检测灭火器性能。

[0014] 一种手提贮压式干粉灭火器灭火性能检测方法，其步骤如下：

①绘制有效灭火质量曲线，如附图1所示，所述有效灭火质量曲线的X轴为时间，单

位为秒，Y轴为干粉剩余质量，单位为千克；有效灭火质量曲线的合格区域由过程区域A和终点区域B组成，过程区域由$y=4-0.44x+$和$y=4-0.25x$两条直线在坐标系的第一象限围合而成，终点区域由$x=9$、$y=0.67$和$y=4-0.25x$三条直线在坐标系的第一象限围合而成。

②将待检测的手提贮压式干粉灭火器放置到数据采集装置上进行测量。

③采用计算机记录步骤②测得的干粉喷射质量与喷射时间的关系并形成曲线。

④将步骤③形成的坐标与步骤①定义的合格区域进行比较，若步骤③中的曲线过程落在有效灭火质量曲线的过程区域A并且终点落在有效灭火质量曲线的终点区域B即为该灭火器的灭火性能合格，若偏出过程区域A和/或终点区域B的范围即为不合格。

[0015] 本方法中的曲线均为拟合曲线，适用于MFZ/ABC4灭火器B类灭火性能检测，灭火器的灭火剂能够灭火的干粉喷射最短时间为9s即$x=9$，对应的干粉喷射量为4kg，转化为坐标为（9，0），与初始干粉质量坐标（0，4）连成直线，其方程式为$y=4-0.44x$；最长喷射时间为16s，对应的干粉喷射量为4kg，转化为坐标为（16，0），与初始干粉质量坐标（0，4）连成直线，其方程式为$y=4-0.25x$；同时有效灭火的其他喷射时间还应考虑剩余率影响下的干粉绝对喷射量应不低于3.33kg，对应在坐标系中既为$y=0.67$，灭火器最短有效喷射时间为9s，对应的坐标系中即为$x=9$。根据上述直线组成的区域即为MFZ/ABC4灭火器（ABC干粉灭火剂有效成分的含量为47%~50%）成功灭B类火干粉喷射质量曲线，即MFZ/ABC灭火器B类灭火性能的干粉喷射有效灭火质量曲线。

[0016] 有效灭火质量曲线的含义是：对于ABC干粉灭火剂有效成分的含量达到47%~50%的MFZ/ABC4灭火器，其干粉喷射质量与喷射时间的关系曲线，应沿图中过程区域A向终点区域B延伸，如果喷射完成时，曲线末端能够到达终点区域B，则表明该灭火器具备成功灭B类火的喷射性能，即该灭火器具备B类火灭火性能。

[0017] 本发明采用定义有效灭火质量曲线来检验灭火器的灭火性能，通过将灭火介质喷射曲线与有效灭火质量曲线进行对比，确定该灭火器是否具备相应的灭火性能，消除了人为因素和环境条件的影响，取代了能耗高、污染大、危险性强的灭火试验，以客观、安全、环保、科学、高效的方式检验灭火器的灭火性能。本发明的测量方法可在实验室环境下进行灭火器的数据收集，没有人为干扰，并且免去了在室外因环境的变化对实验造成的影响并且无污染。每次实验只需消耗待检测的灭火器，无需制造火源避免消耗其他物品，试验成本低对，不会对试验者产生危险，同时也提高了检测效率。

[0018] 本发明还包括如下步骤：采用喷射距离影像系统，记录干粉喷射距离与喷射时间的关系，通过步骤③中测得的干粉喷射质量与喷射时间的关系确定喷射质量为一半时的时间点，从而确定该时间点的喷射距离，根据GB 4351.1—2005《手提式灭火器》的标准规定，若此时的喷射距离大于等于3.5m，则该灭火器合格，若小于3.5m则该灭火器不合格。喷射距离影像系统采用摄像机、刻度尺及计时器即可实现所需功能，确定实际喷射质量为一半时的时间点，进而对照确定当时的喷射距离，对照标准判定是否合格，真正实现了完全按照标准要求检验判定灭火器喷射机理是否合格。

[0019] 如附图2-4所示的一种手提贮压式干粉灭火器灭火性能检测方法的实施装置，包括称重台2、设置在称重台2上的主体框架10、设置在主体框架10的侧壁11上的下固定装置13、对应设置在下固定装置13上方的固定装置6、用于固定灭火器8的喷嘴的固定卡7以及设置在固定装置上方的压把气缸5。所述固定装置6和下固定装置13上下位置相对应，确保固定后灭火器8的瓶身处于竖直状态，所述固定装置6和下固定装置13结构相同。

[0020] 所述固定装置6包括外压板601、内压板602、连杆603、固定气缸604以及连接板606；所述内压板602固定设置在侧壁11的内侧，所述外压板601与内压板602位置相

应并且可以相互扣合,两个所述连杆603一端设置在外压板601扣合面的两侧另一端与连接板606固定连接,所述固定气缸604设置在侧壁11外侧,气缸杆与连接板606固定连接,内压板602的扣合面上设置有与连杆603对应的导向孔。利用固定气缸604对内压板602和外压板601进行固定,稳定可靠。

[0021] 在所述外压板601和内压板602的扣合面设置有相对应的V型槽605,可以应用于不同直径的灭火器。

[0022] 在下固定装置下方还设置有底托3,所述底托包括托架301以及与托架301相连接的固定螺杆302,在所述侧壁11上设置有用于固定螺杆11滑动的条形孔12,所述托架301和固定螺杆302分别设置在侧壁11的两侧,底托3的高度可调,以适应不同长度的灭火器。

[0023] 本发明实施装置在使用时首先根据贮压灭火器4的规格,调节固定装置6、下固定装置13和底托3,使灭火器8固定,把喷嘴方向调整保持在向前方水平喷射的状态并用固定卡7固定,将压把气缸5安装在灭火器的压把9上,开启称重台2,启动压把气缸5使灭火器开始喷射,通过测试台实时记录灭火器喷射截止的质量和喷射时间,并传输到计算机中,通过软件绘制出实际灭火介质喷射质量曲线,通过将灭火介质喷射质量曲线与灭火介质有效灭火质量曲线进行对比,确定该灭火器是否具备相应的灭火性能。

[0024] 在本发明实施装置中,与灭火器8喷射相关的全部构件通过主体框架10固定于称重台2上,从而实现灭火器喷射过程中,对喷射灭火介质的质量和持续时间实时记录,通过将灭火介质喷射质量曲线与有效灭火喷射质量曲线进行符合性对比,确定该灭火器是否具备相应的灭火性能。

[0025] 实施例1:如附图5所示的是采用本方法对一瓶MFZ/ABC4灭火器检测时测量的灭火介质喷射质量曲线,该灭火器的起始质量为4kg,对应在坐标系即为(0,4),将该灭火器放置在本申请的实施装置上,调节底托3到合适位置,将灭火器8放在底托3上,用固定装置6将灭火器8瓶身固定,固定卡7将灭火器喷头固定,固定完成后,启动压嘴气缸5,使灭火器进行喷射,同时称重台开始工作,计算机实时记录灭火介质的喷射质量,然后通过软件画出灭火介质喷射质量与时间之间的关系,即实际喷射质量曲线,如附图5中曲线C所示。灭火器的灭火介质的起始重量为4kg,对应到坐标系中即为(0,4),而灭火器的灭火介质喷射结束时用时为21s,此时瓶内喷射介质全部喷完,喷射质量为4kg此时灭火器内灭火介质质量为0,对应到坐标系中即为(21,0),将此灭火器的灭火介质实际灭火质量曲线与有效灭火质量曲线进行对比可知,该灭火器的喷射过程部分落入效火质量曲线的过程区域A,而终点为(21,0),并未落入终点区域B,而是超出终点区域B表明该灭火器的喷射时间虽然较长,但灭火介质喷射流强度不够,不足以压火焰而无法实现灭火成功所以该灭火器不合格。此为灭火介质流量较小的情况,还有一种不合格的情况为灭火器灭火介质流量过大,即曲线终

点并未到达终点区域B,而是在x=9之前结束,此时表明灭火介质喷射流量过大,干粉总量释放过快,最后剩余部分火时灭火介质已经用尽,同样无法实现灭火成功,此时灭火器同样不合格。

[0026] 本发明中的实施装置,不仅可用于测量MFZ/ABC4灭火器B类灭火的性能,也可用于其他型号的灭火器,只需跟其相对应的有效灭火质量曲线进行对比即可。

案例4 熔融盐热物性可视化检测装置研究

立项时间：2019年1月，研究时间：2019年1月至12月。该项目是某技术机构提出并实施的重点科研项目，目的是为解决现有常规检测方法在适用性、主观影响、数据误差等方面的检测缺陷，以熔融盐的熔点和腐蚀性检测为研究内容，计划研发出一套实时监测熔融盐熔点的可视化检测装置，以及熔融盐对典型管路材料的腐蚀性检测方法，实现对熔融盐热物性更加科学、准确的检测。通过对熔融盐参数检测试验和储热装置应用研究，确定熔融盐的热物性测试方法，为推广应用熔融盐蓄热技术、提高熔融盐产品质量检测能力、促进和保障节能减排工作提供技术支持和科学指导。

一、立项情况

（一）立项背景

京津冀为中心的华北地区严重雾霾污染，不仅影响了人民群众的身体健康，更制约了国民经济发展和社会文明进步。在雾霾天气形成的诸多原因中，能源结构不合理的突出问题，主要体现在中小型燃煤锅炉和冬季燃煤采暖的严重污染。在推广使用清洁能源的同时，实施工业企业和民用采暖"煤改电"技术，利用电力取代燃煤锅炉进行工业供热和集中供暖，逐步扩大电热暖的使用比例，特别是推广电网峰谷电采暖方式，是有效控制供热供暖改善空气质量的重要途径。

目前，利用峰谷电加热熔盐蓄热，进而实现工业供热和集中供暖的"煤改电"技术正在逐步推广。该技术是一种基于熔融盐显热蓄热的电加热供热供暖技术，主要原理是采用独立熔盐蓄热集中供热系统，利用晚上峰谷期的低价电加热熔盐储能，白天通过盐－水换热循环，输送热水进行工业生产或建筑物供暖，利用峰谷廉价电满足白天用电高峰期的供热供暖需求，有效转移了盈余的峰谷电力，提高了电网稳定性和电能的使用率，可以完全取代燃煤供热供暖锅炉，真正实现了"煤改电"工程良性循环。

在熔融盐蓄热技术中，熔盐热物性参数，不仅关系热量传输效率，更关乎系统运行安全。特别是熔融盐熔点范围，决定着整个系统的安全高效运行。热交换系统内的温度波动必须精确控制在熔点温度以上，否则运行过程中熔盐一旦发生结晶析出现象，不但影响热量传输交换，而且可能形成管路堵塞造成运行瘫痪，严重的甚至造成系统报废。此外，承载熔融盐的金属管道、储罐等设施，长期受到熔盐浸触，熔融盐的腐蚀性能，容易对承载金属物造成腐蚀损坏，加速设备老化，同样危害系统安全。因此，有必要研制专用检测设备，实现有关技术参数的科学高效检测。

（二）立项目的

利用峰谷电和新能源加热熔融盐进行蓄热，应用于工业用热和集中供暖的"煤改电"技术是一种符合国家产业政策的新技术。该技术的研究和运行使用表明，熔融盐的热物性对热交换系统的设计和安全运行起着至关重要作用，特别是熔融盐熔点和腐蚀性参数直接关系系统安全运行与质量寿命。为解决现有常规检测方法在适用性、主观影响、数据误差等方面的检测缺陷，本课题以熔融盐的熔点和腐蚀性检测为研究内容，计划研发出一套实时监测熔融盐熔点的可视化检测装置，以及熔融盐对典型管路材料的腐蚀性检测方法，实现对熔融盐热物性更加科学、准确的检测。通过对熔融盐参数检测试验和储热装置应用研究，确定熔融盐的热物性测试方法，为推广应用熔融盐蓄热技术、提高熔融盐产品质量检测能力促进和保障节能减排工作提供技术支持和科学指导。

（三）国内外技术发展趋势状况、专利等知识产权及相关技术标准情况分析

熔融盐作为蓄热技术用类相变材料，一般由碱金属的氟化物、氯化物、硝酸盐、碳酸盐等组成。一般中温热利用系统的工作温度在250~350℃，在450℃以上亚硝酸钠会产生缓慢分解，导致熔融盐热物性变化。2008年石油危机加快促进了太阳能、风能等新能源大规模推广应用，之后伴随新能源自身供应不稳定性缺陷解决方案的研究，采用熔融盐储存能量并调配使用的新技术在全球范围内获得高度关注和快速推进。

随着京津冀大气污染治理工作强力推进和燃煤替代能源方式有效推广，我国熔融盐蓄热应用技术也得到快速发展。利用峰谷电加热熔盐储热系统将电能转化为高温熔融态无机盐类的显式热能进而进行储存和调配使用的熔融盐蓄热供热装置日趋成熟。河北辛集市2016年建成的"蓄热式"熔盐储能绿色供热项目，利用夜间低价"低谷电"加热熔盐并储蓄热量，实现全天候供暖，不烧煤，无排放，而且供暖价格低、群众可接受，是北方地区冬季清洁供暖的有效尝试。2018年12月，河北科技大学提供技术支持的河北维嘉无纺布有限公司熔融盐工业供热项目将投入试运行。

近几年国内关于熔融盐储热蓄热应用技术和装置的专利技术增长较快，但是由于熔盐能源技术仍处于研究、试用和探索阶段，因此目前仅有HG/T 20658—2014《熔盐炉技术规范》一个相关标准，没有关于熔盐参数检测、电加热熔盐以及供热装置的国家标准。对于熔融盐热物性检测，北京工业大学等大专院校、科研院所进行研究试验，提出了熔融盐熔点和对于金属材料腐蚀性检测的实验与成果，主要包括传统马弗炉加热熔融盐腐蚀和熔点观测实验，以及采用透光法进行的熔点检测研究。目前，透光法熔点检测仪，在化学工业、医药研究中占有重要地位，是生产食品、药物、香料、染料及其他有机晶体物质的必备仪器，但是没有适用于熔融盐熔点和腐蚀性检测的专业检测方法和装置。根据熔融盐蓄热供热装置需要，有必要进行相应的标准化和可视化检测装置研究开发。

（四）研究内容

项目依托某大学的熔融盐热物性技术研究以及河北某无纺布有限公司熔融盐工业供热项目等现有熔融盐蓄热供热装置，围绕熔融盐熔点和金属材料腐蚀性检测，以熔融盐蓄热供热装置配套应用为着眼点，在现行电控加热炉基础上，通过添加图像视频和实时数据采集技术，试验研究、梳理分析熔融盐的熔点和典型金属材料腐蚀特性，研发一套实时监测熔融盐熔点的可视化检测装置，以及熔融盐对典型管路材料的腐蚀性检测方法，能较为科学准确的检出熔融盐的熔点和腐蚀性。

（五）技术路线

（1）整理研究多种熔融盐热物性数据，分析熔点、腐蚀性参数的分布范围、变化机理，确定可视化检测装置的检测范围和实验方式。

（2）参照现有的熔点检测仪器装置，进行升级改造，添加图像视频和数据采集处理技术，实验研究典型熔融盐的热物性检测。

（3）对实验数据统计、归纳和分析，总结数据特征，探寻技术规律，得出典型状态下熔融盐的热物性机理，制定熔融盐热物性检测技术和方法。

（4）研制熔融盐熔点可视化检测装置，优化熔融盐熔点、金属材料腐蚀性检测技术和实验方法，将可视化检测装置成果应用于熔融盐储热装置。

（六）创新点

原有熔融盐热物性检测主要局限于材料研究阶段，主要目的是大致掌握熔融盐的熔点范围和腐蚀性参数，不能全过程实时可视化准确检测熔融盐熔点参数，未关注应用于蓄热装置后的熔融盐热物性监测。

本研究突破现有检测装置不能实时全过程可视化检测熔融盐熔点的缺点，研发一套熔融盐熔点可视化检测装置，以及典型金属材料的腐蚀性检测实验方法，能较为科学准确的检测熔融盐熔点和腐蚀性。进而在有关熔融盐储热装置中进行应用研究，提高熔融盐产品质量检测能力，为推广熔融盐蓄热技术发挥安全保障作用，有力促进节能减排和大气污染治理提供技术支持。

（七）项目目标

在现行电控加热炉基础上，通过添加图像视频和实时数据采集技术，研发一套实时监测熔融盐熔点的可视化检测装置，以及熔融盐对典型管路材料的腐蚀性检测方法，能较为科学准确的检出熔融盐的熔点和腐蚀性。准确检出熔融盐熔点范围和腐蚀性参数，清晰记录和溯源熔融盐的熔程图像与数据。

（1）提出一种明确的熔融盐熔点和典型金属材料腐蚀性检测方法。
（2）集成试制一套实时监测熔融盐熔点的可视化检测装置。
（3）重点检测指标：熔融盐熔点全过程可视化数据采集，研究熔融盐熔点标准试样，检测熔融盐运行温度下对典型金属的腐蚀特性。

（八）项目价值和实用意义

本项目研发的熔融盐熔点可视化检测装置及腐蚀性检测方法，将提高熔融盐主要热物性参数检测能力，为熔融盐产品质量保障和熔融盐蓄热供热装置安全运行提供技术支持，进而推动熔融盐应用技术研究推广，加快促进我国煤改电、新能源储能技术提升。熔融盐热物性可视化检测装置和方法，主要通过检测装置销售和熔融盐热物性可视化检测技术讲座推广。计划适时采用标准化方式，制定检测标准发布实施方式。项目符合节能减排、污染治理、新能源推广等国家环保和产业政策，市场前景广阔。

二、项目实施

（一）技术方案

通过改进电控加热炉，添加图像视频和实时数据采集技术，将熔融盐与糊精混合制成三棱灰锥，放入加热炉内，利用图像数据系统实时摄取灰锥图像、采集对应温度，依据灰锥变形弯曲程度的图像标尺和对应温度，确定熔点。利用较大灰锥，通过摄像系统观测、记录熔融盐的完全融化温度和分解温度。将测试的金属薄片放置于灰锥下方，作为一个整体试样，置于加热可控的高温电加热炉内，通过摄像头观测，当灰锥完全融化时作为测量腐蚀特性温度的起始点，为防范熔融盐分解，以低于分解温度50℃，作为测量腐蚀特性温度的终止点温度。检测一定时间内，典型金属材料的腐蚀量，确定熔融盐对典型金属材料的腐蚀性检测方法。

（二）技术路线

项目的总体目标围绕熔融盐的热物性测量这个关键科学问题，以工业化应用为立足点，通过自行设计和制造熔融盐热物性检测装置，进行实验研究，构建熔融盐的热物性检测技术方法。项目的技术路线如图1所示，由图1看出，具体实施步骤如下：

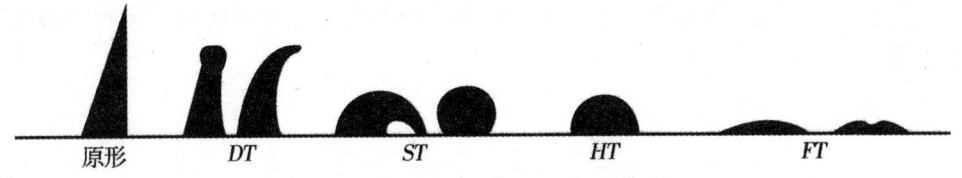

图1 灰锥熔融特征温度示意图

（1）进行多种熔融盐原有热物性数据的整理，分析熔点和腐蚀性分布范围和变化机理，从而确定在线实验台的测量范围。

（2）参照目前现有的固定式人工熔点测试装置，进行升级改造，添加图像处理设备和数据采集系统，对典型熔融盐的热物性变化规律进行实验验证。

（3）对实验数据进行归纳，根据数据挖掘技术，得出典型状态下熔融盐的热物性的变化机理，从而科学的制定熔融盐的热物性检测技术方法。

（4）将得到的熔融盐的热物性检测方法，熔融盐的指标进行测试，优化熔融盐配比，将所优化的熔融盐在河北爱节能源科技有限公司和河北和和能源科技有限公司的熔融盐储热装置项目中进行应用。

（三）关键技术难点与解决方法

1. 熔点检测装置的加热结构

考虑熔点检测对于温度均衡、加热高效、范围准确的要求，确定以检测煤灰材料熔点的灰锥电控加热炉为基础，通过添加视频图像摄录和实时温度数据采集，依据熔融盐混合糊精制成的三棱灰锥受热变形弯曲程度的图像标尺和对应温度，确定熔点。

2. 视频图像照明与摄录系统

由于电控加热炉自身为长管状加热结构，为达到稳态加热和温度均匀，加热部位于管道中部且两端较狭长，加热管外部高温电加热装置和保温结构，只能从加热管两端设法解决照明和图像采集，为此，一侧设置恒明光源保证加热腔内的灰锥试样处于可摄像状态，另一端设置长焦放大镜头对灰锥受热变形图像进行连续视频采集。

3. 解决途径

在熔点检测装置的加热结构方面，拟采用灰锥图像法进行测量，将熔融盐制成一定尺寸的三角锥（简称灰锥），在一定的气体介质中，以一定的升温速度加热，观察灰锥在受热过程中的形态变化，观测并记录它的特征温度。其中，灰的变形温度为 DT，灰的软化温度为 ST，灰的半球温度为 HT，灰的流动温度为 FT。根据此图例中的示例，可更形象的表示出熔融盐的融化特性，要优于单一的定义熔融盐的温度。

在视频图像照明与摄录系统方面，设计出一套熔融盐热物性可视化检测装置，该装置的工作原理如图2所示。由图2看出，该熔融盐熔点测定装置，包括可变光源1、温度传感器2、温控灯光控制器3、灰锥托盘4、高温炉5、摄像机6、图像采集卡7、高温炉控制器8、计算机9、灯光升降台10和柔光罩11。通过灯光升降台10调整好可变光源1的高度；将熔融盐试样放置在灰锥托盘4，然后，将灰锥托盘4放入高温炉5，计算机9发送信号至高温炉控制器8，使高温炉5开始加热；同时摄像机6启动并将采集到的数据通过图像采集卡7处理后发送给计算机9；温度传感器2将高温炉5内的温度实时传送给高温炉控制器8，再有高温炉控制器8发送给计算机9，数据处理后反馈给高温炉控制器8对高温炉5的升温速度进行调控；另一路，温控灯光控制器3实时接收到温度传感器2的信号，调节可变光源1的灯光强度。值得说明的是可变光源1本身为自然光灯并添加有柔光罩11，使高温炉5内光线恒定，保证摄像机6的工作环境稳定，保证了图像的实用性。计算机9可同时获得高温炉5的温度信号和摄像机6的图像信号，通过分析不同温度下灰锥的变形程度影像，确定熔融盐的熔点温度。

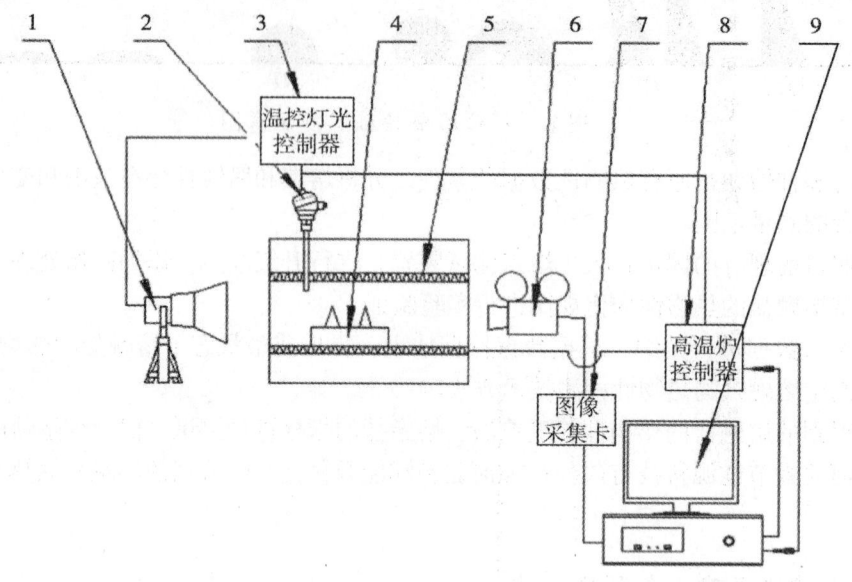

图2　熔融盐热物性可视化检测装置结构示意图

（四）主要实验过程

1. 实验设备的制备及调试

图3为熔融盐热物性可视化检测装置设备调试图，主要用于解决灰的成像问题。图4为熔融盐试样试制图，熔融盐灰锥的制取方法也是本课题研究的问题之一。

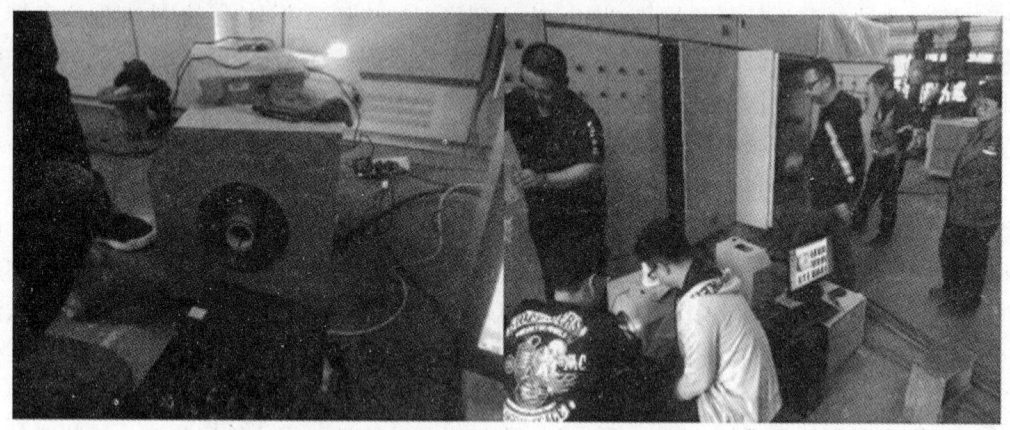

图3　熔融盐热物性可视化检测装置设备调试图

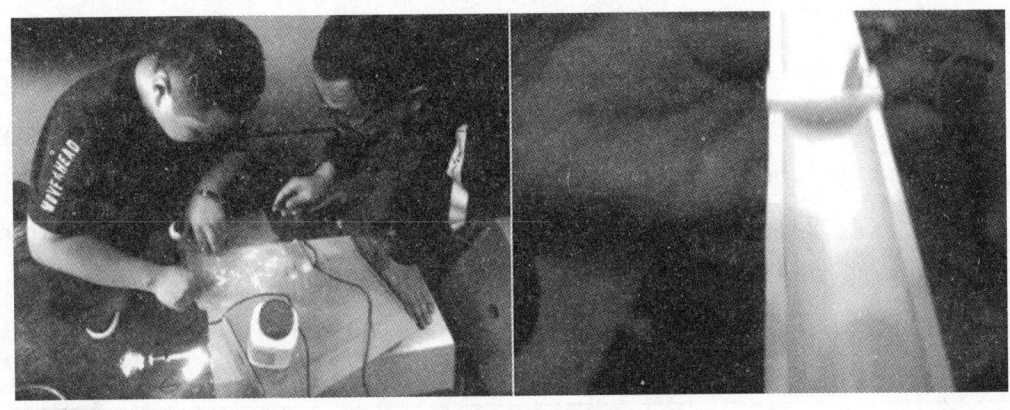

图4 熔融盐灰锥制取方法图

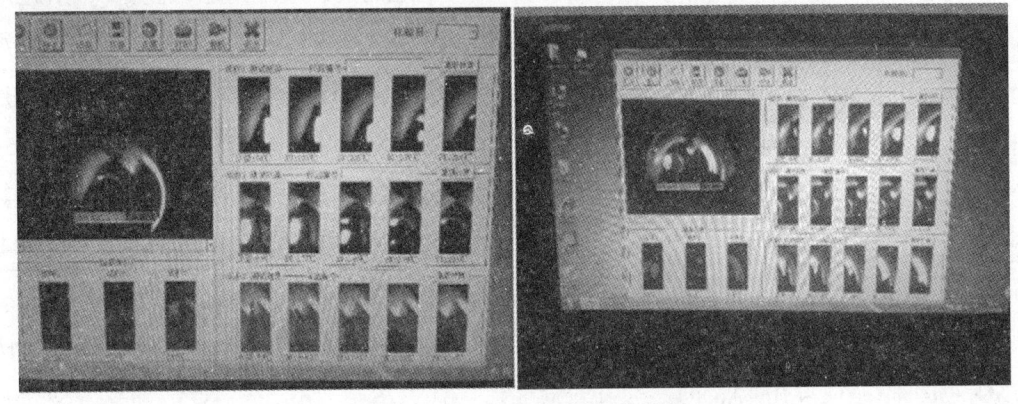

2．熔融盐熔点测试

图5为熔融盐熔点测试效果图。根据实验图像对熔点规律进行了测试。

图5 熔融盐熔点测试效果图

表1 糊精所占药品总质量为变量实验数据

成分配比 53%KNO$_3$ – 40%NaNO$_2$ – 7%NaNO$_3$	DT/℃	ST/℃	HT/℃	FT/℃
糊精占药品总质量4%	150/150/152	184/183/180	200/199/199	220
糊精占药品总质量8%	151/160/152	164/175/176	175/186/187	203/211/211
糊精占药品总质量16%	167/177/166	189/193/177	197/209/196	216
糊精占药品总质量24%	177	193/202/203	212/215/208	220
糊精占药品总质量32%	170/173/174	191/192/191	212/216/212	228
糊精占药品总质量40%	167	190/187	197/195	208/206
糊精占药品总质量48%	156	183	198/198/200	221/230/222

表1至表4分别为以糊精所占药品总质量为变量、以KNO$_3$ – NaNO$_3$为变量、以NaNO$_2$ – NaNO$_3$为变量和以KNO$_3$ – NaNO$_2$为变量的实验数据。

表2　以 KNO₃-NaNO₃ 为变量实验数据

成分配比10%	DT/℃	ST/℃	HT/℃	FT/℃
KNO₃-10%NaNO₂-80%NaNO₃	161/190/190	210	247/230/249	280
20%KNO₃-10%NaNO₂-70%NaNO₃	213	242	260	300
30%KNO₃-10%NaNO₂-60%NaNO₃	220	240/255/255	251/271/271	270/290/305
40%KNO₃-10%NaNO₂-50%NaNO₃	203	248/248/249	266/273/262	301/299/294
50%KNO₃-10%NaNO₂-40%NaNO₃	195	230	265	280
60%KNO₃-10%NaNO₂-30%NaNO₃	190	220	253	267

表3　以 NaNO₂-NaNO₃ 为变量实验数据

成分配比	DT/℃	ST/℃	HT/℃	FT/℃
10%KNO₃-60%NaNO₂-30%NaNO₃	218	260/264/261	270/264/261	270/271/270
成分配比	DT/℃	ST/℃	HT/℃	FT/℃
10%KNO₃-40%NaNO₂-50%NaNO₃	227/228/228	266/264/265	275/275/274	205/205/300
10%KNO₃-30%NaNO₂-60%NaNO₃	265	300/300/288	321/321/310	363/365/345
10%KNO₃-20%NaNO₂-70%NaNO₃	245	283/303/282	287/327/291	352/354/352
10%KNO₃-10%NaNO₂-80%NaNO₃	210	252/250/240	268/258/269	344

表4　以 KNO₃-NaNO₂ 为变量实验数据

成分配比	DT/℃	ST/℃	HT/℃	FT/℃
80%KNO₃-10%NaNO₂-10%NaNO₃	230/215/230	326	375	400
70%KNO₃-20%NaNO₂-10%NaNO₃	206/215/197	271/271/260	311/320/310	341/350/342
60%KNO₃-30%NaNO₂-10%NaNO₃	170	220/221/225	265/264/256	320/320/394
50%KNO₃-40%NaNO₂-10%NaNO₃	154/160/154	187/189/183	225/226/220	240/240/230
40%KNO₃-50%NaNO₂-10%NaNO₃	165	195/195/191	230/233/230	245
30%KNO₃-60%NaNO₂-10%NaNO₃	173	207/201/201	236	253/259/253

3. 熔融盐腐蚀测试图

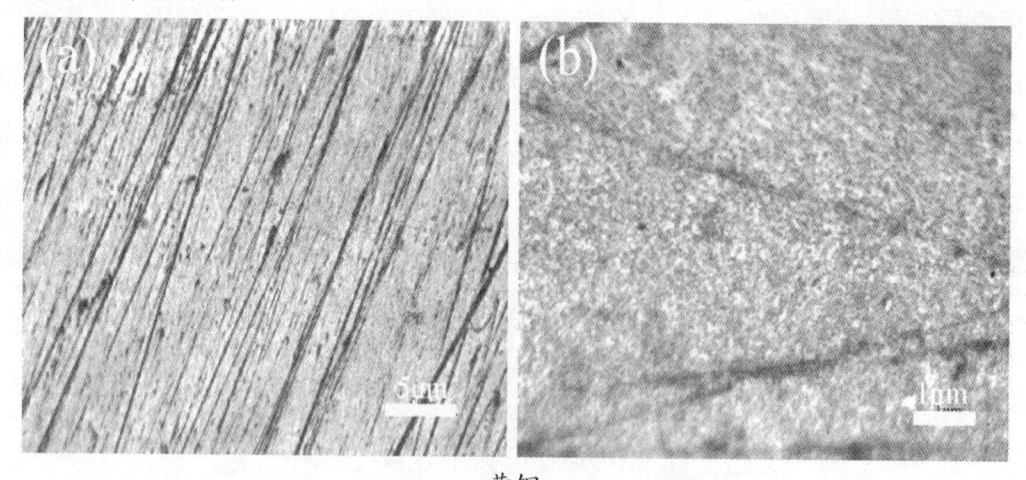

黄铜

紫铜

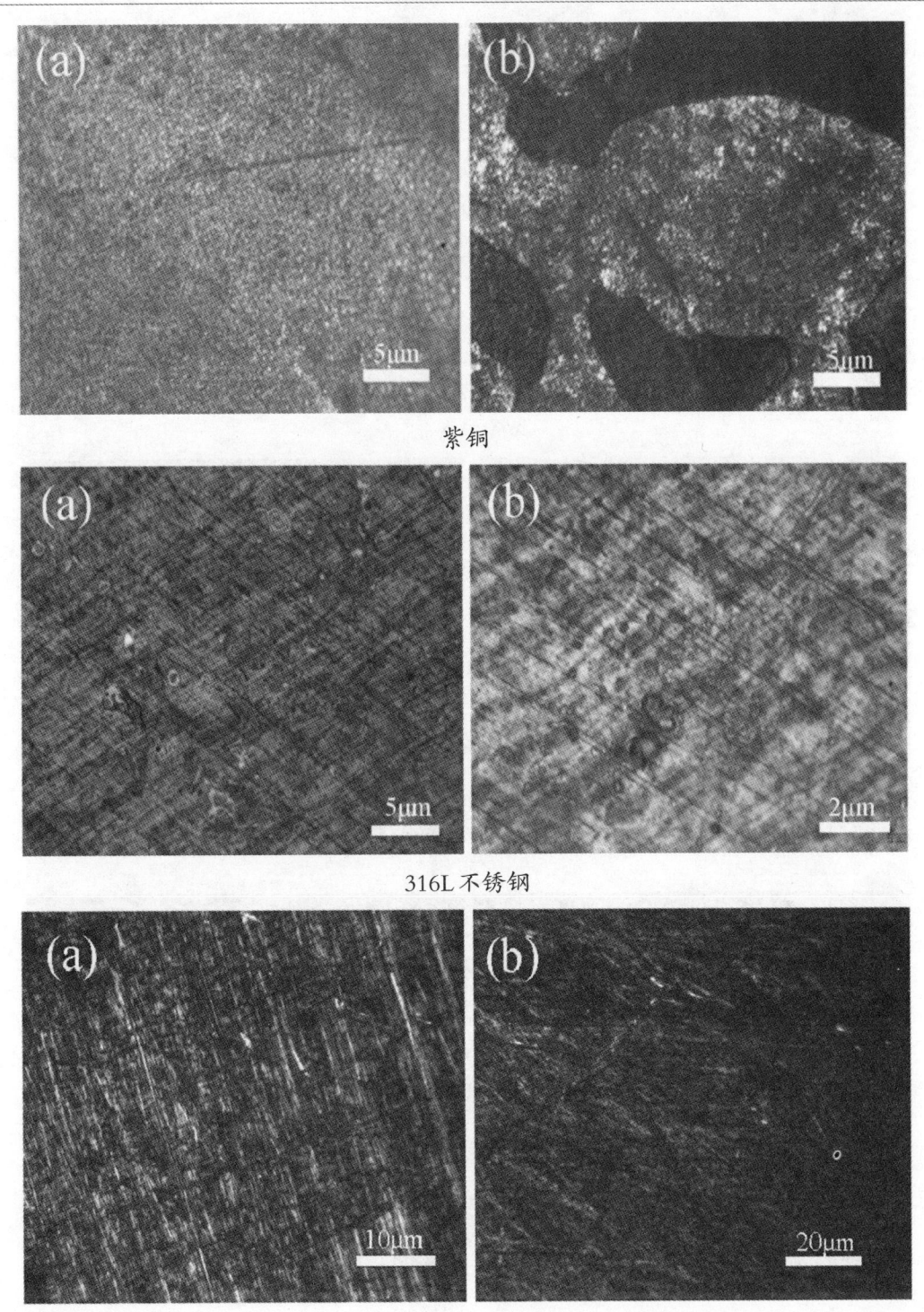

316L 不锈钢

310S 不锈钢

304 不锈钢

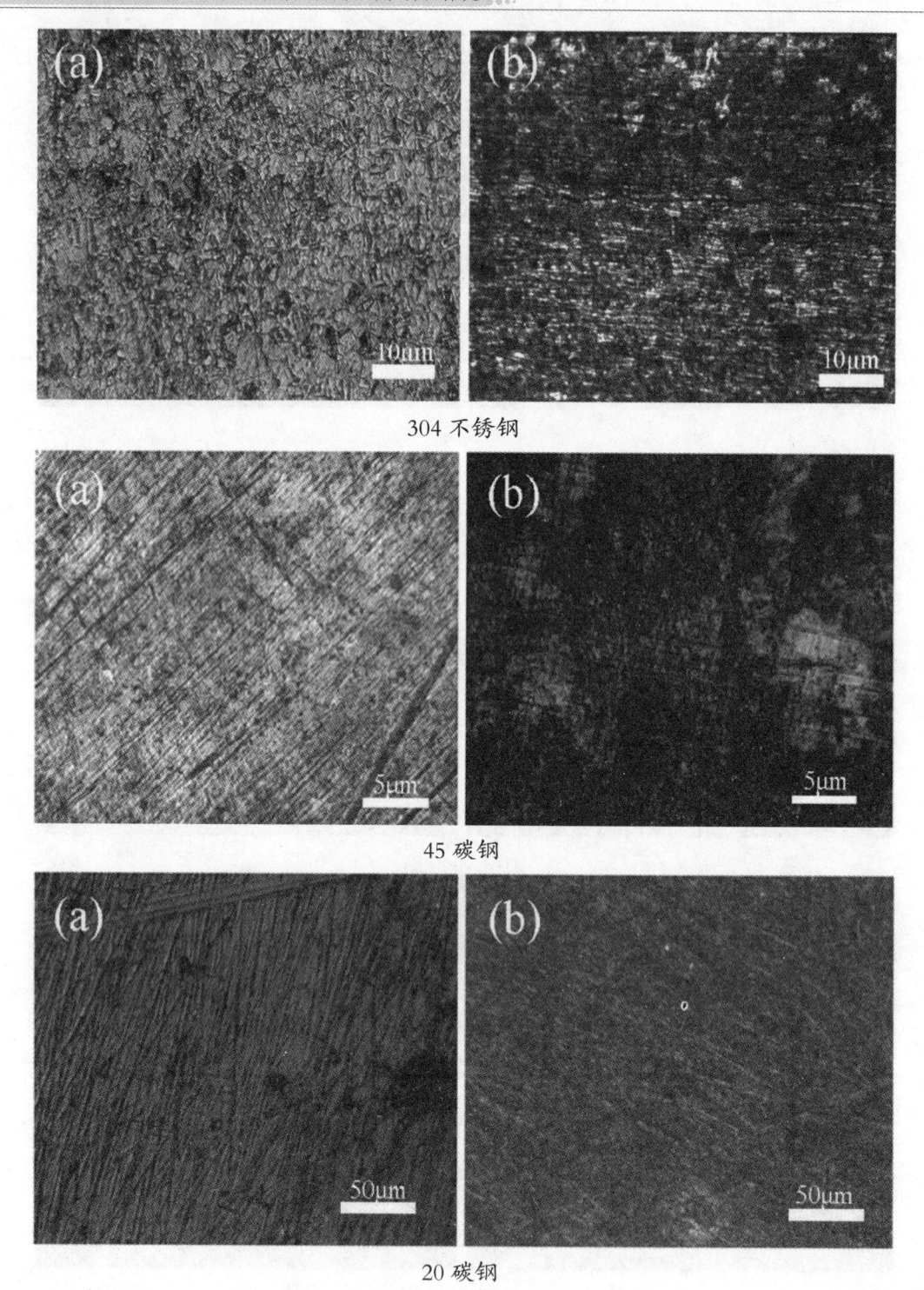

45 碳钢

20 碳钢

图6 典型熔融盐腐蚀前后的金相图

图6为各金属材料在300℃的熔融硝酸盐的240h腐蚀前后的金相对比图。由图可以看出，各金属材料耐腐蚀能力大小顺序为：316L>310S>304>45>20>黄铜>紫铜。此外，随着腐蚀时间延长和腐蚀温度的升高，腐蚀程度加剧。

（五）技术创新点

突破现有检测装置无法实时检测熔融盐的热物性的技术难题，提出一种科学明确的熔融盐的热物性检测方法，开发出相应检测装置，能较为科学准确的检出熔融盐的熔点和腐蚀性。比较明显的技术特征如下：

（1）研发了一种实时监测熔融盐热物性的可视化检测装置，由高温炉、灰锥托盘、三角形凹槽、柔光罩、可升降平台、摄像灯、灯光控制单元、温度传感器、摄像机、高温炉控制器、计算机和图像采集卡等组成。检测装置通过添加辅助照明系统，扩大了测量范围，且上限温度可调，最佳测量范围为70~500℃。

（2）装置采用灰锥图像法测定熔融盐熔点，通过图像对比和识别，提高了熔融盐熔点的测量精度和实时性。

（3）装置可检测熔融盐的分解温度，从而可结合熔融盐熔点以确定熔融盐的腐蚀特性温度范围。

（六）主要的研究成果

（1）试制完成并试验使用了一套熔融盐的热物性可视化检测装置，实现全过程检测和记录，可得到不同配比下熔融盐四个典型状态的温度数据。该装置已申报国家发明专利。

（2）解决了GB/T 30726—2014《固体生物质燃料灰熔融性的测定方法》和GB/T 219—2008《煤灰熔融性的测定方法》，无法检测低熔点混合物的特征图像问题，提出并试验了一种科新型的熔点检测技术方法，利用熔融盐的热物性可视化检测进行单台对比试验，可准确检测出混合熔融盐的熔点。

（3）给出一种可视化确定腐蚀温度量程的方法。量程的确定方法为，首先，制成一个较大的熔融盐锥，将测试的金属薄片放置于熔融盐锥体下方，作为一个整体试样；然后，将试样置于加热可控的高温电加热炉内，通过摄像头观测，当灰锥完全融化时，作为测量腐蚀特性温度的下边界度；鉴于熔融盐易出现分解的特点，以低于通过摄像系统记录的分解温度50℃，作为测量腐蚀特性温度的上边界温度。

（4）将不同金属材料分别与典型三元熔融盐之间进行相容性研究，结果发现随着腐蚀时间的延长，各金属材料的质量不断减少，各金属材料耐腐蚀能力大小顺序为：316L>310S>304>45>20>黄铜>铸铁>紫铜。此结果为熔融盐储能供热系统的设计提供数据支持。

关于装置精度问题。《项目任务合同》载明：检测装置达到熔点测定仪的国家检定规程规定的最高精度等级（0.5级）。在实际研发完成后，委托国防科技工业1311二级计量站对设备检定时，确认研发装置归类灰锥熔点仪属于非标仪器，不适用JJG701熔点测试仪国家检定规程，因此无法按照检定规程检定和校准。按照GB/T 36376—2018《太阳能熔盐（硝基型）》规定了熔点测定。以差热分析仪法（5.14）为仲裁方法，差示扫描量热仪（DSC）仪器的精度要求为±2%，要求高温炉温度能控制在300~310℃。根据《校准证书》载明的示值2℃检测结果，本项目研发装置的精度完全满足GB/T 36376—2018要求。

（七）需改进的问题

受实验条件和时间所限，试验检测装置没有对其他熔融盐的腐蚀特性进行详细研究，我们计划进一步进行研究，优化试验检测装置。从而为推广应用熔融盐蓄热技术，提高熔融盐产品质量检测能力，有力促进和保障节能减排工作，提供技术支持和科学指导。

三、项目验收

(一) 项目计划任务完成情况

实现了预期目标:一是试制了一套熔融盐熔点的可视化检测装置,准确测定熔融盐熔点,清晰记录和溯源熔程图像与数据;二是给出了一种熔融盐对典型金属材料腐蚀性检测方法;三是装置精度符合GB/T 36376—2018《太阳能熔盐(硝基型)》熔点测定要求;四是确定了三棱锥形状的熔融盐灰锥熔点试样模型;五是申报的《影像法熔融盐熔点测定装置》发明专利进入实质审查阶段。

解决的关键问题及取得进展:一是熔点检测装置加热结构。为保证温度均衡、加热高效、范围准确要求,以检测煤炭材料熔点的电控加热炉为基础,依据熔融盐混合糊精制成的三棱灰锥受热变形弯曲程度的图像标尺和对应温度,确定熔点。二是视频图像照明与摄录系统。由于电控加热炉自身为长管加热结构,加热部位位于中部且两端狭长,为达到稳态加热和温度均匀,只能从加热管两端设法解决照明和图像采集,为此,一端设置恒明光源保证加热管内的灰锥试样处于可摄像状态,另一端设置长焦放大镜头对灰锥受热变形图像进行连续视频采集。经验证调整,关键问题解决方案达到了预期效果,圆满完成了课题任务目标。

(二) 研究成果水平和与国内外同类研究工作相比的创新

本研究成果采用计算机自动控制检测技术,采用熔融盐灰锥受热变形程度的可视化图像标尺和对应温度测定熔融盐熔点,属于国内首创,应用前景广阔,达到国内领先水平。

一是该实时监测熔融盐热物性的可视化检测装置,通过添加辅助照明系统,扩大了测定温度范围,且上限温度可调,最佳测量范围为70~500℃。二是采用灰锥图像法测定熔融盐熔点,通过图像对比和识别,提高了熔融盐熔点的测定精度和实时性。三是装置可检测熔融盐的分解温度,实现了熔融盐腐蚀特性温度范围和检测方法。

(三) 项目实施的效果

装置测定熔融盐熔点实验数据结果与文献数据对比,两者误差低于1%,完全满足熔融盐工程对熔点检测精度要求。通过对金属的腐蚀性实验和分析研究,装置能够实时记录熔融盐热物性温度和图像数据。用户使用情况表明:与常规差示扫描量热仪(DSC)相比,测试成本下降约70%,测试精度满足企业要求。测试熔融盐的分解温度,用于熔盐组分配比调整,实现了高效测定熔融盐运行控温范围,降低熔融盐实际运行用量,节约运行成本。

(四) 项目在人才培养和队伍建设、组织管理、合作交流等方面情况及经验总结

本课题是依托大学对熔融盐热物性和工程应用的基础研究,合作实施的质检新技术研发项目。加强了质检技术机构与大专院校深入协同,形成了质检新技术在产学研领域和综合管理方面的相互促进。在人才培养方面,既丰富了学生人才的质量意识和标准计量知识,又促进了质检机构人员对工程实践的密切关注,共同锻炼了理论联系实际、注重实践成效的科研队伍,通过分工协作,高效推进了研发进程和成果取得,按照计划进度完成了装置集成、方法实验、数据验证、专利申请等各项任务,实现了关键技术突破和工程领域试用,体现了质检技术机构与科研院所研学相长、互促共赢的合作优势,为质检科研创新检验检测方法、促进实践应用进行了有益探索。

（五）推广应用前景与措施

熔融盐良好的热物性，使其在太阳能热发电领域、核电领域和储能供热领域应用广泛，特别是在峰谷用电节能蓄热、太阳能风能换能储热等方面已经实现了有效实践和大力推广。为熔融盐热物性检测和研究应用提供技术支持是本研究的主要推广应用领域。首先是加快检测装置技术成熟和产业化，定型生产推广，可实现每年10台约80万元销售。其次是通过熔融盐热物性检测技术推广，为熔融盐新能源应用项目提供技术服务，加大熔融盐储热技术在电代煤取暖和供热工程，以及太阳能、风能、氢能等新能源领域推广。最重要的是进一步引导推进熔融盐热物性检测技术研究，实现更多熔融盐组分配方检测技术的研发与应用，支撑熔融盐新材料的大量研制和广泛推广。

（六）测试报告

对熔融盐热物性可视化检测装置进行了现场观摩测试。该装置可对熔融盐制成三棱锥形状的灰锥置于加热管内，温度测试示值为1℃，在70~500℃测量范围对灰锥进行逐步加热，外设的恒明光源保证加热管内的灰锥试样处于可摄像状态，计算机控制的长焦放大镜头可对灰锥受热变形图像进行远程连续视频采集。通过摄取熔融盐灰锥受热变形弯曲程度的图像标尺和对应温度，可以明确确定熔融盐状态和熔点。通过图像对比和追溯识别，提高了熔融盐熔点的测量精度和实时性。

（七）验收意见

项目研发的实时监测熔融盐热物性的可视化检测装置由高温炉、摄像灯、灯光控制单元、温度传感器、摄像机、计算机和图像采集卡等组成。该装置通过添加辅助照明系统，实现了灰锥图像法检测熔融盐熔点，扩大了可视化检测温度范围，精度符合GB/T 36376—2018《太阳能熔盐（硝基型）》熔点测定要求；给出了可视化确定腐蚀温度量程的方法，并利用该方法对熔融盐与典型金属材料腐蚀特性进行了研究。

该项目利用图像信息技术进行全过程检测、记录、生成和对比熔融盐灰锥受热变形弯曲程度的图像标尺和对应温度，实现了不同熔融盐热物性变化过程的时间、温度和弯曲程度量化采集、追溯查询和对比研究。经用户检测应用，提高了检测效率，降低了检测成本。

四、项目技术分析与成果转化探究

该项目研发重点是实时监测熔融盐热物性的可视化检测装置，利用图像信息技术进行全过程检测、记录、生成和对比熔融盐灰锥受热变形弯曲程度的图像标尺和对应温度，实现了不同熔融盐热物性变化过程的时间、温度和弯曲程度量化采集、追溯查询和对比研究。主要通过改进检测设备配套装置，增强提升高温条件下可视化观察和实时试验信息与图像采集记录功能，进行大量精细化实验积累熔融盐熔点图像，完成了项目目标任务。

成果转化中，申请获得了一项实用新型专利。专利名称：《影像法熔融盐熔点测定装置》，专利号：ZL 2019 2 1341445.0。

从实验技术角度分析，该装置可用于高温条件下各种精细物质的高温物化性状变化的检测试验，能够清晰观察、记录试验材料的物理变化特征，可适用于塑料、橡胶、玻璃、熔融盐等化工、建材行业领域的材料试验与基础性研究。

案例5　电力电缆导体与金具连接智能安全测试系统

该项目为某市场监督管理局2019年科技计划项目。项目依据GB/T 9327—2008《额定电压35kV及以下电力电缆导体压接式和机械式连接金具试验方法和要求》标准中第六部分规定，对试验方法进行了整合设计，以电缆导体与金具连接在电流过载时温升变化及电气安全性能为研究内容，研发一套电缆导体与金具连接智能安全测试系统，从而对电缆导体与金具连接的可靠性进行质量判定，同时也对金具材料的性能分析提供精准的有效数据。目前该测试系统已完成调试，经过反复试验，测试系统测试数据准确，操作简便安全，外形结构美观，符合项目指标的各项要求，达到了研发预期效果。

一、立项背景及意义

在我国高速发展阶段，电力电缆越来越广泛的应用在各个领域。与电缆本体相比，电缆终端连接是薄弱环节，约占电缆线路故障率的95%。由于电缆头制作、接线施工工艺存在多个中间导体连接环节，连接点接触电阻过大，温升加快，发热大于散热，促使接头的氧化膜加厚、连接松动或开焊，进而接触电阻更大，温升更快，致使接头的绝缘层破坏，形成相间短路、对地击穿放电或着火，最终引发电缆头着火烧毁或爆炸等，造成不可弥补的经济损失。

该项目的主要研制任务是运用大电流逆变系统和PLC人机交换技术，模拟电缆连接金具在断路时瞬间电流增加并迅速升温后的性能是否符合标准要求。该设备的成功研发不但使电缆连接金具有了可靠的质量判定，也为金具材料的性能分析提供了精准的有效数据。项目鉴定后为扩项电缆连接金具检测业务提供了有效的保障和检测基础。

二、理论依据

该项目依据GB/T 9327—2008《额定电压35kV及以下电力电缆导体压接式和机械式连接金具试验方法和要求》标准中第六章"6 电气试验"要求制定项目指标。GB/T 9327—2008规定内容：

6 电气试验

6.1 安装

在试验回路中，具有同一截面积的所有导体应该使用相同的连续的线芯。

对每个系列的试验来说，根据生产商的安装说明书在裸导体或在已剥去绝缘的导体上安装6个连接金具，与基准导体一起构成试验回路。

对于绞合导体，在不同绞合单线上测量点之间电位会使电阻测量产生误差。因此应使用均流器（见附录A）来解决这个问题，确保基准导体和连接金具均流器测量点之间的电流分布均匀。

如果试验绝缘穿刺连接器，则绝缘穿刺连接器内的导体应绝缘，且连接器外至少保留导体绝缘100mm。试验回路还应包含有绝缘的基准导体。如果绝缘穿刺连接器是根据B类进行试验的，那么无需使用裸基准导体。

安装试验回路的区域内应空气静止，其周围的环境温度应为15～30℃。

在绝缘穿刺连接器的组装过程中，环境温度应为（23±3）℃。

如果是实心导体，电位测量点应尽可能地靠近连接金具，以便能够使la和lb接近零。

试验回路可为任意形状放置，其布置不应受地板、墙面以及屋顶的影响。

试验回路应易于拆开，以便于进行短路试验（仅对A类连接金具）。从温度测量的角度考虑，连接拆开工艺不应影响测量。

试验过程中，连接金具的螺栓或螺丝不允许重新拧紧。

6.1.1 直通连接金具和接线端子

试验回路如图1，图中注明了所用的尺寸。

如果要试验接线端子，可按照生产商的要求，用螺栓将接线端子连接板与连接排连接在一起。连接排的尺寸、厚度以及材质应与接线端子的连接板相同。

为获得6.3规定的温度，可能需要调整连接排的热特性，如果不用连接排，也可以将接线端子连接板相互连接，然后对接线端子进行试验。有争议时，应使用连接排的方法。

对于要求评估包括螺栓连接的接线端子连接板性能的试验，连接排端部所用材料、尺寸及表面镀层应与接线端子的连接板一致。

6.1.2 分支连接金具

当分支连接金具的分支导体截面积与主导体的截面积相等或接近时，主导体和分支导体之间可视为直通连接金具，采用直通连接金具的试验方法。对于其他情况，试验回路如图2所示。如果出于连接金具类型的原因而要将主导体切断，那么作为直通连接金具的那部分连接金具也应进行试验。

6.2 测量

6.2.1 电阻测量

在整个试验过程中，需在不同阶段对电阻进行测量，见6.3规定。

电阻的测量需在稳定的温度条件下进行，包括试验回路温度和试验场地的温度。环境温度应为15~30℃。

测量电阻推荐的方法为：在不升高温度的情况下，连接金具和基准导体上通以直流电流（热循环电流的10%），然后测量规定电位点之间的电位差。电位差和直流电流的比值即为相应点之间的电阻。

注：为了提高电阻测量的精度，建议在整个试验过程中使用同样的直流电流。

根据图2安装的分支导体中，应在测量电位差的金具部分通以全部测量电流。因此在安装过程中，应该提供开关或断开点。

热电势会影响低电阻的测量准确性。如果对测量到的电阻有疑问，可进行两次电阻测量，第一次数据读取后，让测量电流反向，然后进行第二次读取。两次读取的数据的平均值就是实际电阻。

电位点的位置见图3和附录B。此外，需对图3和附录B中所示的各种长度进行测量，确保获得真实的连接金具电阻。进行电阻测量时，应记录连接金具和基准导体的温度。为了能够直接比较，将电阻值修正至20℃时的电阻。同时也在附录B中提供了关于所推荐方法的相关信息。在热循环试验过程中，应该在这些位置进行温度测量。

电阻间接读取时要求：

电压测量的精度应不低于±0.5%或±10μV，取精度较高值；

电流测量的精度应不低于±0.5%或±0.1A，取精度较高值。

电阻直接读取时要求：

当计量仪器根据认证的标准电阻进行校准后，电阻测量的精度应不低于±1%或0.5μΩ，取精度较高值。

6.2.2 温度测量

在整个试验中，需在不同阶段对温度进行测量，见6.3规定。

在图3中所指定的位置对连接金具和基准导体的温度进行测量。推荐采用热电偶的温度测量方法。温度读数精确为±2K。

6.3 热循环试验

应用交流电进行热循环试验。

6.3.1 第一次热循环

第一次热循环的目的是确定基准导体的温度。该温度会在后续循环中使用；而且还可以确认中值连接金具。

a）非绝缘穿刺连接器的直通连接金具和接线端子

电流通过试验回路，将基准导体升温到120℃且处于稳定状态。

稳定状态是指基准导体和连接金具在15min内，其温度变化不超过±2K。

如果中值连接金具的温度（见3.11）大于或等于100℃，那么在其后续热循环中，基准导体的温度将取为120℃。如果中值连接金具温度小于100℃，那么应增加回路电流，直到中值连接金具温度达到100℃的平衡状态，其前提是基准导体的温度不超过140℃。当基准导体的温度达到了140℃时，如果中值连接金具的温度仍然没有到达100℃，那么在该温度状态下进行试验。测量得到的基准导体温度θ_R可以用在后续的热循环中（120℃≤θ_R≤140℃）。处于平衡温度的电流I_N应记录在试验报告中。

注1：如果接线端子试验使用连接排，那么应测量连接排（与接线端子连接板相连）中点的温度。该温度应该等于基准导体的温度θ_R，误差为±5K。

b）非绝缘穿刺连接器的分支连接金具

如果需用到图2所示的电路，让电流通过试验回路，将主基准导体和三根分支基准导体的温度提高到120℃的平衡状态。为了能够达到这个温度，应该通过电流注入或阻抗控制方法对三根分支导体中的电流进行调整。如果中值连接金具的温度（见3.11）不低于100℃，那么后续热循环中，基准导体的温度为120℃。如果中值连接金具温度小于100℃，那么应增加回路中的电流，直到中值连接金具的温度达到100℃的平衡状态，其前提是基准导体的温度不得超过140℃。有必要在该阶段以及在整个试验过程中的所有区间内，调整单个分支导体内的电流，以确保每个分支的基准导体温度与主基准导体温度一样。测量得到的主基准导体和分支基准导体温度θ_R可用于后续的热循环中（120℃≤θ_R≤140℃）。温度平衡时主导体和分支导体内的电流I_N应记录在试验报告中。

c）绝缘穿刺连接器

绝缘穿刺连接器的试验过程中，需使用图1或图2中所示的相同试验回路；不过也有例外，那就是在试验回路中添加有绝缘的基准导体。在循环过程中，中值连接金具的温度应比导体在正常运行下的最高温度要高10K。不过，应该对循环的电流进行限制，以便处于平衡温度的绝缘基准导体，其温度不会比导体在正常运行下的最高温度还要高10K~15K。如果使用的是分支连接金具，那么有必要在整个试验过程中的所有区间内，调整单个分支导体内的电流，以确保每个分支的基准导体温度与主基准温度一致。当处于平衡温度时，主线和分支导体内的电流I_N应记录在试验报告中。

注2：如果连接金具在使用过程中，其达到的温度比导体在正常运行下的最高温度要高出很多。那么经生产商和用户的协商之后，有必要对试验回路的高温状态进行附加测试。宜通过热绝缘体的应用，使试验回路的温度额外增加。

6.3.2 第二次热循环

第二次热循环的目的是确定热循环的持续时间和温度曲线图。此时间和温度曲线将会在所有的后续热循环中用到。电流通过回路，直到主基准导体的温度达到6.3.1中所确定的靠为止，误差为，中值连接金具的温度在10min内，其温度变化不超过2K。增大电流可以用来缩短加热时间。增大电流的持续时间见表1。此后，电流应该降低或被调节到维持基准导体平衡温度的交流电流I_N。必要时，可以利用多次循环以确定第二次热循环。

基准导体的温度是一个控制参数，在热循环过程中应保持温度曲线稳定。通过控制周围环境温度的方式，使它不会影响基准导体温度曲线的形状。

表1 增大电流最短的加热时间

导体标称截面积 A/mm^2	铝	$16 \leq A \leq 50$	$50 < A \leq 150$	$150 < A \leq 630$	$A > 630$
	铜	$10 \leq A \leq 35$	$35 < A \leq 95$	$95 < A \leq 400$	$A > 400$
时间/min		5	10	1	20

基准导体温度在时间（t_1）内的加热变化曲线见图4，且需记录在试验报告中，供后续循环使用。t_1之后是冷却时间段t_2，该时间段后，所有连接金具和基准导体冷却到35℃以下。

有必要的话，可在后续热循环中调整t_2，以确保能够获得所需的温度状况。

如果采用加速冷却，则限于使用环境温度的空气且作用于整个试验回路。

一个热循环周期的完整时间为t_1+t_2：（见图4）。

6.3.3 后续热循环

总热循环次数为1000次（见6.3.2规定）。经热循环的冷却时间段之后，按照6.2规定应记录每个连接金具和每根基准导体的电阻和温度。在循环过程中先测量每个连接金具的最高温度，然后再测量电阻。

在下列循环中进行测量：

A类

0（第一次热循环之前，见6.3.1）

200，短路之前

200，短路之后

250

每隔75次循环

（共进行14次测量）

允许±10次循环误差。

B类

0（第一次热循环之前，见6.3.1）

250

每隔75次循环

（共进行12次测量）

6.3.4 短路试验（仅A类连接金具）

200次热循环后，要进行6次短路试验。

短路电流值的确定：要求试验的短路电流能够将裸基准导体从不小于35℃的温度增加到250~270℃。不过，对绝缘穿刺连接器来说，应限制短路电流值，使绝缘基准导体的温度不超过绝缘允许的最高温度。

注1：短路电流可以根据IEC 60949：1988第3章规定进行计算；也可以根据本标准的附录D确定。如果实际导体的截面积已经确认，后一种方法可以用来选择电流，还能够获得所需的温升范围。

短路试验中的最高温度，时间和近似电流值或实际电流值和时间都应记录在试验报告中。

短路试验中，最大的电流为25kA的持续时间应为（s）。如果需要的短路电流超过这个电流值,电流为25 kA~45 kA时持续时间可延长至≤5s。

每次短路试验后,试验回路应冷却至≤35℃。

注2：对于大截面导体,导体温度预热到90℃。对截面积超过630mm^{2}的铜导体或1000mm^{2}的铝导体,上述参数（45kA和5s）不足以让导体温度达到250℃。

如6.1所述,这些试验中试验回路可拆开成几个部分。由于短路试验仅考核大电流的热效应,为降低电磁力的作用推荐使用同轴导体。试验的布置应记录。

注3：应注意,在安装、运输和装卸过程中的弯曲或震动状况都可能产生影响试样接触电阻的机械力,应尽量避免。

为了试验的重现性,如同定接线端子至试验设备上力矩。这样的机械操作宜由相关方静商确定。

注4：对于特殊应用场合,可采用其他短路条件。

注5：对于分支连接金具,基准导体是与分支连接金具相连的部分。

6.4 试验结果评估

单个连接金具的电阻比率k是一种评估连接金具的通用方法,适用于本标准的所有截面积的连接金具,下列参数按附录E进行计算：

①连接金具的电阻比率k,对6.3.3所列所有测量间隔,按E.2对6个连接金具逐一进行计算。

②初始离散度δ,6个初始k值之间的初始离散度,根据第0次热循环中测得初始值k,按E.3进行计算。

③平均离散度δ,6个k值之间的平均离散度,根据最后11次测量间隔的平均值,按E.4进行计算。

④6个连接金具中每个电阻比率变化量D,按E.5逐个计算。D随测量间隔的最后11个测量电阻的平均值k而变化。

⑤电阻比率比值δ按E.6进行计算。

⑥每个连接金具的最高温度$δ_{max}$按E.7进行记录。

6.5 要求

6个连接金具应满足的要求见表2。如果6个连接金具中的一个连接金具无法满足表中的一个或多个要求,允许重新进行试验。在这种情况下,所有6个新的连接金具都应满足要求。

如果一个以上连接金具无法满足表中的一个或多个要求,不允许重新试验且该类型的连接金具被判为不符合本标准。

表2 电气试验要求

参数	标识	文本参考	最大值
初始离散度	δ	E.3	0.30
平均离散度	δ	E.4	0.30
电阻比率变化量	D	E.5	0.15
电阻比率比值	δ	E.6	2.0
最高温度	$θ_{max}$	E.7	δref
注：本表给定的数据是根据经验所得。			

三、项目主要内容及指标

(一)项目内容

测试系统主要由大电流逆变器、高压器、PLC和电脑操作系统、测试平台组成。通过大电流逆变器向试样施加相应电流实现连接金具升温。电流监控系统根据设计程序自动切换断路启动,使试样断路迅速升温至标准规定温度。设计的电流控制方式具有数据分析功能,采用人机交互方式,分析计算可测试材料的电阻比率、电流温度曲线,在热循环过程中界面显示电缆连接金具的电阻、短路状态、热循环次数以及金具的电阻比率、电流温升曲线变化情况,可直接显示初始离散度、平均离散度、电阻比例变化量、电阻比例比值、最高温度。安全防护装置采用激光防护报警设计,在试验过程中激光防护系统自动启动,当任何物体或身体触碰激光光束时仪器报警启动同时自动断电,保障了人身安全,大大提高了安全系数。

(二)项目指标

(1)研制适用于电缆截面630mm^{2}及以下电力电缆导体与金具连接热循环温升测试系统一套。

(2)研制电力电缆导体与金具连接热循环温升测试系统测试软件一套;操作程序可任意设置循环次数、短路试验、电流值、多点监测金具温升,并自动保存所有试验结果数据和曲线,试验数据和曲线都可以输出标准格式,供其他程序或数据库调用。

(3)测试软件具有温升曲线功能,曲线可自定义任意颜色,可以多个曲线叠加显示和对比。

(4)测试软件在试验过程中曲线具有自动缩放坐标功能,测试完成后曲线自动缩放。试验过程的所有数据都能完整地记录下来,采集数据量只受到微机硬盘容量的限制。

(5)测试系统有开放式的程序接口,根据标准要求设置循环次数、电流值、短路电流值,同时对几组金具进行试验。

(6)可根据不同种类的试样进行热循环试验,可预置热循环温度、循环次数、是否进行短路试验、进行环境温升及对应试样电流–温度变化试验。

(7)研制的电缆导体与金具连接智能安全测试系统设备,可向电缆生产企业、检验机构及使用用户推广,尽快投入使用,对我国金具材料的性能分析提供了精准的有效数据。同时为人身财产安全,提供有效保障。

四、技术路线及主要研究过程

(一)项目主要研发思路

通过大电流逆变器向试样循环施加相应电流,实现连接金具在5s内迅速升温至270℃,系统将对表面温度、导体电阻进行记录计算,依次200次循环测试。电流控制方式具有数据分析功能,采用人机交互方式,分析计算可测试材料的电阻比率、电流温度曲线,在热循环过程中界面显示电缆连接金具的电阻、短路状态、热循环次数以及金具的电阻比率、电流温升曲线变化情况,可直接显示初始离散度、平均离散度、电阻比例变化量、电阻比例比值、最高温度。

安全防护装置采用激光防护报警设计,在试验过程中激光防护系统自动启动,当任何物体或身体触碰激光光束时,仪器报警启动,同时设备自动断电。

(二)主要研究过程

确定主机结构形式,设计图纸。查阅相关文献和机械设备资料,确定主机结构形式,主机主要由45kA大电流发生器、225kV变压器、调压器、电阻测试系统、热循环测试系统、电流控制系统、台式电脑、检测平台、均流器、温度测试系统、大截面铜排连接块、主机降温系统、激光防护报警装置组成，设计满足功能要求的图纸。

（三）加工定制配件，试制样机

1．大电流逆变系统的定制开发

合作单位的电气工程师到武汉高压研究所、新疆特变电工、中电电气、顺德顺特变压器厂进行调研，搜集了大量的资料，并与高压技术专家合作研制，经过多次试验攻破了超大电流发生系统技术难点，已掌握了此项技术的核心技术。本结构形式电流输出稳定、噪声小故障率低，大大降低了设备在使用过程中的应用成本。

2．测试系统控制软件的定制开发

智能化系统采用PLC人机界面配置台式电脑控制操作。测试期间无需人员现场操作，测试系统会自动对试样进行温升、电流、进行循环逐项测试，对试样的导体电阻、温升变化，电流变化等测试数据进行多频次测试并自动记录保存，测试数据自动采集并在触摸屏上曲线显示。

3．组装调试

按照图纸组装设备，并制样测试，经调试，测试系统流程、试验数据、测试精度均能满足标准要求，达到预设目标。

4．设备验证

测试系统研发项目组与穿越电缆集团有限公司、石家庄金肖线缆有限公司、石家庄凯华电缆有限公司进行现场测试，用户满意度较高，能够满足试验要求。

5．设备计量

设备由国防科技工业1311二级计量站计量校准，符合试验标准要求。

五、项目主要成果

本研究在计划时间内完成了项目任务目标，主要取得了以下成果：

（1）研制了电力电缆导体与金具连接智能安全测试系统一套。该设备测量系统包含电流逆变器系统、调压器、功率变压器、电阻测量系统、温度监测系统、电流监测系统、大电流控制系统、均流器、测试软件系统、电脑控制台、热循环测试系统、测试平台支架、测试连接夹具、激光防护报警装置。

（2）研制了电力电缆导体与金具连接智能安全测试系统智能测试软件一套。测试软件可任意设置循环次数、短路试验、电流值、多点监测金具温升，并自动保存所有试验结果数据和曲线，试验数据和曲线都可以输出标准格式，供其他程序或数据库调用。曲线可以自定义任意颜色，也可以多个曲线叠加显示、对比。在试验过程中曲线具有自动缩放坐标功能，测试完成后曲线自动缩放。试验过程的所有数据都能完整地记录下来，采集数据量只受到微机硬盘容量的限制。

（3）研制了45kA大电流逆变器一台，并掌握了此项技术的核心技术。

（4）在设备研发完成后，委托国防科技工业1311二级计量站对设备的系统测量范围和精度进行了计量，确认项目研发的适用范围和精度完全满足合同要求。

（5）激光安全防护报警装置的应用，解决了传统且不安全的触碰式行程开关防护装置。激光安全防护报警装置加装后可准确的实现断电防护措施，占空间小且美观。

六、经济效益分析

GB/T 31840—2015《额定电压1kV（U_m=1.2kV） 35kV（U_m=40.5kV）铝合金芯挤包绝缘电力电缆》中的产品属于许可证产品目录，金具连接试验为型式试验项目和电线电缆产品生产许可证实施细则（2018版）要求的必检项目。通过对上海国缆检测中心有限公司的调研，得悉该检验项目的费用约12～18万元/批次，检验周期约6个月。电线电缆生产企业出于检验费用和检验周期等方面的考虑，绝大多数已放弃铝合金电缆产品的许可证申请。我单位与河北领舰科技有限公司通过大量调研以及召开技术研讨会，最终通过对设备的各个环节进行技术创新和功能优化，将检验周期缩短为约3个月，提高了检验效率，降低了检验费用，减轻了企业负担。预期铝合金导体与金具连接性能检验项目可实现年收入40万元以上，检验业务增收约300万元。

该设备的研发及投入，确保了铝合金电线电缆产品在使用过程中的正常运行，大大降低了产品故障率和资源重复投入，保障了人民的财产安全。只有准确、全面、系统掌控和落实高压电缆接头可靠运行的每一个条件和保障措施，才能从根本上减少电缆终端接头故障，有效降低电缆与金具连接故障的风险程度和影响范围，逐步实现电力安全、节能、环保的效益最大化。

案例6　滑雪板固定器脱离力矩检测方法的研究及应用

一、项目提出的背景

北京冬奥会的申办成功，极大地激发了大众参与冰雪运动的热情，其中高山滑雪运动作为奥运会项目，将速度与技巧完美地结合在一起，一直深受广大群众的喜爱，但同时由于高速滑行，对运动员的人身安全构成极大的安全隐患。资料表明，滑雪常见伤害中比例最大的是扭伤、拉伤、挫伤和骨折。损伤部位通常为下肢的膝、踝及小腿，其中膝、踝及小腿损伤分别占全部滑雪运动损伤的12.41%、8.97%和22.06%，合计占总损伤的43.44%。这些部位的损伤很大程度来源于不合理的固定器脱离值设定或固定器功能缺陷。

高山滑雪板固定器是高山滑雪运动必备装备，在高山滑雪运动中扮演着不可或缺的重要角色，其一般由金属材质制成，功能是连结滑雪板与滑雪靴，固定器主要由前、后两部分组成，前部可在横向力矩过大时自动脱开，后部可在纵向力矩过大时自动脱开，从而对滑雪者的人身安全起着重要的保护作用。

二、项目提出的意义及目标

我国尚未制定滑雪板固定器产品的相关技术标准，执行标准参照国际欧盟标准，脱离力矩参数的设定不符合国内环境和人群特点，导致国内滑雪者在选择滑雪板固定器脱离力矩时没有科学依据；由于标准空白，导致检测设备缺失，长期受到来自国外的垄断，目前脱离力矩检测设备依赖进口，不但价格昂贵，而且其关键核心参数对国内保密；此外，国内主流滑雪场凭经验选择滑雪板固定器仅满足雪板的长度和雪鞋号的匹配，无法为大众滑雪者合理选择脱离值提供科学依据，导致不合理的固定器脱离值设定引起的伤害案例屡见不鲜。

本项目旨在提升滑雪板固定器质量安全水平，提高固定器脱离力矩检验检测技术能力，以保障滑雪者的人身安全为主题需求，针对滑雪板固定器脱离力矩测试方法标准的空白，参考国外相关测试标准，制定符合我国滑雪人群特点的固定器脱离力矩测试方法标准；针对滑雪板固定器脱离力矩测试设备的缺失，研发具有自主知识产权的测试设备，提升滑雪板固定器脱离力矩的检测能力，打破国际垄断局面，实现该设备国产化；整合项目成果，在生产企业、滑雪场、检验检测机构进行推广示范，开展应用验证反馈与评价，为生产企业的生产、消费者的使用和检验检测机构的检测提供合理科学的参数判据。

三、理论依据

目前国外从多个方面对滑雪板固定器进行了标准化规定，产品标准包括ISO 13992《高山越野滑雪板固定器——要求及测试方法》，ISO 9462《高山滑雪板固定器——要求及测试方法》，ISO 11110《冬季运动设备雪橇功能部件/滑雪靴/雪橇连接装置调节装置用测试设备——要求和测试》，明确规定了滑雪板固定器的性能要求、安全阈值、测试方法以及相应的测试设备；服务规范类标准包括ISO 8061《高山滑雪板固定器——松脱扭矩值的选择》，ISO 11088《高山雪橇固定装置靴系统的装配、调整和检查》，针对滑雪者如何根据自身生理条件优化选择脱离值提出相应的参考值。本项目以滑雪板固定器为试验对象，参照标准中的设备原理，通过解析国外进口设备并与之进行实验验证比对，研发滑雪板固定器脱离力矩检测设备，满足ISO 13992《高山越野滑雪板固定器——要求及测试方法》中滑雪板固定器的技术要求和试验要求。

四、研究内容

（1）调查研究符合我国国情的滑雪板固定器脱离力矩参数的设定范围和检测方法，在ISO 13992中对滑雪板固定器脱离力矩要求和检验原理的基础上，制定符合我国滑雪人群特点的滑雪板固定器脱离力矩安全性能的相关标准草案稿。

（2）研究滑雪板固定器脱离力矩的检验方法，并研制相应的检测设备，提升滑雪板固定器的检测能力。

（3）结合生产企业的产品数据、以租赁为主的滑雪场产品使用数据以及检测系统数据，模拟国内标准参考量值（包括身高、体重、环境等）与脱离力矩值的关系，并在生产企业、滑雪场、检验检测机构进行推广示范，开展应用验证反馈与评价，为生产企业的生产、消费者的使用和检验检测机构的检测提供合理科学的参数判据。

主要考核指标：
（1）完成滑雪板固定器脱离力矩的相关标准草案稿制定。
（2）研制滑雪板固定器脱离力矩检测设备1台。
（3）国内期刊发表论文3~4篇。
（4）申请设备专利1~2个。
（5）成果推广应用案例10个。

五、研究主要成果

（1）形成滑雪板固定器脱离力矩相关标准草案稿1项，填补了国内滑雪板固定器脱离力矩标准的空白，而且对规范企业生产、市场流通及监管有重要意义。

（2）研制自主创新的检测设备1台，实现该检测设备的国产化，打破国际垄断局面，申请设备专利3个。

（3）项目成果在生产企业、滑雪场、检验检测机构进行推广应用，形成服务案例10个，为生产企业的生产、消费者的使用和检验检测机构的检测提供合理科学的参数判据。

（4）国内期刊发表论文3篇。

案例7 网球拍冲击试验仪项目

一、项目背景

网球运动是体育运动的主要项目之一，近几年来网球运动日益普及，已成为全民健身运动的重要组成部分。自2004年雅典奥运会中国女网夺取女双冠军、2006年夺取两项大满贯赛事女双桂冠后，中国的网球运动成绩取得了历史性的突破。伴随着中国网球运动的快速发展，网球和网球拍的生产企业逐年增多。由于我国对体育器械的质量检测规范尚不完善，企业生产的网球和网球拍的质量差距很大，让消费者很难判定和选择。网球拍是网球运动的主要器械，对网球拍的质量分析检测是保障该项运动的重中之重。国家体育用品质量监督检验中心是经国家体育总局认可的国家级体育用品质量监督检验检测权威机构，曾主持、参与起草多项国家标准、地方标准、团体标准。该中心多年来对网球拍的材料性能进行过大量质量分析和研究并研制了部分性能测试仪器。本课题主要任务是研制网球拍抗冲击力测试装置；网球拍拍网的拉线力和材质是决定网球击打力的主要因素，是网球拍的主要检测项目之一，本项目依据国家标准GB/T 32609—2016《网球拍及部件的物理参数和试验方法》中5.14规定的试验方法研制生产。

二、课题研究的意义

本项目的成功研制的主要意义是为产品质量监督检验部门提供科学的评价依据，为国民消费者提供了客观的质量保障，同时成果转化后可对网球拍生产企业改良产品生产工艺提供技术参考数据。本项目的成功研制充分发挥了国家体育产品监督检验中心在国内行业优势，既能拓展业务范围，又能为生产企业和消费者选购提供技术数据。因此，本项目的研发对检验机构和生产企业以及消费者具有重大意义。

三、课题研究的依据

依据国家标准GB/T 32609—2016《网球拍及部件的物理参数和试验方法》中5.14规定的测试方法及要求。

标准要求：网球拍在紧线情况下（硬式：复合材料球拍紧线拉力27.24kg，金属材料球拍紧线拉力22.70kg；软式：球拍标注的紧线最高拉力）的球拍放置在位于距离拍头顶部和握柄末端20mm处的两支点，在拍弦面中间施加打击力F，打击频率（85±5）次/min。打击次数：复合材料球拍10000次，金属材料球拍5000次。试验后检查是否折损。

四、课题研究现有工作基础

河北省产品质量监督检验研究院与合作单位在设备科研方面一直保持合作，完成科研项目及获国家专利证书9项，参与科技成果研发人员50多名。对本项目的研究工作搜集了大量的资料，就设备的技术关键问题进行多次模拟实验，已见成效，合作单位拥有一批专业面广、具有高学历的研究人员，为研究工作提供了坚实的技术支持。

五、课题研究的主要内容和任务

（一）课题研究的主要内容

本课题研制的主要技术是通过试验装置模拟网球拍在击打网球时所产生的最大冲击力；通过冲击力的来判定拍框和拍弦是否达到标准要求。采用的主要技术是通过人机交换系统和PLC控制系统自动对冲击力进行采集，通过传感器传输检测数据，对试样进行分析判定。项目组考虑到在冲击过程中拍框和拍弦所受到的拍击力不是一成不变的，为了得到更全面的数据分析，控制系统应根据每次拍击力的数据进行系统分析并在显示屏上显示力值变量曲线图。检测数据具有峰值保持功能和数据储存功能，便于对产品检测数据信息调取和追溯。

（二）课题研究的主要任务

（1）以网球拍为试验对象，通过机电一体化技术设计研制适用于GB/T 32609—2016《网球拍及部件的物理参数和试验方法》中5.14规定的球拍冲击检测系统。

（2）研发PLC控制程序与机械相合的方式实现拍击角度可调、拍击力可调、测试数据显示保存、时间设定和计时、数据曲线显示查询、测试次数显示储存等测试需要。

（3）研制通过气缸、滚珠丝杆、直线模组、传感器、伺服电机相结合由传感器和控制系统组成的模拟机械装置，实现冲击频率和试验速度可调的课题指标功能。

六、课题研究的成果

本课题重点研究的主要成果是通过模拟网球拍在冲击网球过程所受到的冲击力测试进而对质量进行评价和研究。采机机电一体化技术实现网球拍冲击的快速科学检测。主要研究成果体现在以下五个方面：

（1）通过研制完成了冲击过程的自动化控制：通过步进电机系统与气动系统相结合，利用传感器和测试软件组成测力系统，完成试验过程的冲击力由气动系统的高精度调压阀控制，与力值传感器共同组成模拟测试装置，实现自动对球拍的打击力进行控制，通过检测数据对试样进行分析判定。

（2）通过研制完成了测试数据智能化功能：在冲击检测过程中球拍受到的拍击力不是一成不变的，为了得到更全面的数据分析，运用PLC控制系统可根据每次拍击力的数据进行系统分析并在显示屏上显示力值和变量曲线图。实现检测数据峰值保持功能和数据储存功能，进而可对产品检测数据信息调取和追溯。

（3）通过研制完成了冲击频率可调控制：冲击频率可调功能结构是由步进电机、联轴器、丝杠、直线导轨、气缸组件组成的，通过系统程序控制气体转换方向的频率和气缸组件距离试样的距离，实现冲击频率可调功能。

（4）通过研制完成了冲击力采集传输功能：通过高频力值传感器将采集的拍击力转换成电信号传输至控制器，控制器将信号处理后通过485通讯将数字信号传输至PLC，最后系统根据通信协议将数字信号还原成拍击力，从而实现力值采集和传输功能。

（5）通过研制完成了测试平台可调节功能；可调式测试平台设计是通过直线导轨和滑块相结合的方式实现测试平台和工装夹具可调节功能。测试平台左右可调并有锁紧装置，可在任意位置锁紧固定，测试平台具有装夹方便、操作灵活等人性化特点，可适应各类网球拍的测试需要，进而完善了设备的广泛性和适用性。

七、研究课题的创新点

（1）设备应用性广：可满足所有网球拍的冲击强度测试需求。

（2）设备使用灵活：可根据不同被测球拍调整最适合的测试参数。

（3）设备灵敏度高：测试系统采用压力闭环测试，可保证每次测试数据的准确性。

（4）测试软件功能性强大：软件可记录每一次测试的压力值，同时显示压力值变化曲线。测试软件可自动记录故障出现的日期，时间，频率，次数，方便用户采集数据。

（5）设备人性化操控：试验过程，具有试验角度可调，速度可调，时间设定，力值变量曲线图显示，数据具有峰值保持功能和数据储存功能，方便对产品检测数据信息调取和追溯。

八、研发产品的效率和市场前景分析

（一）经济效益与社会效益分析

项目成功转化后不但是填补了本行业检测设备的国内空白，还会大大增加检测业务量。国内众多网球生产企业、体育用品检测机构及大专院校是主要合作购买单位，有着很好的市场资源。社会效益是本项目的研制提高了网球拍的技术控制和质量监督，为科研单位和消费者提供了数据性的质量保障。本项目的研制也体现了我中心的创新能力和科研力量雄厚。

（二）成果推广方式

国家体育用品质量监督检验中心是经国家体育总局认可的全国国家级体育用品质量监督检验权威机构，在国内体育产品行业内有着很高的知名度，合作单位河北领舰科技有限公司主要从事测控设备的研发与销售，有一支强有力的销售团队，由合作单位具体推出策划营销方案，申请单位和合作单位联合将产品推向市场。

案例8 采暖炉热性能综合测量仪

一、项目来源

民用水暖煤炉是一种近年以来在我国北方地区广泛使用的中、小型炉具，一般主要具有炊事和供暖的两大功能，最重要的是该类炉具的安装使用一般均能与卧室有效隔离，极大避免了由于冬季取暖而造成的煤气中毒现象，还有发展成为可以提供少量热水供应以及独立取暖使用的趋势，目前在我国有着极其广泛的应用发展空间。特别是在不能集中供暖的我国北方地区，随着人们生活水平的不断提高，每一个期望提高冬季生活质量的家庭在能力许可的情况下均要配备采暖炉。最新的统计数字显示，我国采暖炉具制造企业达8000余家，每年的产销量超过1000万台。因此对采暖炉具质量的监管显得至关重要。

目前，采暖炉产品主要依据标准GB16154—2005《民用水暖煤炉通用技术要求》和NB/T34006—2011《民用生物质固体成型燃料采暖炉具通用技术条件》2个标准，上述标准中规定了产品的质量、安全、性能的技术要求，其中热效率和额定供热量指标是考核采暖炉性能的主要指标。热效率和额定供热量指标试验方法在GB/T 16155—2005《民用水暖煤炉热性能试验方法》和NB/T 34005《民用生物质固体成型燃料采暖炉具试验方法》进行了规定。在我们日常检验中发现使用上述两个试验方法标准规定的方法进行采暖炉的热性能检验有如下弊端：①试验中使用检具较多（如水桶、台秤、磅秤、时钟、温度计、风速仪、通用量具等10余件）。②安装方式繁琐、安装部位不易操作，操作复杂，不易一次安装到位，容易泄露。③热水温度、流量等实验数据记录采用人工传统方式记录和演算，数据采集准确性、同步性较差，同时数据处理手工计算工作量大，不确定因素较多，检测数据可追溯性较差。④因检具数量多、安装复杂等原因造成不易进行现场检测和快速检测，不能适应市场和监管需要。上述弊端会造成测量设备使用正确性、准确性降低，测量结果误差增大，同时测量的方便性、可追溯性较差，不便于快速和现场测量。因此研发用于快速、方便检测采暖炉具的热性能指标的综合性一体化测量设备是非常必要的。

基于上述原因，河北省产品质量监督检验院提出开发研制采暖炉热性能综合测量仪的科研课题，并向河北省质量技术监督局提出立项申请，于2015年得到立项批复。项目为河北省质量技术监督局科技计划项目，编号为2015ZD13。

二、项目的任务

（一）项目研究主要目的

对采暖炉热性能综合测量检测技术开展研究，制造一台检测仪器。达到简便快捷、实用性强的效果，为检验机构的生产厂提供一套检测设备，以弥补采暖炉热性能综合方面的缺陷，进一步完善检验检测体系。

（二）项目研究的任务

采暖炉热性能综合测量仪主要实现如下功能：
（1）能实现采暖炉工作环境监控数据采集。

(2) 实现按标准要求试验方法进行自动调控、实时采集测量参数。

(3) 能按标准要求进行参数录入、测量结果综合计算及实时显示计算结果。

(4) 具有数据分析、处理及保密、储存、传输功能。

(5) 参数采集工装构造简洁，方便安装，能满足标准规定要求。

(6) 参数采集类别包括：环境温度、风速（均不少于2个）、炉体温度、实时水压（均不少于2个）、进水、出水温度，进水、出水流量，出水口压力，出水温度控制、调节时间；不高于2kW的电能测量电参数监控。

(7) 参与计算参数：电能（如适用），测量时间、实时水温、流量累加，（起火、燃烧、封火等状态）燃料质量、燃料热值等。

三、项目开展的工作

（一）项目的组织实施

在本课题的研发过程中，课题组人员在课题组长的带领下，做了深入细致的调查研究工作，主要包括采暖炉种类、采暖炉工作原理、采暖炉结构、燃料的种类和性质、进行热效率测量和计算的实现方式、测温点的布置等等。对目前我国现有的有影响力的厂家生产的采暖炉的特点、采暖炉热效率测量方式和测量工具、行业内工人知识水平等进行总结和研究。

通过调研，课题组成员对研发的任务、要求和工艺有了基本的认识。经过详细论证后，课题组确定了主攻方向和总体的实施方案，并进行了具体的分工，将人员分为三个小组，即组态软件开发小组、电路系统设计和程序开发小组，箱体结构设计小组，同步开展各项研发工作。

进入研发和生产阶段后，根据确定的实施方案，各小组针对性开始各项工作，具体内容如下：

组态软件开发小组，主要从选择可靠稳定、有行业应用的组态软件方面着手，根据采暖炉实际运行工况设计显示界面，确定软件中实时监控、数据分析、用户管理等功能的实现方式，开展提升数据存储可靠性、数据传输安全稳定性、关键数据加密功能等几个方面的工作。

电路系统设计小组，主要针对数据处理芯片和传感器等方面进行开发研究，包括选择适合的单片机芯片、电源模块、通信芯片等主要元器件；设计并绘制电路原理图、电路PCB图以及电路接线图等；定义通信协议；编写与显示、设置、通信相关的各项程序。

箱体结构设计小组主要根据企业现场工况条件、系统整体功能需求，设计符合使用要求的箱体；根据电路板、触摸屏尺寸、安装位置等要求，设计出便于操作、安全可靠、易于维护的箱体结构。

开发过程中，各小组始终保持及时的沟通，定期进行技术讨论，对出现的突发问题及时进行修正，严格划定时间节点，提高整体工作效率。

通过对温度传感器性能研究、压力传感器性能研究、计算公式的原理分析等研究，结合春燕等采暖炉生产厂家的要求，结合测量仪器智能化发展的趋势，研制出了采暖炉热性能综合测量仪，实现实时采集现场参数，自动存储、备份、分析数据，自动完成热效率计算等功能。

研发的测量仪软件可根据采暖炉的实际结构（包括小进水管位置、出水管位置、传感器设置位置、水流方向等）立体、形象、动态的展示采集上来的各项参数，便于用户直观、方便地了解系统工作情况。

为了降低温控阀门延迟动作对测量结果的影响，我们做了大量的试验，应用MCGS嵌入版组态软件、数字温度传感器等元器件，数据处理控制器选用32位单片机，将延迟时间降至最低，提高温控阀门的动作灵敏度，提高系统的可靠性和稳定性。

同时，课题组将产品图纸、源程序、实验调试记录、问题汇总、用户意见等资料建立了档案。

也进行了课题查新、工作总结、技术总结等工作，为课题的鉴定验收做准备。

采暖炉热性能综合测量仪开发完成后，我们课题组又联系了春燕采暖炉厂进行设备试运行，完善了产品功能，积累了丰富的数据和宝贵的应用经验，达到了设计的技术要求，完成了专项合同的任务。

（二）项目论文的发表

本项目组在《中国标准化》发表了论文《对民用水暖煤炉热性能试验方法标准的探讨》，在《中国设备工程》发表了论文《基于STM32F103的采暖炉热性能综合测量仪浅析》。